中国旅游基础理论与
应用对策研究文库

本书由国家自然科学基金（批准号：42171227）
天津市艺术规划科学项目（B20014）
南开大学百名青年学科带头人项目共同资助

乡村旅游发展中的居民生计、就业特征与基层组织角色

XIANGCUN LÜYOU FAZHAN ZHONG DE
JUMIN SHENGJI, JIUYE TEZHENG YU
JICENG ZUZHI JUESE

马晓龙 著

中国旅游出版社

序

我们把1978年至今的中国旅游研究者分为开创代、第一代、中间代及新生代四个代际。新生代的学者是21世纪接受旅游研究学术训练，逐渐成长起来的年轻一辈。

新生代学者的学术成长环境对他们的学术形态和学科理解产生了复杂影响，这种影响体现在研究规范、理论与方法等多个方面。最显著的特点是，21世纪以后的中国旅游研究以规范化引导学术化，而学术的持续规范又不断重塑学科的发展方向。作为新生代学者，他们能够在这方面的学习上投入更多时间，因此他们也能够较快地掌握学术规范的基本原则并应用到旅游研究中，由此形成了新生代学者与其他年龄层学者平等对话的资本。具有强烈的方法意识和理论意识，能够很快将各个学科的理论借鉴到中国旅游研究中，并在研究中体现国外新动向成为新生代学者的显著特征。

但新生代学者也存在一定的不足，即他们在研究上往往难以直击当前中国旅游发展的关键问题。为什么？这代学者的成长环境以发表SCI（SSCI）论文为导向，他们的精力在于不断写作并发表论文。同时由于第一代和中间代学者的“在场”，他们也很少有机会作为项目负责人或主要参与者参与旅游产业实践和旅游政策的制定。且从时间精力方面来说，他们更多地以晋升职称为目标，在没有发表就没有晋升，甚至走人（publish or perish）的情境下，尽管新生代也很关注行业新现象、新问题，但与前辈相比，这部分群体整体还是缺乏对中国旅游发展的完整把握能力。

马晓龙是新生代旅游研究学者中克服了上述问题的一名青年学者，他既能在国际一流刊物《Tourism Management》《Journal of Sustainable Tourism》

《Journal of Destination Marketing and Management》等发表论文，也能在中文权威刊物如《地理研究》《地理科学》《旅游学刊》等发表论文；他既能主持国家自然科学基金（目前已 3 项），也能主持不同尺度的旅游总体规划和详细规划，以及各种服务于国家产业发展实践的政策研究课题（近 100 项）。可以说，马晓龙是一位既懂得中国国情，能直击中国旅游发展关键问题，又习得研究规范，有国际视野的新生代优秀学者。

他的这种进步与他的教育和工作经历是分不开的。1997—2004 年他在西北大学完成地理学本科和硕士研究生学习后，到北京大学随吴必虎教授做了一年研究助理。2005—2008 年到中山大学随本人攻读博士学位，这期间正值中山大学旅游学科大发展，无论是出国进修（2007.3—2008.3，到新西兰 Waikato 大学随国际著名旅游学者 Chris Ryan 教授访学一年），还是产业实践（参加新疆喀纳斯旅游区规划、湖南省旅游发展总体规划等），他都得到了非常好的锻炼。他的求学经历奠定了他对于旅游研究、旅游产业实践，以及二者关系的系统认识。

2008 年他毕业即进入刚刚成立的中国旅游研究院工作，并担任区域旅游发展与规划研究所所长一职，其间又作为中组部博士服务团成员在安康市挂职旅游局副局长一年。在这十年的工作中，他有机会承担大量国家和地方的规划咨询和政策研究工作，在项目引领下几乎走遍了全国各省、市、自治区的大部分地区，这种经历使他对中国国情和区域旅游发展实际有了相较于同代际研究者更为深入的理解和认识。

2018 年，他又转入南开大学从事旅游教学和科研工作。

丰富的学习和工作经历，成就了他对旅游发展问题的学术提炼，并在不断总结中取得了一系列成果。本书就是他在对乡村旅游研究中取得的部分成果的总结。

在本书中，马晓龙尝试围绕乡村旅游地居民生计与就业特征、不同利益群体的权利关系及基层组织角色等问题，通过对江西省婺源县李坑村、河北省滦平县五道梁村、贵州省寨坝镇、程寨乡等多个典型乡村旅游案例的微观研究，深入分析了乡村旅游与乡村社会可持续发展的适应机制。个人认为，本书的研究贡献主要体现在三个方面：

第一，本书围绕乡村旅游地居民生计、就业及幸福感等问题，基于中国乡村旅游发展情境构建了文化因素介入下的可持续生计框架，论证了文化因素在乡村旅游地农户可持续生计中的重要作用；同时归纳总结了乡村居民旅游就业行为呈现出“少数参与—多数参与—退出”阶段性动态演变特征，并深入解剖了乡村旅游地居民幸福感的形成机制及其与乡村旅游发展的相互作用关系，为乡村旅游发展过程中居民生计、就业及幸福感的获得提供了完整的解释框架。

第二，本书围绕“社会资本、经济资本、文化资本”等核心概念，不仅识别了乡村旅游地各利益相关主体在旅游收益分配过程中形成的关系结构，解构了不同利益相关者寻求补偿利益的机制；而且深入剖析了乡村旅游地居民在旅游收益分配过程中相关行为策略选择背后的行动逻辑，从而有效揭示了中国乡村旅游利益分配过程中各利益主体行为决策的内在机制，为乡村旅游发展过程中保证利益分配的社会公平性、保障社区居民权益提供了有效的解决方案。

第三，本书关注农村基层组织同乡村居民和地方政府之间的利益诉求差异，对农村基层组织角色演变过程进行解构，归纳总结了乡村旅游发展中的农村基层组织角色选择呈现出“中介—助理—撞钟人”阶段性动态演变特征，识别出农村基层组织“角色效应”现象背后的作用机制，为乡村旅游发展过程中如何提升社会治理的有效性、构建具有和谐内涵的基层组织关系提供了新思路。

乡村振兴是我国重大基本国策，对乡村振兴建设提出具体实施路径具有重要意义。乡村旅游是乡村通过产业发展达到共同富裕、推动乡村振兴战略的一种可行的产业方式。本书的研究有助于我们更好地认识乡村旅游，值得一读。

保继刚

2022 年 4 月 5 日于广州中山大学

前言

以汉民族为主体的华夏先民大多数生活在黄河流域，祖祖辈辈传承下来的农业耕种生活方式使乡村居民长期固守在乡村，并在日复一日的生产生活中形成了各种适应于地域发展的乡土文化，而这种特别注重乡土文化的特质则深深地烙在中国人的血液和骨子里。对中华民族而言，乡村已经不仅仅是一个地理学意义上的物质空间，更成为一个民族愿意共同守望相助的精神家园。为了让这个家园更加美好、为了让生活在这个家园里的父老乡亲更加幸福，成为一代又一代中华儿女各自时代所赓续的责任与使命。党的十九大报告指出，中国特色社会主义进入新时代，我国社会主要矛盾已经转化为人民日益增长的美好生活需要和不平衡不充分发展之间的矛盾。但中国过去相当长时间将资金投入和资源配置向大城市和沿海地区倾斜的政策选择及发展模式不仅造成了地区间发展的巨大不均衡，也造成了城市与乡村之间发展的巨大不均衡。推动乡村社会发展、消除城乡二元化矛盾及其导致的一系列问题成为解决中国社会主要矛盾的主要方面。习近平总书记指出，在如期完成新时代脱贫攻坚目标任务，消除绝对贫困和区域性整体贫困的基础上，要持续发展壮大扶贫产业，继续加强脱贫地区产业发展基础设施建设，接续推动乡村产业振兴。乡村振兴成为当前中国乡村政策的着力点，推动乡村社会经济发展也成为解决中国社会基本矛盾的主战场。

我在上一本著作《乡村振兴战略与乡村旅游发展》中提出一个观点：尽管旅游业不是实现乡村振兴战略的唯一有效途径，旅游业也不是推动乡村社会经济发展的灵丹妙药，但乡村旅游确实带动了一部分乡村的社会经济的发展，有效提高了乡村居民的生活水平。陕西省咸阳市礼泉县袁家村成为近年乡村旅游成功的一面旗帜，仅2019年该村接待游客量就超过580万人次，村民年人均纯收入就超过10万元人民币。而远在中国西南边陲的云南红河州哈尼梯田正在实施的“阿者科计划”则入选世界旅游联盟“全球百强旅游减贫案例”，并作为旅游扶贫案例入选新华社纪录片《中国减贫密码》，其旅游扶贫的后续影响也还在不断发酵中。受到这些“优秀生”的感召和示范，越来越多的地方政府也更愿意相信，旅游业能够成为乡村发展的产业载体，也能够成为落地乡村振兴战略的“救命稻草”。但在津津乐道于这些经典项目成功经验的同时，作为旅游理论研究者和推动乡村旅游发展的一线实践者，我又不能掩耳盗铃地忽视产业实践中亲身看到的那些真实存在的更多的乡村旅游失败案例。动则以亿元计的古城、古镇、古村旅游投资，对应的往往是旅游商铺、旅游街区等经营性场所的冷冷清清和门可罗雀的游客数量，入不敷出、运营困难成为大多数中国乡村旅游发展的真实写照。尽管已经习以为常，但学者的责任无时不在警醒自己，绝不能为“谋稻粱”违心地去无限夸大旅游业在推动乡村振兴发展中的作用，内心的使命感又驱动自己有责任运用自己的知识去解释这种失败现象形成的背后原因及其内在规律性，为避免同类乡村旅游地陷入同一个“坑”，积累更多“不成功”的素材或者可供参考的“教训”。

“中国旅游部分研究陷入了为发表而发表的误区，反倒缺少对中国乡土意识的发掘，也缺少在本土意义上的回归。”肯定是长期受到导师“做言之有物研究”这一教导潜移默化的影响，围绕我们日常实践中所看到的现象以及对这些现象背后问题的思考，我和我的研究生团队持续开展了以乡村旅游与乡村社会发展方面为主要方向的研究，试图在理论—实践—理论的循环往复中不断推动理论化并指导实践发展。在这个过程中我们发现：在快速城市化和乡村绅士化的宏大背景下，乡村旅游推动乡村振兴战略的落地最终还是要发挥乡村居民主观能动性这一关键因素，他们才是中国乡土文化之所以能够传承和赓续的核心力量。而乡村居民对旅游发展的态度、乡村旅游发展对乡村居民生计水平的影响、乡村居民参与旅游就业的状况、乡村旅游发展对乡村居民幸福感提高的程度，以及在中国乡村社会中显性或隐性存在的诸如关系构成、制度框架等因素都是影响甚至决定乡村旅游能否推动乡村旅游地的可持续发展，能否通过旅游业实现乡村振兴的重要原因。围绕这些现实问题，2017 年以来，我和我的研究团队始终坚持把论文写在祖国大地上，把科技成果应用在实现中华民族伟大复兴的伟大事业中，陆续在《Tourism Management》《Journal of Sustainable Tourism》《Journal of Hospitality and Tourism Management》《Journal of Destination Marketing and Management》《Journal of Hospitality and Tourism Research》《旅游学刊》《人文地理》等刊物发表了系列论文，试图对我们在产业一线实践中看到的问题展开符合中国国情、符合中国乡土实际的研究与解释。

当今世界正经历百年未有之大变局。这个大变局涉及世界经济地理、全球治理格局、国际政治版图等诸多领域的整体性动向，既关乎世界体系的结构性调整也关乎人类的共同前途和命运。相较于已经高度城市化的西方社会，中国社会发展过程中的城乡二元结构更加复杂，为了中华民族共同守护的“精神家园”更加美好，为了中华民族伟大复兴的最终实现，更需要我们在这个大变局下以更有效果的手段和方式去解决我们这个时代在发展中所面临的所有问题。当然，这也包括我们从乡村旅游与乡村发展关系入手对以上问题展开的系列研究。我们也愿意再次强调，乡村旅游是乡村振兴战略的重要手段，但乡村旅游发展不能不顾乡村独特的地理特征和乡村居民的实际状况，不是所有的乡村都适合发展旅游业，或者把旅游业当作乡村振兴的唯一途径。在本专著中，我们试图进一步通过从乡村居民就业状况、生计水平测度、社会关系和制度框架的角度入手，探求乡村旅游与乡村社会可持续发展的适应机制。这既是中国乡村社会发展和演化过程适应人类社会发展大变局的客观要求，也是当代旅游研究者和一线工作者的时代责任和历史使命。需要说明的是，考虑到读者阅读方便的需要，本书在写作过程中尽可能地用不太过于枯燥的语言将科学问题“故事化”，努力讲好“身边”的故事。因此，本书既适合具有普通大学学历的读者作为了解中国乡土社会乡村旅游发展状况的知识性普及读物，又适合旅游专业学生作为进行旅游影响研究的入门读物。为了乡村生活更美好，为了乡村居民更幸福，为了我们共同守护的精神家园，希望本书的出版能够为大家带来一些有益的思考与启示。而限于研究视角和行文水平的限制，书中肯定还存在很多需要提升的内容，恳请广大读者批评指正。

CONTENTS

目录

Part 1

第一章　乡村振兴、乡村绅士化与乡村旅游发展

第一节　作为国家战略的乡村振兴

一、乡村区别于城市的功能与特征

“乡村”在人类社会发展历史上无疑占据着举足轻重的位置。工业文明发轫于城市，农业文明则滥觞于乡村。乡村是人类聚居的起源，后来的城市是社会大分工、阶级社会形成、集市贸易以及交通区位演化共同作用的产物。《辞源》一书认为乡是“县以下的行政区域单位”，是“城市以外的地方”[①]。在中国老百姓眼里，乡村是“日出而作、日入而息”的生活方式；在东晋诗人陶渊明眼里，乡村是远离尘世喧嚣的田园诗。尽管不同来源的解释强调不同要素，但关于乡村，人们已经形成一种相对稳定的共识，即肯定了乡村具有区别于城市的诸多功能和特征，主要包括以农业为主的生产结构、分散的居住习惯，以及开敞、宽阔的生活空间。

在中国，乡村与城市之间的差异尤为明显。在行政区划上，乡村是相对

① 商务印书馆.《辞源》. 北京：商务印书馆，1998：3115.

城镇而言的，附属的其他地域系统，包括中心村、行政村和自然村；在产业形态上，乡村是农业人口从事种植业、林业、畜牧业、渔业等农业生产活动的基本单元，社会经济功能较为单一；在社会生活上，乡村物质与文化生活消费水平较低，大多以家族为社会关系纽带，具有浓厚的传统性和地方性。城市或城镇，是指非农人口聚居的居民点，尺度上包含了超大城市、特大城市、大城市、中小城市和乡镇，在城镇内部又细分出商业区、住宅区和工业区。由于精致复杂的行政机构设置、高度繁荣的商业贸易、发达的交通网络，以及多元的社会思潮率先在城市汇集，城市一般被定位为国家或地区的行政、商贸、文教和交通中心。城市发展给市民生活带来许多好处，市民享有各种便利设施、社会保障、医疗卫生服务和教育资源等。但其缺点也不容小觑，如交通相对拥挤，住房供给紧张、生态功能比较脆弱、环境污染比较严重，这些消极特点导致长期生活在城市的居民精神压力过大，面临较多的健康问题。随着社会生产力发展和城乡要素互通、联动，城市与乡村之间的差别呈现日趋缩小的走势。随着乡村振兴战略持续推进，中国的城市和乡村正逐渐步入融合发展的历史新阶段（图 1–1）。

图 1–1　乡村与城市的功能和特征差异（作者拍摄）

二、城乡二元政策的发展历程及其影响

城乡二元经济结构（dual sector model）是英国经济学家、诺贝尔经济学奖获得者刘易斯在 20 世纪中叶，针对发展中国家普遍存在的问题而

提出的一个学术概念。刘易斯指出广泛存在于发展中国家的一种经济结构矛盾，该矛盾表现为以社会化生产为特征的现代城市工商业与以小农生产为特征的传统农业经济长期并存。乡村振兴、乡村复兴、乡村建设，这些特定历史时期兴起的政治活动和社会思潮基本建立在一个共同的现实前提上，那就是乡村的经济衰退、环境恶化以及精神内涵缺失。例如，日本“造村运动”兴起是由于20世纪60年代乡村居住环境严重恶化，农村人口过少，日本乡村面临全面瓦解的危机。如果乡村继续衰退，那就会给国家和社会带来威胁。一部分发展中国家正是由于政府采取单一的农业发展政策和制度，对农村衰退问题没有给予足够重视并采用有效手段加以控制，才导致尖锐的城乡社会矛盾，如巴西、阿根廷、埃及等（杜志雄 & 郜亮亮，2019）。1996年，巴西的基尼系数达0.6，远高于收入差距较大的0.4临界值（一般认为，如果超过这一警戒线，会导致社会动荡，如抵抗、示威游行和低收入群体犯罪率上升等问题），是当时世界上贫富差距最大的国家之一。

中国在现代化转型进程中，长期要求乡村扮演牺牲者和失语者角色，因此有很多的历史欠账需要在接下来的很长一段时间内偿还。如同其他发展中国家，中国乡村的牺牲和失语不是一蹴而就的，而是国家工作重心和经济发展战略几经调整而沉淀下来的。中国城乡二元结构不仅是自然空间结构、产业经济结构上的差异，更是一种国家政策主导下的制度设计差异（图1–2）。总的来说，中国城乡二元政策经历三个重要的历史时期。正是在这三个历史时期，中国实行了城市优先发展的政策，使得城市地区的公共服务水平、医疗卫生、基础设施、教育条件以及公民素质远远高于乡村地区。下面对三个历史阶段的主要城乡二元政策进行回顾，浅谈其对历史乃至今天中国城乡二元结构的影响。

图 1-2　位于屏南县的空心村四坪村（作者拍摄）

（一）第一阶段：二元政策形成期（1949—1970 年）

中华人民共和国成立后不久，中国共产党的城乡政策开始发生重大调整，从土地革命战争时期形成的“以农村为中心、农村包围城市”的道路转变为“以城市为中心、由城市领导乡村发展”和“兼顾城乡发展”的思想。这一重大调整主要基于两方面原因：一方面，当时国际形势已经威胁到国家安全，新中国成立初期，以美国为首的西方霸权主义国家出于自身利益考量对新中国采取敌对政策，由此爆发了中外闻名的朝鲜战争。由于在经济、军事、政治和外交方面受西方国家孤立和封锁，因此必须集中国内力量、采取大规模的国家建设。另一方面，在中华人民共和国成立后的很长一段时间内中国经济决策受苏联“生产资料优先增长”理论影响，其主要观点是，在技术进步条件下，增长速度由高到低依次是制造生产资料的生产资料生产，制造消费资料的生产资料生产，以及消费资料的生产。因此，国家对生产要素在城乡之间的自由流动采取约束性措施，逐步形成由政府直接掌控农村生产要素组合的行政体制。

20 世纪 50 年代以来，中国政府全面倾向重工业发展，建立了包括物价、财政、金融和科技在内的政策体系，著名的传统农业经营体制“三大支柱”，包括统购统销、人民公社和户籍制度就是在这一特殊历史时期形成的。其中，统购统销政策禁止农业产品自由贸易，在最开始发挥了稳定粮价、保证向工业提供农产品原料的作用，但在后来长期的实施过程中逐渐僵化，出现强征强购等问题，严重阻碍农业经济、商品生产进一步发展。1958 年夏季开始实施的人民公社制度是建立在高级农业生产社的基础上的，劳动群众集体所有制经济组织，由于在分配问题上取消了自留地，严重压缩公社成员家庭副业的发展空间，“平均主义”“大锅饭”等主张严重打击农民劳动生产的主动性、积极性以及创造性。户籍制度将公民生命历程中的重要事件关联在一本小本子上，包括出生、死亡、常住、暂住、迁出、迁入、变更等，由户籍制度形成的二元社会结构剥夺了农民对更大范围的居住地点以及工作地点的自由选择权。户籍身份与个体享有的权利相挂钩，造成城乡居民在就业创业方面的起跑线上严重不平等。总的来看，从中华人民共和国成立初期到改革开放前，中国城乡二元政策可以概括为三个基本特征：第一，牺牲农业优先工业的发展战略；第二，计划指导的城乡要素分配；第三，严格的农村社会控制。

（二）第二阶段：二元政策徘徊期（1970—1990 年）

1978 年，党的第十一届三中全会顺利召开拉开了中国改革开放的序幕。随着家庭联产承包责任制、农产品价格改革、劳动力管理制度改革政策相继推出，城乡二元关系开始进入实质性缓和阶段。邓小平同志认为，要解决中国问题，必须从农村迈出第一步，让农民富裕起来，农村稳定下来，才能进入稳定、良性的发展循环。家庭联产承包责任制是由农民家庭向村集体申请生产任务和生产资料的经济制度，在 1979—1983 年期间，农民人均收入得益于该制度而增速超过 10%；1985 年城乡居民收入差距甚至缩小到 1.8 倍，但随着基本建设“拨改贷”（由拨款改为贷款）政策的实施，改革重心再次从乡村转移到城市，城市集聚生产要素的能力进一步增强，工农城乡的比较优势再次拉大。

在改革开放初期，由于长期存在的城乡二元体制，农民进城的通道被堵塞。1977 年高考恢复之后，下乡知识青年千方百计想回到城里去，大量返城知青、摘帽干部职工需要妥善安置，因此城市的就业形势十分严峻，农民进城的冲动被压制在萌芽阶段。1981 年，国务院呼吁大力发展乡村经济，农村闲置劳动力“不要往城里挤”①，这给乡镇企业的发展带来机遇，农民通过“离土不离乡，进厂不进城”的方式应对进城权利的暂时受限，农村剩余劳动力实现在地非农化。乡镇企业异军突起吸纳了大量农村劳动力，1983—1988 年吸纳农民就业达6300万人。位于天津静海区的大邱庄是乡镇经济崛起的缩影。“文革”结束后，精明的大邱庄大队党支部书记禹作敏认为要富裕只有办工业才行，于是 1977 年，他领导大邱庄办起轧钢厂，生产当时天津市十分紧缺的带钢，头一年就盈利 30 万元，到了 80 年代中期，大邱庄一度成为举国闻名的“首富村”。乡镇企业时期曾被认为是中国工农城乡发展关系最好的一个时期，然而事实上政府的能动性被夸大了，这种城乡二元关系的调整是改革推动下，农民为摆脱制度性束缚而发挥主观能动性的结果。

20 世纪 90 年代前后，乡村人口大规模涌向城市势不可当。中央政府对农村劳动力进城的态度开始缓和，通过试验、出台各种改革举措，进城农民工逐渐撕下“盲流”标签，通过“离土又离乡”的方式谋求生计，为国民经济增长做出了贡献。然而，政府对农村的投资程度实际上是下降趋势的，据统计，改革开放后政府投资中农业投资比重在六五、七五、八五计划时期分别占 9.5%、8.4% 和 8.8%，直到 1998 年特大洪灾暴露农村投资多年的欠账问题，政府才加大对农村的投资力度。总的来看，从改革开放开始到千禧年以前的城乡二元政策变化十分微妙，这一阶段政府在打破城乡二元结构方面迈出重要的一步，农村剩余劳动力在城乡之间流动的阻碍被打破，农民发展权益得到进一步的提升。但由于户籍改革进度缓慢等问题，城乡二元结构的制度壁垒并未真正被打破，许多不容忽视的社会问题，如留守儿童、农民工歧视等问题并未得到妥善解决。

（三）第三阶段：二元政策瓦解期（1990 年至今）

20 世纪 90 年代开始，中国迎来经济高速腾飞、综合国力不断增强的历史新阶段。经过改革开放，中国初步建立了社会主义市场经济体制，但是不断

① 详见《国务院关于严格控制农村劳动力进城做工和农业人口转为非农业人口的通知》。

加剧的农村、农业和农民问题并没有得到根本性解决。基于在城乡发展问题上的历史欠账，中央政府认真总结城乡发展的历史教训，推行一系列有利于瓦解城乡二元结构的政策。2002年，江泽民同志在党的十六大报告中明确提出“统筹城乡经济社会发展，建设现代农业，发展农村经济，增加农民收入，是全面建设小康社会的重要任务”。按照这一要求，政府实行农村税费改革，以进一步减轻农民负担。然而，农村税费改革的意义不止于减轻负担，其实质是中央对国家、集体和农民之间分配关系的一次重大调整，此举有效遏止政府向农民多收费、乱收费、乱罚款等问题蔓延发展（刘健，2002）。从国民经济发展全局上看，要保证经济快速健康发展，需要有足够的国内消费需求，农村税费改革通过提高农民收入和潜在购买能力，为国民经济发展开辟广阔的农村市场。以2005年的新农村建设为标志，一系列以工补农、以城带乡的政策不断推出，使得城乡二元结构进一步瓦解，政府主导构建的城乡一体化、城乡融合机制驶上了快车道。

党的十八大以来，以习近平同志为核心的党中央站在全局和战略高度，将城乡一体化作为党和国家工作任务的重心。2012年党的十八大报告提出：“解决好农村农业农民问题是全党工作重中之重，城乡发展一体化是解决‘三农’问题的根本途径”，并重申在中国共产党建党100周年之时实现全面建设小康社会的奋斗目标，表明了党和国家破除城乡二元结构、实现城乡均衡发展、推进乡村社会现代化发展的决心。户籍制度改革为城乡一体化发展创造制度条件，2014年，国务院颁布的《关于进一步推进户籍制度改革的意见》提出：“进一步调整户口迁移政策，统一城乡户口登记制度，全面实施居住证制度。”[①] 新一轮户籍制度改革取消了农业户口与非农业户口之间的歧视性区分，进一步消除城乡居民迁移的制度性障碍。但是，当前中国的户籍改革仍处于中间阶段，仍然存在较多矛盾，如落户意愿与落户门槛的不匹配，公共服务的供应与户籍身份相互挂钩，大量进城的农民工被城市公共服务体系所排斥，只能享有其户籍所在地的公共服务。随着越来越多乡村人口涌入城市，

① 详见《国务院关于进一步推进户籍制度改革的意见（国发〔2014〕25号）》。

人户分离的特征更加明显。根据国家统计局发布的《2021 年国民经济和社会发展统计公报》，全国人户分离人口达 5.04 亿人。显然，当下的户口登记制度已经无法真实反映人口的居住迁移规律，无法为常态化的城市公共服务需求管理和公共决策规划提供研判线索。总体来看，目前国家城乡发展政策史无前例地给予农村发展优先权，这给农民吃下了“定心丸”，不过，还需要探索乡村振兴战略实施的具体方案。

三、中国社会发展主要矛盾的表现与解决方案

毛泽东同志在其著作《矛盾论》中提到，事物发展过程伴随诸多矛盾，其中主要矛盾影响其他矛盾的存在与发展（毛泽东，1975）。矛盾无处不在，社会主要矛盾客观反映了国家生产力发展水平以及社会所处的历史发展阶段。关于中国社会经济发展主要矛盾的分析由来已久：1842 年鸦片战争之后，我国社会主要矛盾是帝国主义与中华民族之间、封建主义与人民之间的矛盾；1956 年中共八大以来，我国社会主要矛盾是落后的农业国与先进的工业国之间，人民日益增长的物质文化需要与落后的社会生产之间的矛盾；1981 年党的十一届六中全会提出，在社会主义初级阶段，中国社会的主要矛盾是人民日益增长的物质文化需要同落后的社会生产之间的矛盾；2017 年，党的十九大报告提出，中国特色社会主义已经进入新时代，社会主要矛盾相应转变为人民日益增长的美好生活需要和不平衡不充分的发展之间的矛盾。

如今，中国社会主要矛盾显著区别于短缺经济时代的矛盾。不平衡、不充分成为制约我国进一步发展的关键问题。而在诸多的社会不平衡发展矛盾中，城乡发展不平衡不协调的问题最为突出，城乡之间不断扩大的差距导致乡村人口衰退、土地闲置严重、环境恶化、耕地减少、医疗卫生和社会保障不足等问题。自 1979 年至 2019 年，我国的乡村城镇化率年增长 5.36%，乡村人口比例从 1953 年第一次全国人口普查的 86.74% 下降到 2021 年第七次全国人口普查的 36.11%。显而易见，大力推进乡村振兴政策实施，是解决城乡发展不平衡问题，缓解社会主要矛盾的根本路径。

四、乡村振兴战略的时代背景与历史意义

“乡村振兴战略”是习近平总书记于 2017 年 10 月 18 日，在党的十九大报告中提出的一项重大国家战略。在十九大报告上，三农问题作为紧密影响国计民生的根本问题而引起强烈关注，解决三农问题的乡村振兴战略与科教兴国战略、人才强国战略、区域协调发展战略等一同被列为中国未来发展的七个重要发展战略。十九大提出的战略安排，明确了实施乡村振兴战略的阶段性战略目标：预计到 2020 年，乡村振兴取得重要进展，基本形成有利乡村振兴的制度框架和政策体系；预计在2035年，乡村振兴全面取得决定性进展，基本实现了农村农业的现代化；预计到2050年，乡村实现全面振兴，农业强、农村美和农民富目标全面实现[①]。为了确保乡村振兴战略稳步实施，2021 年 2 月 25 日，国务院扶贫办整体改组为国家乡村振兴局；2021 年 4 月 29 日，第十三届全国人民代表大会常务委员会第二十八次会议通过《中华人民共和国乡村振兴促进法》，行政机构重组和法律制度建设为乡村振兴战略的实施提供坚实的体制和制度保障。

实施乡村振兴战略是解决中国社会主要矛盾的必经之路。当前我国“三农”工作面临的形势发生深刻转变：中国的工业化和城镇化发展已经取得比较满意的阶段性成果，城市人口数量已经超过农村人口数量；三农事业也取得举世为之惊叹的成绩，实现农村人居环境、产业结构和精神风貌的显著改善，农民收入增长速度连续多年超过城镇居民，但数据显示，2017 年国内城乡居民收入差距仍在 2.7 倍。除此之外，中国乡村的产业化体系尚未健全，人口老龄化问题仍然突出，文化教育资源和医疗服务供给并不充足。因此，当前中国最大的不平衡矛盾还是城乡发展的不平衡，最大的不充分仍是农村发展的不充分，乡村振兴理所当然成为破解社会不平衡、不充分矛盾的根本之策。

乡村振兴战略是实现“两个一百年”奋斗目标的必然要求。中共十五大报告提出“两个百年”奋斗目标，在共产党和新中国成立的一百年之时分别

① 详见中共中央国务院印发的《乡村振兴战略规划（2018—2022 年）》。

完成全面建成小康社会，建成富强民主文明和谐的社会主义现代化国家的目标。在党的坚强领导下，2020 年，中国经过八年奋斗如期完成近 1 亿人口的绝对贫困消除任务，取得举世瞩目的脱贫攻坚成果。2018—2022 年，中国在国际间贸易冲突、粮食安全问题，以及新冠肺炎疫情爆发等复杂的国内外形势下走过第一个乡村振兴五年实施期，通过乡村振兴巩固脱贫攻坚成果，提高人民生活水平和质量，是迈向第二个“百年目标”的必然要求，更是实现中华民族伟大复兴目标的历史任务。

第二节　城乡互动中的乡村绅士化

一、城市化的一般进程与阶段划分

城市化（urbanization），也就是城镇化，一般指的是随着国家或地区的生产力发展、科技进步、产业调整，社会形态由传统的，以农业生产为主的乡村社会转向现代化的，以工业、服务业等非农生产为主的社会逐渐演化的过程。城市化过程主要表现在城市性状、数量和质量方面的提升。就性状而言，城市向人口高度集中的社会系统，以及高效运作的社会经济形式转变；就数量而言，人口、规模、数量都实现了大规模集中；就质量而言，城市管理、社会文明、环境质量、经济效率都得到显著提升。从全球范围来看，城市化呈现出较强的阶段性变化规律，一般将城市化阶段分为：城市化起步阶段、郊区城市化阶段、逆城市化阶段，以及再城市化阶段。四个阶段在人口城市化比例、资本集聚与扩散、形成原因等方面存在显著差别。第一阶段是城市化，表现为人口从乡村向城市地区集聚，这一过程伴随乡村向城市功能，农业向工业、服务业的转化。西方国家的城市化进程与工业化犹如孪生兄弟如影随形，开始于 18 世纪中叶，在第一次工业革命推动下，1851 年英国城市化率超过 50%，成为世界上最早进入城市化成熟阶段的国家；到了 19 世纪中叶，第二次工业革命在美国、德国、法国等主要发达资本主义国家兴起，这一时期，由于城市化进程加速，许多国家的城市化比例都达到60%以上，这不可避免地带来各种城市问题，为郊区化和逆城市化埋下伏笔。

第二阶段为郊区化（sub-urbanization），是城市人口、资本要素从城市中心向城市郊区扩散的过程，是城市内部推力和外部拉力作用的结果。从城市内部推力来看，郊区化是随着城市发展“集聚不经济”现象产生的，由于追加城市内部投资出现报酬递减规律，适当分散城市的功能到郊区可以提高社会经济运转效率；随着城市人均收入提升，中产阶级壮大，一些相对富裕的阶层作为先锋迁往郊区居住，白天在市区上班，晚上回到郊区睡觉，导致“卧城”现象的产生；从拉力上看，郊区相对内城具有较大的吸引力，主要表现在人居环境较好、土地价格低廉、交通便利。改革开放以来，中国城市化也步入类似西方国家的郊区化阶段。数据显示，中国城市和建制镇的建成区面积从20世纪90年代的2.1万平方千米增长至2019年的10.26万平方千米，增长了近5倍①；随着城市化发展，城市外围郊区面积不断扩大，有学者估计，2016年全国城镇郊区总面积约占陆地国土面积20%以上，人口数达4亿左右。在此背景下，在中国北京、上海、广州和深圳等大都市郊区，出现了郊区绅士化。以广州为例。自20世纪90年代以来，广州海珠区的小洲村吸引了关山月、黎雄才为代表的一批艺术界名流入驻，撬动了艺术家引导的乡村绅士化。小洲村的乡村绅士化进程与广州市的郊区化进程相关联，一方面，城市快速扩张伴随的现代化压力使得一些热衷于怀旧消费的艺术家对城市产生排斥感，推动了城市文化知识分子向乡村的迁移；另一方面，在中国特殊乡村发展背景下，偏远乡村地区往往没有类似城市那样舒适和现代化的便利设施，居住在邻近市区的郊区乡村可以相对自由地在城乡之间穿梭（何深静等，2012）。

第三阶段为逆城市化（counter-urbanization），指人口、资本从中心城市向小城市、小城镇甚至乡村地区扩散，伴随中心城市空心化的过程。随着城市化发展进入高级阶段，大都市中心的人口密度显著提高，开始出现环境污染、

① 数据来源：2019年《中国城乡建设统计年鉴》。

治安恶化、房价上涨、交通拥堵等社会经济问题，逆城市化现象开始出现。逆城市化的实质是城市集聚的分散化、去中心化趋势。以英国为例来解释这种去中心化的必要性。英国进入逆城市化阶段与郊区化的不可持续性紧密关联。随着城市郊区化扩张，市民每天付出在通勤上的时间不断提升，显著降低了生活质量，甚至超过企业和个人的经济支付能力，于是20世纪60年代，英国有意识地将新设国家机构分设在全国不同城市，而不是首都，如金融管理局。逆城市化对城市发展而言犹如一枚硬币的两面，其主要优点是，分散大都市由人口集聚引发的人地矛盾、减少环境污染和交通压力；其缺点也是不言而喻的，如增加市民的通勤距离，导致城市外围生态失衡，土地利用功能分区布局与现实需求匹配度低等问题。随着西方逆城市化进程到来和后工业社会转型，原本出现在大都市内城的绅士化现象外溢到位置相对偏远、地广人稀、环境更为舒适的乡村地区，出现了乡村绅士化（Parsons，1980）。在西方社会，乡村绅士化往往被视为逆城市化的产物，甚至等同于逆城市化进程。然而有必要对这一等式提出质疑。在中国乡村发展情境中，随着美丽乡村建设、乡村振兴战略等政策相继推出，越来越多中高收入城市居民迁往乡村居住休闲，引发了乡村绅士化现象，然而中国正处在工业化中后期和快速城市化发展阶段。可以说，中国的乡村绅士化很大程度上是政府意志的产物，政府主导的土地制度改革、国家空间选择使得一些偏远、落后的乡村地区也具备投资和消费潜力，出现乡村绅士化，尤其是旅游引导的乡村绅士化。尽管在学术界，大多数学者不认为中国已经进入逆城市化发展阶段，但是出现了一些类似逆城市化的特征，最典型的是“非转农”，即非农业人口转农业人口现象。位于河南省的汝阳县是一个典型的农业县，在40多万人口中农业人口就占了36.6万，虽然是农业县，但2007年2月和3月的非转农人数比农转非人数多出了11人；浙江省台州市在2007年，仅椒江、路桥和黄岩三区就有将近5000名大中专学生将户口迁回农村。这些类似逆城市化的现象反映出新世纪以来中国城乡户籍相对价值出现逆向变化。在过去，城市居民凭借城市户籍就可以享受各种农民望尘莫及的医疗、就业、教育、养老保障等福利，而农民只有依赖集体土地分配，依靠务农维持生计。然而近年来，随着国家优惠政策不断向农村倾斜，农村户籍人口相对城市居民享有较多的利益，如土地承包权、经营权。当农村土地被国家征收或转变为其他用途时，失地农民可以通过分红得利的形式获得补偿（Zhan，2019）。

最后一阶段为再城市化（re-urbanization）。再城市化是相对逆城市化而言的过程，城市进入逆城市化阶段之后，应对城市中心区域衰败而出现资本回流现象（图 1-3）。由于再城市化与城市化经历相同的资本运动方向，也被称为“二次城市化”。再城市化实践最早出现在西方以工业化为主的国家。虽然英国的都市区和城市群区域大多数还在人口外溢的逆城市化阶段，但在首都伦敦，国际人口迁移成为促使内城人口增长，进入再城市化阶段的首要因素。欧美国家大都市出现的内城绅士化常常伴随再城市化过程产生。

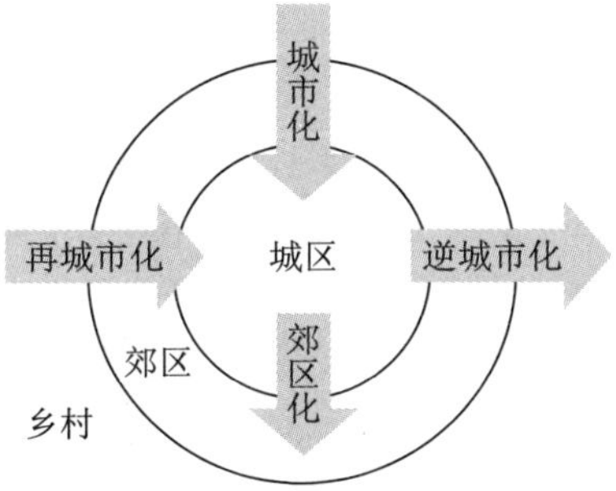

图 1-3　城市化发展阶段资本与人口流动方向示意图（作者绘制）

二、中等收入陷阱与城乡居民互动

中等收入陷阱（middle-income trap）是世界银行提出的，指一部分经济体发展到中等收入水平后出现经济放缓，始终停留在中等收入阶段的现象。如果一个国家在经济水平提高后陷入经济结构失衡、发展空间受限、人力成本过高、国内消费不足、贫富差距拉大等问题，且这些问题无法妥善处理时，就会陷入中等收入陷阱，这些国家主要是位于东南亚和拉丁美洲的发展中国家，如巴西、墨西哥、菲律宾、马来西亚等。世界银行曾提出一个时间间隔判断的标准，认为一个国家出现超过 12 年以上的经济停滞可被归类为中等收入陷阱国家，典型成功跨过中等收入陷阱的国家有韩国、瑞士和法国，仅用 7 年左右的时间完成跨越，欧美发达国家如德国、美国则在10年左右完成跨越；中国自2010年开始进入中等收入发展阶段，能否成功跨越中等收入陷阱，还有待时间检验。

2021年，中国全国城镇化率为64.72%[①]，人均GNI从中华人民共和国成立之初的70美元提高到超过1万美元，按照世界银行标准，我国已经达到中高收入国家水平的标准。在城镇化语境下，中国式中等收入陷阱主要表现为以下几点：①收入差距陷阱，新中国成立之初，中国的基尼系数维持在0.2左右，但2014年数据显示，中国基尼系数0.47已经超过国际上公认的警戒线0.4，城乡差距和东西部之间的收入差距缩小并不明显，与其他发展中国家不同的是，中国各社会阶层的收入呈绝对增长趋势；②社会福利陷阱，目前国内社会公共需求不断增长，与短缺、增长缓慢的公共产品供给之间的矛盾不断凸显，求学难、看病难、住房难“三座大山”仍然是民众关注的焦点议题，并未得到根本性解决；③资产泡沫陷阱，自2008年国际金融危机后，外需萎缩，国内消费动力不足，单纯依靠政府高强度的投资不可避免地埋下高负债隐患，一旦经济增速放缓，财政金融危机的风险就会增大。探索中国跨越中等收入陷阱的解决方案，有必要反思拉美国家为何跌入中等收入陷阱。

拉美国家的中等收入陷阱与不平衡的城乡发展政策不无关系，政府在宏观调控上控制力度不足，导致城乡社会矛盾集中爆发。虽然从全球的城市化进程来看，拉美国家城市化已经发展到一个较高的水平，2011年达79.1%，仅次于北美82.2%，但是其区域内部的不平衡发展问题也是全球最大的，由于城市发展水平远高于实际社会经济发展水平，学界将其称为“虚假城市化”。拉美国家政府为加快城市化进程，在短期内投入大量资金，将农民吸引到城市务工，以实现快速的市民化；同时高度集中的农村土地制度产生大量失地农民，这部分农民只能被驱逐到城市谋生，使得城市负载超过正常容纳水平的人口和功能；由于农民无法被城市正常吸纳，大多数只能住在“贫民窟”内，出现明显的居住隔离和严重的阶层分化现象。在很大程度上，拉

① 数据来源：国家统计局发布《2021年国民经济和社会发展统计公报》。

美国家中等收入陷阱的症结在于没有协调好城乡关系。汲取拉美国家的教训，中国在乡村振兴政策不断推进背景下，越来越多的城市中产阶级群体前往郊区、偏远地区乡村旅游，或参与康养活动，有效带动乡村社会经济发展。这种旅游引导的乡村绅士化实践为进一步弥合城乡差距，实现城乡良性互动、构建新型和谐的城乡关系做出了贡献。

城乡互动是一个区域发展概念，指借助市场化手段，促使资金、技术、信息及人口等为载体的资源要素在城乡之间有序流通和优化配合，从而实现城乡社会经济的可持续发展。在工业化时代，“以农补工”“以乡补城”的传统城镇化路径虽然实现了工业积累，但同时也堆积了大量社会矛盾，暴露了城乡关系处理上单向度做法的弊端。良性的城乡互动发展应该包含两方面内容：一是去除制度端障碍，将城市和乡村作为一个整体性区域进行规划和资源调度；二是建立起分工协作、合作交流的协同网络与互动机制。

在城乡互动的政策实践和理论研究中，经常涉及“城乡统筹”“城乡一体化”“城乡融合”等概念的讨论，甚至有些学者将三者混为一谈。实际上，这三个概念有其适用的历史背景。“城乡统筹”于2003年被明确提出，党的十六届三中全会通过《中共中央关于完善社会主义市场经济体制若干问题的决定》，提出“五个统筹”和谐发展理念，“统筹城乡发展”被作为社会经济和谐发展的着力点之一。李岳云等（2004）对城乡统筹的内涵进行解释，认为城乡统筹包括关系统筹、要素统筹和发展统筹三个方面的内容。“城乡一体化”思想在20世纪得到初步发展，特别是改革开放以来城乡隔离、分别发展产生了一系列社会经济矛盾，城乡一体化的重要性越发得到强调。对城乡一体化的认识存在狭义和广义之分，狭义将其等同于“市郊一体化”，即城市的内城和郊区在社会发展规划上实现高度统一；广义将其理解为城市与乡村的关系不再对立，矛盾趋于缓解。“城乡融合”指城市与乡村的融合发展，这一过程将城市与乡村、三大产业、城乡居民作为一个整体规划和推进（何仁伟，2018）。党的十九大以来，依托乡村振兴战略的实施，表述城乡互动的“城乡融合”话语得到追捧。细致思辨，三种提法之间既存在联系又有所区别。孔祥智和张效榕（2018）认为，城乡统筹、城乡一体化和城乡融合是依次递进的关系。张克俊和杜婵（2019）进一步指出，城乡统筹是实现城乡一体化的具体方法，城乡融合以城乡一体化为发展基底，城乡融合是实现城乡一体化的重要路径。从“手段—目的”的逻辑上看，城乡统筹、城乡一体化和城乡融合是一个由操作属性向价值追求过渡的表述，后者比前者更为抽象，拥有更丰富和包容的内涵。尽管对城乡统筹、城乡一体化和城乡融合谁是手段，谁是目标仍然存在较多歧见，但三者共同旨在重塑城乡关系，通过摆脱单向城乡作用过程，加强城乡互动，实现社会经济的可持续发展。

虽然城市和乡村在自然、经济、文化等多个方面存在天然的差别，但随着城乡互动越来越频繁，城乡之间的差距和优劣势不断发生变化，城乡关系也在不断发生调整。城乡互动是一个高度不均衡的变化过程。在城乡互动变化过程中，城乡要素的不同流动走向和状态塑造了四个相对稳定的城乡关系演化阶段：第一，在城乡分化阶段，乡村人口要素远超城市，人口、农产品开始由乡村流向城市，此时乡村和城市的功能区分明显，城市服务于军事和政治，乡村则提供农业生产和粮食保障；第二，在城乡对立阶段，城镇人口和城镇数量激增，两个地域系统之间出现制度壁垒，城市的生产属性增强，工业产品向乡村输送，城市和乡村出现具体的生产分工，城市以工业和服务业为主，乡村以农业为主；第三，在城乡融合阶段，城乡之间的基础设施、社会福利、人均收入差距逐渐缩小，各种要素双向流动的速度明显提升，在城市功能优化提升的同时，乡村也开始承担部分城市职能，如生态和文化消费；第四，在城乡一体化阶段，乡村居民点城镇化特征明显，城乡社会经济迈向一体化发展，要素流动过程更具平等性、自由性和联动性，城乡功能开始去差异化，但在服务规模、范围与水平上仍保留一些差异。

三、中国城乡互动历程

步入社会主义新时代，人民日益增长的美好生活需要和不平衡不充分的发展之间的矛盾成为了社会主要矛盾。城乡不平衡发展是制约我国全面进行社会主义现代化建设的主要矛盾之一。如何恰当地协调城乡关系、实现城乡和谐互动既是中国现代化国家建设道路上最为关切的发展问题，也是学术界必须紧紧跟进的一个重大而紧迫的时代课题。乡村衰退与城乡失衡是世界各国推进现代化和城市化进程中面临的普遍问题，一些发展中国家将其描述为“现代化陷阱”。发达国家较中国更早进入城市化发展的高级阶段，在促进城乡良性互动方面的成功实践为中国当下落实乡村振兴战略提供有益的经验指导和方法启示。一般认为，发达国家的城乡互动大致经历六个阶段，分别是乡村孕育城市、城乡割裂、城乡对立、城市辐射乡村、城乡互通和城乡共荣阶段。回顾中国本土的城乡互动历程发现，与西方国家相似，城乡互动经历了“一体—分割—融合”的演变过程。结合城乡发展政策和社会经济指标判断，中华人民共和国成立以来，中国城市和乡村的互动关系大致经历了“二元结构形成—城乡壁垒瓦解—城乡统筹融合”三个阶段的历史嬗变，是一个从“乡土中国”迈向“城乡中国”的社会转型和探索历程。

（一）二元结构形成（1949—1978 年）

1978 年以前，计划经济体制要求是二元城乡结构形成的结构性原因。新中国成立之时，城乡仍为一个连续的统一体。1949 年，《中国人民政治协商会议共同纲领》明确规定了“城乡互助”基本经济纲领。次年，《中华人民共和国土地改革法》颁布标志着农民真正成为脚下土地的主人。由于农民掌握对土地的处置权，农业生产迅速扩大，城乡之间的物质资料和劳动力资源自由流动。转折出现在 20 世纪 50 年代中期，为实现国家由落后农业国转变为先进工业国的宏伟目标，党中央决定将工作重心从乡村转移到城市，重心的转移伴随一系列以“城市中心主义”为纲领的社会制度生产，农村人口流入城镇的自发行为被污名化为“盲目流动”。国家提取农村剩余发展工业，在“大跃进”期间达到顶峰。农业税、剪刀差、人民公社、户口登记等经济和人口管理制度安排将农民牢牢地束缚在农村土地上。这一时期的城乡政策虽然帮助我国快速建立起了较为完整和现代化的工业制造体系，但以牺牲农村、农业、农民发展利益为代价，城乡互动表现为城市剥夺乡村，二元的城乡和工农发展结构日益凸显并得以固化。

（二）城乡壁垒瓦解（1978—2002 年）

党的十一届三中全会后，解放思想、实事求是成为党的工作指导思想，城乡互动进入新的历史阶段。受市场经济改革影响，国家政策对城乡人口流动的管制开始松动。1986 年，中央一号文件提出构建新型城乡关系，从经济层面为农村发展松绑。然而，受二元户籍制度限制，农村剩余劳动力大部分在乡村内部实现就地转化，通过“离土不离乡、进厂不进城”的方式为乡镇企业提供充足、廉价的劳动力资源，这种有别于西方剥夺式积累的乡村发展模式被学界称为“非剥夺式积累”（Zhan，2019）。乡镇企业异军突起，如雨后春笋般拔地而起的小城镇发展态势打破了“农村—农民、城市—市民”格局，城市与乡村的矛盾趋向缓和。20 世纪 80 年代以来，随着社会主义市场经济体制逐步确立，城乡之间的要素流动趋于频繁，但仍以单向流动为主。由于二元的城乡制度壁垒未被完全打破，乡村居民在城市的就业、基础教育、医疗卫生、社会保障等方面的切身利益未能得到应有的保障，这也引发许多新的城乡矛盾和冲突，产生留守儿童、空心村、贫困村等不利于三农发展的现象。虽然城乡壁垒趋于瓦解，但在根本上，国家支持城市扩张、以农促工的路径依赖并未得到改变。

（三）城乡统筹融合（2002—2021 年）

面对日益扩大的城乡差距和凸显的三农问题，2003 年，党的十六届三中全会将“统筹城乡发展”放置于“五个统筹”的首位；2007 年，党的十七大提出“以工促农、以城带乡”的长效机制；2008 年，党的十七届三中全会提出 2020 年基本建立城乡社会经济发展一体化体制；2012 年，党的十八大提出推进城乡一体化发展战略，以解决农业、农村、农民问题。在“统筹城乡”“城乡一体化”政策话语引领下，国内对城乡互动的认识迈上一个更高的台阶，更加注重城乡资源要素之间的公平交换和公共服务的优化配置。近十年，中国进入了城市化和工业化发展的中后阶段，中国的常住人口城镇化比例从1980年代的20%左右上升到2020年60%以上[①]。在后工业社会来临之际，以旅游为依托的后现代消费需求日渐兴盛，然而中国的大部分村落，尤其是偏远地区的传统村落未能充分释放旅游要素潜能。由于农民缺乏将土地转让

① 数据来源：国家统计局《2020 年国民经济和社会发展统计公报》，http://www.stats.gov.cn/tjsj/zxfb/202102/t20210227_1814154.html.

给村集体以外成员的权利，当农民市民化或在外出务工时，往往导致大规模的耕地废弃和住房闲置。2017年《中国传统村落蓝皮书》指出，中国有4153个传统村落即将消失。面对农村社会衰落和城乡不平衡发展问题，2018年中共十九大报告提出实施乡村振兴战略，中央一号文件提出实施休闲农业和乡村旅游精品工程，对农村利用闲置农房发展民宿采取先准入后监管的做法，这极大释放了乡村旅游的发展潜力，吸引大批城市居民下乡投资。由于大部分农村缺乏与城市同等水平的基础配套和经济机会，乡村旅游业发展成为率先吸引城市要素在乡村在地化聚集的有效手段。2019年，中国乡村旅游接待人数达到32亿人次，收入超过8500亿元[①]。在这一阶段，制约城乡要素自由流动的制度障碍不断被打破，城市与乡村开始走向共荣和融合。

四、作为城乡互动结果的乡村绅士化

一提到“绅士化”，相信很多人会立刻联想到中国古代的士绅阶层。中国的士绅阶层作为传统社会结构中的一个独特群体，享有比普通百姓更高的经济、文化和社会地位，更重要的是他们拥有底层人民所不具有的政治权力，他们一方面支配平民的经济生活，另一方面代表平民与政府沟通，是百姓的代言人，在古代社会中发挥着承上启下的沟通桥梁作用。实际上，近年来中国城市社会学和地理学研究经常提到的绅士化是一个来自英国的“舶来概念”。在英国，绅士是位于贵族和平民之间的社会阶层，在一定程度上，绅士阶层和绅士精神的形成促进了不同阶级之间的谈话，为统治阶级巩固文化思想作出特殊贡献。然而在城市化语境下，绅士化在英国以及其他欧美国家并不是一个多么光彩的现象。

绅士化一词最早是英国社会学家Glass观察到在伦敦市中心中产阶级对工人阶级居住区进行入侵的现象时，创造的一个概念（Glass，1964）。由于经济、文化地位较高的中产阶级出于对内城破败街区的特殊文化偏好，以及低廉的土地租金而不断涌入街区，这导致邻里出现住房供应紧张、物价飙

① 数据来源：《农业农村部：4月以来全国乡村休闲旅游业接待游客1.5亿人次》，http://zw.china.com.cn/2020-04/28/content_75986802.html.

升，以及工人阶级流离失所等一系列社会空间后果。由于剥夺弱势群体的生存空间，绅士化经常被学界视作一个负面的社会现象加以批判，尤其是以大卫·哈维为代表的批判地理学者。随着越来越多学者在不同的社会空间尺度内对移民现象进行研究，乡村绅士化现象越来越受关注。Parsons（1980）将乡村绅士化界定为在城市居住生活的中产阶级，由于厌恶城市喧嚣、拥挤的环境，并向往乡村宁静、舒适的生活氛围，于是开始自发地涌入乡村地区，开启了类似城市绅士化的社会空间演变过程。传统的内城绅士化主要吸引来自郊区的中产阶级在市区集聚，但乡村绅士化并不是在乡村地区内部出现的人口迁移过程，而是跨越了不同地域尺度和地域类型，是城市和乡村要素互动的产物。随着中国朝着后工业社会转型，特别是北京、上海、广州等大都市市区分化出大量中产阶级，为绅士化发生奠定了坚实的阶级基础。随着城市环境遭受破坏，城市居民生活压力变大，乡村无疑是首当其冲的，缓解城市居民生活压力的缓冲池。在中国，城市人进村，乡村人进城的主客易位现象正越来越频繁地发生着，这种特殊时代背景下城乡要素之间的自由互动是中国乡村绅士化发生的根本动力。

第三节　乡村旅游绅士化背景下的研究议题

一、乡村旅游与乡村旅游绅士化

互联网时代诞生了许多乡村网红打卡旅游地，如西安袁家村、厦门曾厝垵。随着人们生活水平不断提高，乡村旅游越来越成为人们主要的旅游方式，乡村越来越成为人们主要的休闲旅游目的地。乡村旅游现象自古有之，在古代一般指下乡探亲访友以及文人墨客的郊游活动，然而古代的乡村旅游仅仅是一种偶然兴起的休闲行为，真正具备现代经济意义，有组织、市场化、大众化的乡村旅游活动在19世纪中后期才兴起。中国现代的乡村旅游相较于欧美国家出现较晚，可以追溯到20世纪50年代，当时在山东省潍坊安丘石家庄村开展的乡村旅游活动主要是为了迎合外事接待需求。当然，出于城市营销目的，成都市郫县也号称其农家乐旅游是中国乡村旅游的早期形态。为发挥郫县农家乐旅游的示范价值，2006 年国家旅游局正式授予郫县“中国农家乐旅游发源地”称号。2021 年，继脱贫攻坚取得伟大胜利后，全面推进乡村振兴成为我国农村农业现代化建设的工作重心。而乡村旅游业发展作为乡村振兴战略实施的重要手段，在乡村振兴中发挥着改善农民生计结构、优化农村人居环境、复兴农村传统文化，以及盘活农村闲置资产的多重重要功能，以作为推进乡村振兴的重要路径身份回归焦点，备受全民瞩目。

乡村旅游作为学术性概念，是指旅游者在乡村环境中从事休闲旅游活动的一种旅游形式（Gilbert & Tung，1990）。在理论和产业界，乡村旅游经常与休闲农业、农业旅游、生态旅游、绿色旅游等概念相混淆，这些概念既存在联系又相对独立。从本质上看，乡村性是乡村旅游区别于其他旅游活动，尤其是城市旅游的标志性特征，是乡村旅游的核心卖点；通过充分利用乡村性，乡村地区成功吸引主要来自城市的游客，并为其提供满意的服务体验。在乡村旅游发展过程中，过分追求经济效益而忽视对乡村性的保护，将使乡村旅游发展凸显出不可持续性。随着社会经济不断发展，乡村旅游的内涵不断丰富，种类和形式更为多样化。陆林等（2022）将乡村旅游业态划分为农家乐、乡村民宿、乡村精品酒店、露营地与风景道、传统村镇旅游以及田园综合体六大类型。可以预见，随着城市居民生活水平不断提升，对旅游消费的差异性和丰富性要求越来越高，乡村旅游的内容和形式将得到进一步的丰富和提升。

乡村旅游越来越成为推进城乡融合的重要手段，城乡融合发展也为乡村旅游发展带来全新的机遇。乡村旅游发展与城乡互动存在密切联系。一方面，乡村旅游是特殊城乡互动时期的产物。在 19 世纪以前，西方发达国家只有极少数城市居民有条件和意愿前往乡村旅游，但到 19 世纪中叶，由于快速的城市工业发展，“城市病”问题开始显现，人们发现拥挤的城市交通、压抑的城市工作环境并不适合人们长期居住。随着闲暇时间的增多和消费能力的提升，城市居民开始向往乡村短租、短住的休闲旅游体验。另一方面，乡村旅游推动城乡进一步实现互动，是城乡互动的重要平台。由乡村旅游发展引导的新型农村城镇化，为乡村地区带来城市资金、劳工移民、消费移民等要素，本地居民与外来旅游移民、游客交往变得十分频繁（王华，2016）。与此同时，经常被忽略的事实是，乡村旅游还表现为农村人借助契机走向城市。总的来说，乡村旅游发展根本上是城乡互动和交换的产物，同时又为城乡要素双向流动提供通道和动力。

乡村旅游迈上高质量发展阶段，便会吸引大量高收入、高职业技能以及较高文化审美品位的旅游移民，这些群体相对于依赖体力劳动的农民位于较高的社会阶层体系内，大部分是中产阶级。由于城市中产阶级人口对乡村社会文化、物质景观以及生产结构进行了全方位的高档化重组，原本以工农阶层为主的乡村社区转变为相对富裕的旅游社区，这一过程便是乡村旅游绅士化。所谓“旅游绅士化”（tourism gentrification），是由美国杜兰大学 Gotham 教授（2005）在分析新奥尔良法国区旅游社会空间形成时提出的概念，特指借由休闲与旅游产业发展，推动中产阶级社区向专属而富裕的社区转变的过程。然而事实上，也可以发生在原本非中产阶级居住的社区，特别是农村地区的旅游绅士化。旅游绅士化的产生被认为是绅士化普遍化和全球旅游产业快速发展的结果（Liang 等，2015）。作为一种特殊的商业绅士化形式，旅游绅士化还表现在零售和服务业的高档化重构，而非局限在居住群体的阶层结构改变。虽然学界对绅士化究竟是供给或是需求端驱动产生存在很长时间的争辩，但对于旅游绅士化，大多数学者将两种理论结合起来进行分析，因为旅游业是供给和需求因素高度关联的一种产业，具有生产和消费的同时性和同在性（王华 & 苏伟锋，2021）。供给端理论源自 Smith（1979）的“租差”学说，根据该理论，旅游业发展抬升了闲置土地的潜在地租水平，与即时低落的资本化地租水平形成鲜明的“租差”，从而吸引资本投资旅游开发（Liang & Bao，2015；王华 & 苏伟锋，2021）。需求端理论的坚实拥护者是人文主义地理学家，他们强调文化、艺术消费，认为绅士化是绅士个人偏好选择的结果（Ley，1986）。旅游绅士化概念提出的最大贡献在于，进一步推动绅士化供给和需求理论的融合。

旅游业与绅士化的关系是学界争鸣的一个焦点，对二者关系存在两种截然不同的认识。第一种观点认为旅游业发展与绅士化相伴而生，并互相增强（Novy，2018）。一方面，绅士化是旅游业发展的重要手段，绅士群体充分利用经济和文化资本经营旅游项目，带动地方旅游消费，实现文化资本向经济资本的转换；另一方面，旅游发展又能驱动绅士化，通过旅游投资扩大闲置空间的租金差距，吸引绅士入驻和空间再开发（何深静等，2012；王华等，2021）。第二种观点认为旅游业发展中断了绅士化进程。Sequera & Nofre（2018）批判在旅游研究中滥用绅士化概念的做法，他们主张旅游化和绅士化之间的“去关联化”，指出城市旅游在中心城区的扩张并不总是以绅士化作为先决条件。Sequera & Nofre（2020）进一步举南欧城市的案例进行论证，在那里，旅游业发展中止了原有的边缘绅士化和学生化进程，长期住房被短期住宿所取代，出现包括中产阶级、工人阶级在内的群体被游客取代的现象。Jover & Díaz-Parra（2019）使用了更苛刻的绅士化界定标准，指责将旅游者化作为绅士化一部分的做法，因为游客并不会永久定居。更进一步地，许多游客被定义为自己国家的普通工人阶级，而不是传统绅士化文献中的中产阶级（Nofre，2020）。第二种观点实际上揭示了旅游绅士化的一个特殊性，即并非完全排除低收入阶层。

根据不同视角，旅游绅士化可划分为多种类型。赵玉宗等（2006）最早将旅游绅士化概念引入国内，并依据依托物差别将旅游绅士化细分为历史文化古迹型、山水景观型以及废弃场址型三类。张瑛等（2016）依据组织形式划分为强制、有序和无序绅士化三类。依照驱动因素，徐秀美等（2013）提出产品升级带动型、高端商业区开发型和旅游产业辐射型。从地域上看，中国的旅游绅士化与城市或区域社会经济发展密切关联，率先出现在北京、上海、广州、深圳、南京等大城市，主要依附于政府主导的大型旅游项目开发和城市历史街区改造。随着后生产主义乡村转型和国家乡村振兴战略持续推进，中国的旅游绅士化并不局限在城市，在拥有丰富人文和自然景观资源的乡村社区旅游绅士化十分盛行，如云南大理洱海周边、广东丹霞山瑶塘村与断石村、福建厦门曾厝垵、天津西井峪村等乡村社区。

从形成原因上看，旅游绅士化与后工业时代的来临，城市中产阶级消费群体的壮大，新自由主义发展政策，经济全球化趋势，以及信息技术进步密不可分。就中国城市地区而言，旅游绅士化最直接的动力是大型游乐项目设立与房地产项目开发，例如深圳华侨城（Liang & Bao，2015）。但在发展中国家乡村地区，尤其是我国，由于农村土地集体性质限制了房地产开发，旅游绅士化往往以闲置农宅出租和土地的旅游化利用为主，更多以乡村民宿的形式出现。绅士群体具有阶层混杂性、居住临时性以及动机多样性等特征（王华 & 苏伟锋，2021）。

从社会影响上看，旅游绅士化对乡村而言犹如一把双刃剑。从生计影响上看，在旅游绅士化背景下，农民往往成为不劳而获的食利者阶层，通过绅士化“主客易位”手段，实现“城乡交换”目的，其对城市就业、便利生活和教育资源的需求得到极大程度的满足。即使对于没有条件“吃租”的农民，旅游绅士化给乡村带来较多就业机会，由于需要大量从事低技能要求的工农劳动力为中产阶级旅游消费者提供基础服务，因此乡村旅游绅士化并没有使得乡村社区完全沦为排外和专属的富裕地区，还兼容了一部分低收入的劳动者。旅游服务的门槛较低，初级的旅游服务不涉及高密度的智力活动，农民可以快速学习、适应，从事诸如农产品销售、客房整理、装修改造等工作。从社会交往上看，旅游绅士化未必是一件好事。虽然乡村居民在物质需求上得到更大程度的满足，但是过去以传统熟人、血缘关系为纽带的乡村社区也遭受到商业化带来的冲击，出现邻里、家庭及个人的原子化；人与人之间的交往过分注重短期经济利益，忽视培育长期互惠合作关系，邻里之间的竞争愈演愈烈，导致社区社会整合程度显著下降。

二、乡村旅游绅士化的细分类型与特征

中国乡村地区的旅游绅士化最早出现在 20 世纪八九十年代，伴随改革开放和快速城市进程零星自发出现。到了 21 世纪初，尤其是中共十八大以来，随着中国加快乡村振兴战略实施步伐，旅游绅士化被作为乡村振兴的政策工具开始大规模、有组织地涌现。本文基于社会调研和现有国内外相关案例研

究，对国内乡村地区出现的旅游绅士化进行韦伯式理想类型划分，进而归纳细分类型的形成机制与社会空间特征，以期对国内乡村社区旅游的可持续发展提供有益启示。类型划分基于两个关键变量，其一是“市场—政府干预程度”，其二是“近郊—偏远地区”。两个关键变量交叉组合形成四种韦伯式理想类型，分别是近郊市场型、近郊政府主导型、偏远地区市场型以及偏远地区政府主导型旅游绅士化（如图 1–4 所示）。

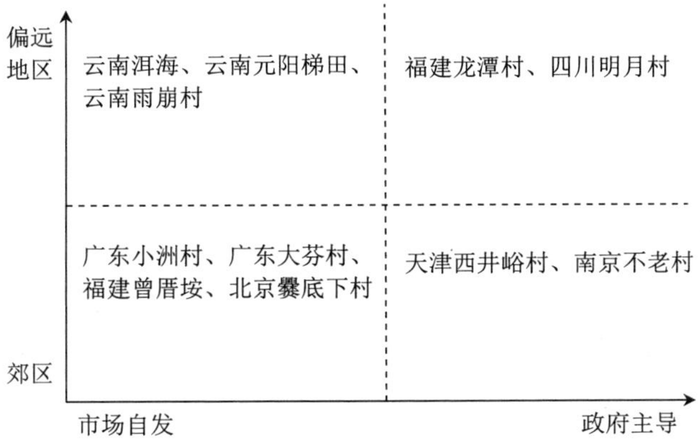

图 1–4 乡村地区旅游绅士化类型划分示意图（作者制图）

（一）近郊市场型旅游绅士化

近郊市场型旅游绅士化主要出现在北京、上海、广州、南京等大都市边缘区，该区位要么有浓厚的传统村落文化氛围，要么自然生态环境良好，典型案例有广州小洲村、北京爨底下村、厦门曾厝垵、武汉大李村。从驱动力来看，此类旅游绅士化由大都市庞大的中产阶级消费群体驱动，在快节奏的城市生活影响下，大都市居民逃离惯常环境的旅游动机被激活。因靠近大都市区压缩了交通时间，近郊乡村能够快速吸引到内城富裕群体进行“一日游”。与此同时，近郊乡村提供远低于城区的土地和房屋租金水平，这与大都市扩张、乡村旅游发展带来的潜在地租水平抬升共同形成“租差”，吸引城市资本投资乡村旅游业。

从过程和结果上看，近郊市场型旅游绅士化的发展步伐较为缓慢，且大多呈无序自发状态，以广州小洲村为代表。小洲村位于广州海珠区，因为广州市的自然保护条例和对传统村落遗产的保护政策，小洲村避免了岭南水乡格局被快速城市化破坏，这为旅游绅士化提供了发展契机。小洲村在旅游绅士化之前经历了艺术先锋绅士化和学生化两个重要阶段，土地开发的限制和农业生计的丧失制约了当地居民的生存发展，因此，当地居民积极地采取寻租手段，自发将闲置房屋出租给艺术家和艺考生，但随着绅士化程度加深，小洲村飙升的房屋租金水平驱动村民自发拆旧建新，导致传统村落风貌被破坏，艺术家相继离开（何深静等，2012）。由于缺乏政府及时和有效的建设控制，小洲村村民的旅游收益反而受到影响，旅游绅士化的可持续发展受到威胁（方远平等，2018）。同样，厦门曾厝垵由于过度商品化，早期原创歌手、画家相继出走，商家出现同质化经营和恶性竞争。然而市场主导不代表必须自由放任，北京市爨底下村树立了一个良好的示范，门头沟政府和北京市旅游局多次颁布政策禁止私自更改村落布局，对乡村特质的传承和现代性消费需求进行平衡，维持了乡村旅游的可持续发展。

近郊区市场型旅游绅士化是城乡居民自下而上共同发起的绅士化，因为早期缺乏政府及时、有效的干预，容易暴露自利市场的弊端。其优点是，个体投资者遵循市场规律进行旅游开发，可以避免政府主导开发模式误判市场需求导致的公共资源浪费，由大量社会资本主导的建成环境投资可减轻政府财政负担。一个理想的近郊市场型旅游绅士化应该由市场发力，而政府着力规范市场秩序。

（二）近郊政府主导型旅游绅士化

近郊政府主导型旅游绅士化是新近出现的绅士化现象，尤其是中共十八大以来，旅游绅士化被作为实现城乡一体化、乡村振兴的实施路径出现，其特征是在政府有组织地计划、控制和领导下，在大规模的公共投资作用下撬动和维持运行，典型案例有南京市不老村、汤家村、桦墅村，苏州的旺山村，天津的西井峪村。驱动近郊政府主导型旅游绅士化的供给端因素是地方政府对乡村空间改造的投资、规划扶持，通过大规模空间重构抬升潜在地租价值，借助租差吸引社会资本投资乡村旅游发展。在需求端方面，政府筛选绅士群体，往往以文化资本雄厚的艺术家为先锋，通过艺术绅士的创意表达构建城市中产阶级的乡村想象，从而刺激乡村旅游消费。

不同于近郊市场型在初始阶段的零星投资和个体迁移，近郊政府主导型旅游绅士化需要政府大规模的资金投入、人力动员和政策扶持，发展周期被政府大幅度压缩，可以在3~5年时间内完成大规模的街区更新任务。以南京不老村为例，不老村旅游绅士化经历了筹备、导向和实现三个阶段，在筹备阶段，政府动员原住民搬迁，为绅士进驻腾挪空间；在导向阶段，政府指定企业对村庄进行规划和运营，并筛选绅士群体；在实现阶段，政府引进投资团体、创客和文创组织，并给予优惠支持。近郊政府主导型旅游绅士化往往以“政府＋绅士”的增长联盟方式出现。其中，“政府＋资本”的形式容易对乡村已有市场产生冲击，挤压草根商户的生存空间，并迅速瓦解乡村传统的熟人社会网络；相反，“政府＋草根商户”的形式可以较好地保留乡村已有的文化底蕴和市场活力。

与近郊市场型旅游绅士化相反，政府主导型旅游绅士化在相当程度上规避了村民无序的违规建设发生，在整体上维持了村落风貌的统一性。但是，政府主导模式将早期迁出的农户排除在潜在价值释放阶段的利益分享网络，加剧了社会阶层分化。因此，近郊政府主导型旅游绅士化应该构建合理的利益分享机制，如按照村集体成员身份进行收益切割，或为本地居民提供合适的就业岗位。

（三）偏远地区市场型旅游绅士化

国内偏远乡村地区的市场型旅游绅士化最早出现在20世纪90年代，与扶持山区发展的旅游开发活动密切关联。然而，政府不直接参与绅士化，而是间接地为绅士化提供适合的土壤条件，包括主导旅游开发、规划新村建设、开通公路等。典型案例有广东丹霞山景区内的瑶塘村和断石村、云南洱海周边乡村、云南元阳梯田景区、广西巴马“长寿乡”等。由于远离大都市区，这类绅士化主要由乡村旅游开发所驱动。乡村旅游业发展具有生产和消费同时共在的特殊属性，将带来城市人流、资金流、信息流等要素的在地化聚集，在乡村地域创造一个类似城市的区位优势，抬升闲置土地的潜在地租水平，这与偏远乡村人口空心化、农业生产衰退导致的潜在地租下降形成一定租差，吸引了生活方式型移民和旅游企业主移民的自发进驻。

从发展进程上看，偏远地区自发形成的旅游绅士化大多以直接的旅游基础设施投资为导向，较少出现艺术先锋引导的发展阶段，整个演变过程较为缓慢。王华和苏伟锋（2021）发现，丹霞山瑶塘和断石村的两轮绅士化都以经济逐利动机为主，分为草根商户绅士化和企业集团绅士化。在旅游绅士化中，早期的草根商户在后期往往成为弱势群体，被经济实力和社会资本更为雄厚的企业集团绅士所取代。Zhao（2019）发现，外来绅士因在当地缺乏紧密的社会网络，屈服于本地居民无理的抬租要求。Chan 等（2016）从元阳梯田自发的绅士化实践中识别了村民主导的“自我绅士化”（self-gentrification）现象，返乡居民或世居居民在乡村创业有利于抵御外来绅士置换威胁，维持了梯田景观旅游的可持续发展，然而也存在村民内部之间的互相置换，这说明自我绅士化同样具备社会破坏力。

偏远地区市场型旅游绅士化虽然与近郊区的市场型旅游绅士化同属市场引导产生，但偏远地区乡村因为远离客源地，绅士化前期往往需要政府支持旅游基础设施建设。政府在建设过程中监管不严实或官员寻租使得非正规现象得到默许，如小产权房交易、违规建设等（Zhao，2019），这也可能影响乡村旅游业的可持续发展。

（四）偏远地区政府主导型旅游绅士化

复杂的土地产权、地理位置偏远缺乏投资吸引力，是偏远乡村社区旅游绅士化的一大障碍。农村，尤其是传统村落建筑的一大特点就是产权极具复杂性，由于历史悠久且产权持有人大都分散居住，土地流转过程容易产生较高的交易费用。虽然存在严重的土地资本化利用不足，但产权无法得到保障，租差难以闭合，绅士群体缺乏足够的投资信心。因此，需要政府协助克服产权障碍、畅通资本投资渠道、引导绅士群体入驻。此类旅游绅士化以晚近出现的福建龙潭村、四川明月村为典型。

偏远地区政府主导型旅游绅士化具有规模化启动、快速空间重构、分期明显等过程特征，政府撬动旅游绅士化的动机与“扶贫”或“振兴”目的有关。例如，四川明月村偏离成都市区，且位于我国西部，既缺乏得天独厚的自然资源，也缺乏在地化发展工业的产业基础。2008年以前，明月村是一个贫困村，人均年收入不足1万元，但2019年全村人均收入已经达到2.4万元。2013年以后，地方政府以“明月窑”为依托，开启文创产业发展项目，筛选引进100多位艺术家、设计师、文创团队等创意群体。作为偏远乡村政府主导型旅游绅士化的代表，明月村的成功发展离不开政府在供给、需求和制度端的创新突破。在供给端，政府搭台引入社会资本，在不到5年时间内引进40多个创业团队；在需求端，政府确定旅游发展的主题，以文创和窑艺为特色，引入创意阶层，借助艺术家文化资本实现乡村景观审美化；在制度端，政府在2010年前后完成农村土地确权工作，为土地流转扫清障碍，并为明月村发展提供187亩国有建设用地指标，缓解了旅游发展紧张的用地需求。

政府主导型旅游绅士化是偏远乡村地区实现乡村振兴的重要手段，然而理论研究和政策实践对政府干预手段和思路的认识并不清晰，这一类型的绅士化仍在起步和试验阶段。偏远乡村地区政府主导型与郊区市场型旅游绅士化存在一定相似之处，即大致经历了艺术家进驻，再到商业化发展的阶段更替；不同的是，前者在政府组织和动员下可以经历更短的发展周期，直接进入高级的商业化发展阶段，这有利于更快实现乡村社区振兴的目标。政府主导型乡村旅游绅士化的出现标志着对旅游绅士化的理解从一般的资本积累过程或市场对文化消费需求的响应转向将其理解为，为实现特定政治目的而采取的一种政策工具。

三、乡村旅游绅士化背景下的旅游研究议题

乡村旅游绅士化已经成为我国农村土地利用转型和乡村社会空间转型的一种主要表现形式。伴随旅游需求从中产阶级专属延展为普通大众的基本需求，乡村旅游绅士化的规模将进一步扩大。然而，目前围绕该主题的实证研究较为缺乏。绅士化理论框架强调投资与生产、人口结构、社会交往与物质景观四个维度的变化，但实际上，绅士化对社会经济的影响是全方位的，并不局限于这四个维度。因此，有必要从更细微的角度揭露绅士化的影响。本书接下来的章节将展示研究团队近年来的实证研究成果，这些成果围绕乡

村旅游绅士化这一社会发展背景，将焦点放在乡村居民的生计与就业行为特征、主客关系、基层组织角色，以及居民幸福感等方面。相关研究议题如下：

议题一，乡村居民生计与就业行为。乡村旅游绅士化实现城市资本、信息、文化、知识以及劳动力向乡村的转移扩散，重新塑造乡村居民的生计资本、生计策略和生计结果。多样的乡村文化既是乡村旅游发展的核心吸引物，也是旅游地居民赖以生存的生计资产。那么，在旅游绅士化背景下，乡村居民的就业行为演变呈现什么样的规律特征和内在机制呢？文化对乡村居民的生计有何作用呢？乡村居民的就业黏性受什么因素影响？这些问题将在本书第二章、第三章、第五章和第六章得到回答。

议题二，关系、社会资本对乡村旅游发展的影响。在传统绅士化研究中，以新马克思主义为代表的供给学派和自由人文主义为代表的需求学派率先对绅士化的形成原因进行了解释。在强调结构和代理作用的同时，乡村社区的特殊性被严重忽视了。不同于城市地区高度原子化和居住流动性，乡村社区在传统农耕文化和非正式惯例影响下，许多经济活动被嵌入在社会关系网络中，旅游绅士化也不例外。高度密致化的社会资本成为乡村居民应对剥夺的有力武器。本书第四章讲述关系在旅游地房屋拆迁过程中如何影响居民利益的分配；第八章讲述居民如何利用宗族和社会关系网络采取调适性的抗争策略。

议题三，乡村基层组织的角色选择。农村基层组织在乡村中国的治理中发挥着承上启下的作用，以村委会为代表的乡村基层组织决策行为受多种因素影响，一方面是乡村社区内部的社会关系和权力结构，另一方面受政府直接指导，因此乡村基层组织对旅游发展的干预存在较大的变动空间。本书第九章对基层组织的角色选择进行理论解释，揭示基层组织角色转变的一般规律和内在机制。对乡村基层组织的关注为传统绅士化研究提供强调市场剥夺和权力压迫之外的一个崭新视角。

议题四，社区参与对乡村居民幸福感的影响。乡村旅游绅士化给乡村居民带来更多就业机会和收入分配，这在中国学术界已经形成一种基本共识，然而只关注客观的经济效应，而忽视居民的主观体验是有问题的。第七章研究构建了社区参与、居民幸福感，以及居民旅游支持度之间的因果关系模型，这一模型从微观视角解释了乡村居民为何成为乡村旅游绅士化的积极推动者和受益者，而不是反对者或受害者。

通过对乡村旅游绅士化背景下的乡村居民、组织行为进行多维度透视，研究成果不仅为乡村绅士化和乡村旅游可持续发展研究提供新的理论见解，也为乡村振兴和共同富裕目标实现提供新的发展思路。

Part 2

第二章　乡村旅游发展中居民生计资本及其测度

第一节　概念界定与研究述评

一、生计与生计资本概念界定

（一）生计

“生计（livelihood）”一词在《现代汉语词典》中两种定义：一是指维持生活的办法；二是指生活本身。生计在日常生活中具体表现为人们赖以生存的产业或职业，包括衣、食、住、行等方面的情况。从一般理解上看，生计指的是一种生活的手段或者方式，生计表征相应的生活状况。这种谋生手段和生活状况是人们在特定的生产生活环境背景下，为更好地生存和发展而作出生计活动选择的结果。简而言之，生计也即人们的谋生之“道”，它与人们所处的时代和环境密切相关，正所谓“靠山吃山、靠水吃水”。生计是人们以追求创造生存、谋求以家庭为单位的发展所需要的以创造收入为核心的行动。一方面，它高度关注生计的实现基础和在生计实践中所拥有的选择之间的联系，把关注的重心放在了生计所需要的手段和基础上，因而更能形象地反映出居民家庭作为生产组织和消费单位的统一，比较完整地描绘了家庭经济的复杂性，也易于理解人们为了生存和发展以及发展的代际传承而采取的不同策略。另一方面，生计对居民家庭生产生活活动的解释力远远超过了收入、就业、职业和工作等概念，因为它不仅仅是以获得收入或者实现消费的均衡来衡量一个居民家庭的净产出。然而，对贫困人口来说，生计则更能完整地描绘出其窘迫的生存状态和影响因素的复杂性。在贫困和扶贫问题的研究中，生计被界定为“包括资产、行动和获得这些资产的权利，同时个人和农户的资产、行动及权利受各种制度与社会关系影响，并进一步决定了其生活的获取”（Ellis，2000）。在生产生活行为多样化和实现生计可持续发展的研究中，生计则是由生活所需要的能力、资产（包括物质资源和社会资源）以及行动组成（Scoones，1998）。

总体来看，目前为大多数学者所认可的定义是由 Chambers & Conway（1992）提出的：生计是人类通过能力、资产及生计活动的组合与实施来实现的谋生方式。这个生计定义的一个重要特点是它直接关注人们在追求能够提高生存所需的收入水平的过程中，人们所拥有的资产、能力与他们的活动选择之间的联系（图 2–1）。

a. 种植　b. 养殖

c. 在家务工　d. 外出务工

图 2–1　常见的农户生计方式

（二）生计资本

生计资本是可持续生计分析的基础和农户生计结构的核心（苏芳 & 蒲欣冬，2009），指家庭或个人拥有的资本状况，包括自然资本、金融资本、物质资本、人力资本和社会资本五大类型，其中自然资本是农户赖以生存的土地、水、森林等自然生态资源，包括耕地、林地、水库等；物质资本是农户用以维持生计、提高劳动生产力的生产资料与基础设施，包括房屋、家电、交通工具、通信及生产工具等；金融资本是农户用于生产生活购买与消费的现金及可获得的信贷资金与个人借款；人力资本是指个人拥有的知识、技能以及劳动能力和健康状况；社会资本是农户用来实现其生计目标的社会关系网络、互惠性规范及由此产生的信任与支持等资源，如亲朋好友和家族等社会关系网络，包括与上级或者领导的关系及与有共同利益人的关系（DFID，1999）。生计资本决定着农户生计策略选择和生计结果，同时也是农户抵御外在生计脆弱性风险及增强可持续生计能力的重要保障（Bebbington，1999；赵雪雁，2011）。

后工业化社会的加速到来，使得人类文明逐渐由物质领域转为精神领域，个人消费需求也逐渐由物质主导转变为精神至上。与工业化时期更加注重物质要素不同，文化要素作为一种精神信念，对个人和社会的发展愈加重要。特别是在乡村振兴背景下，文化资源的开发利用不仅能满足乡村旅游者文化消费需求，更与社区农户的生存发展密切相关，文化要素已成为决定农户知识与技能获取、影响农户生计资本积累的重要因素（Macdonald & Jolliffe，2003）。有形文化载体（如民居古建和农业生产工具）和无形文化要素（如传统民俗和价值观）在乡村旅游中的结合促进了当地的社会经济发展，并进一步成为农户生计改善的重要资本。文化资本的概念最初由法国社会学家皮埃尔·布迪厄在《资本的形式》中提出，他认为文化资本是个人或家庭拥有的文化资产，其不同于土地、金钱、劳动力等物质性因素，是通过家庭和学校教育所获得的资产，它一方面包括物质性要素（如绘画、古董），同时更强调语言习惯、秉赋才能和学位头衔等非物质性要素。布迪厄指出文化资本可以以三种形式存在：①具体的形式，即以精神或肉体的持久的“性情”的形式存在，如一个人受家庭环境的影响所形成的内化于个人身上的学识和修养，我们可以将其称为文化能力；②客观的形式，即以文化产品的形式（如图片、图书、词典、工具、机械等）存在，这些产品是理论的实现或客体化，也可以是某些理论、问题的批判等；③体制的形式，即以一种客观化的、必须加以区别对待的形式存在，如由合法化的制度所确认的各种名衔、学位等。

二、生计资本研究述评

准确量化农户生计资本，精准刻画其组合与配置状况是对农户所处发展阶段及未来发展态势进行识别和判断的基础（王利平等，2012）。国内外农户生计资本的研究主要集中于三个方面：

第一，农户生计资本量化评估及空间分异研究。何仁伟等（2014）基于可持续生计分析框架的五类生计资本，运用熵值法和聚类分析法对四川省凉山州的县域农户生计资本进行了量化评估与分析，同时结合空间自相关、交通优势度、地形起伏度分析等空间分析方法探讨了凉山州农户生计资本的空间差异特征。研究发现凉山州农户生计资本可划分为较高、中等和较低三个等级，农户生计资本分布具有较强的空间集聚性，农户生计资本存量与凉山州的地理资源条件空间位置、少数民族人口空间分布、交通优势度、农民人均纯收入等因素密切相关。任国平等（2016）以上海青浦区的182个行政村为例，运用地理加权回归模型探讨了农户生计资本总量的空间特征及其影响因素，结果显示青浦区农户生计资本总量在空间上呈现出由西向东逐渐递增的空间分布规律，经济发展因素和社会发展因素比自然地理空间因素对农户生计资本总量影响作用更为显著，其中工业化程度、到城镇中心距离、地均GDP、城镇化率、农户可支配收入等因素对农户生计资本存量具有较强的正向影响作用。王利平等（2012）采用PRA与GPS相结合的办法，在量化评估重庆市沙坪坝区白林村农户生计资本存量的基础上，探讨了农户各类型生计资本的空间分异特征，结果显示白林村农户的自然资本存量呈现出由西至东逐渐减少的趋势，且西面农户的自然资产以耕地、园地为主，中部、东面农户的自然资产则以耕地为主；而人力资本、金融资本、社会资本存量则呈现出由西至东逐渐增加的趋势。赵雪雁（2011）运用参与式农村评估法对甘南高原纯牧区、半农半牧区和农区的115个农户的生计资本存量进行了实证分析，发现甘南高原农户生计资本存在空间异质性，生计资本的可及性、可获取性及其利用存在较大差异，其中纯牧区农户的生计资本在村里最高、农区次之、半农半牧区最低。刘春芳等（2017）通过对甘肃省榆中县2300个农户的问卷调查，基于聚类分析法与空间相关性分析法，探讨了贫困农户的生计资本空间分布特征，并进一步利用地理加权回归模型（GWR）分析了生计资本空间分布的影响因素，研究表明榆中县中部山区农户的生计资本存量相对较高，而北部和南部山区的农户生计资本相对匮乏；蔬菜总产量、路网密度、降水、气温、人均GDP和粮食总产量等因素与农户生计资本总量具有正相关关系，而人口密度与农户生计资本总量之间呈负相关关系。李靖等（2016）以重庆市16个扶贫工作重点区县的贫困农户为研究对象，探索了贫困农户生计资本的空间格局特征及影响因素，发现研究区贫困农户生计资本存在显著的空间差异，地形起伏度、少数民族比重、人均耕地面积、城镇化水平、第一产业比重、县镇交通时间等是影响区域贫困农户生计资本的重要因素。总体来看，不同地域范围内的农户生计资本存量及组合情况具有显著差异，农户生计资本主要受区域经济发展水平、人口密度及交通条件等因素的影响（赵雪雁等，2011）。

第二，农户生计资本与生计策略关系探讨。生计资本在很大程度上直接决定了农户的生计策略选择，分析农户生计资本对生计策略选择的影响作用对促进农户整体生计水平提升具有重要的现实意义。赵文娟等（2015）以云南新平县干热河谷傣族地区为例，在对农户生计资本现状进行量化评估的基础上，进一步运用Logistic回归模型探讨了农户生计资本对其生计策略选择的影响作用，发现案例地农户的生计策略可以划分为纯农型、农兼型和兼农型三种类型，五类生计资本中自然资本和物质资本对纯农型农户生计策略选择的影响最为显著，社会资本和物质资本对农兼型的影响最为显著，而金融资本对兼农型的影响最为显著；且金融资本和社会资本是促进纯农型向农兼型转化的关键因素，金融资本和人力资本是促进纯农型向兼农型转化的关键因素。道日娜（2014）以内蒙古东部农牧交错区域四个旗 86 个农户样本为例，采用二元 logistic 模型分析了生计资本与生计策略之间的关系，结果表明农户人力资本与社会资本水平对农户选择多样化的生计策略具有显著的促进作用，而物质资本存量则对农户选择多样化的生计策略具有负向影响作用。伍艳（2016）通过基于四川省秦巴山片区平武县和南江县 372 户的调查问卷，探讨了农户生计资本对其生计策略选择的影响作用，发现自然资本和物质资本与农户选择农业专业型生计策略具有显著正相关，金融资本和社会资本则与农户选择非农单一化生计策略具有显著的正相关。王彦星等（2014）基于四川省红原县及甘肃省天祝县纯牧区的 158 户藏族牧民的问卷调查，实证分析了牧户生计资本对其生计活动选择的影响作用，结果显示人力资本是牧户生计活动的基础，决定着其生计活动及各类型生计资本之间的转化与利用，牧户的生计活动最依赖于自然资本，物质资本决定着其具体的生计活动方式，社会资本和金融资本则是其选取丰富多样的生计活动的重要支撑与保障。苏芳等（2009）以张掖市甘州区为例，运用二元 Logistic 回归模型探讨了农户生计资本与生计策略之间的关系，发现自然资本存量较多的农户倾向于从事农业型生计策略，而金融资本存量较多的农户更愿意选择非农型生计策略。何仁伟等（2019）以西南贫困山区四川省凉山州为案例地，采用回归模型实证分析了农户人力资本对其生计策略选择的影响，研究发现人力资本对农户生计策略选择具有重要的影响作用，不同类型人力资本对农户生计策略的影响不同，教育文化、健康状况对非农生计策略的选择具有正向影响，非农技能培训对非农生计策略选择具有显著的正向影响，农业技能培训对非农生计策略选择具有负向影响。综上，大部分学者认为生计资本是生计策略选择的基础，农户可以根据不同的资本组合情况选择适宜的生计策略（安祥生等，2014；道日娜，2014；王彦星等，2014；赵文娟等，2015），自然资本对农户选择纯农型生计方式的影响作用更大，而社会资本则是农户从纯农型生计方式向兼农型或非农型生计方式转化的关键因素。

第三，农户生计资本对其生活满意度及行为意愿的影响研究。赵雪雁（2011）以甘南高原纯牧区、半农半牧区和农区的 115 个农户样本为例，基于

logistic 回归模型分析了农户生计资本对其生活满意度的影响作用，认为农户生计资本存量是影响其生活满意度的重要因素，各类型生计资本中，人力资本对农户生活满意度的影响作用最大，社会资本次之，物质资本、自然资本与金融资本对农户生活满意度的影响作用相对较小。梁流涛和许立民（2013）利用 2000—2009 年间全国固定观察点的农户调查数据，定量分析了农户生计资本对土地利用效率影响作用，发现农户人力资本水平对土地利用效率具有显著的正向影响作用；自然资本对土地利用效率的影响则较为复杂，土地的自然禀赋及土地产权的稳定性和市场流动性增加有利于土地利用效率的提高，而土地细碎化对土地利用的影响既有正面效应，也有负面效应。王娅等（2017）以宁夏盐池县为例，运用灰色关联法和二元 Logistic 模型探讨了农户生计资本与其禁牧政策响应之间的关系，结果显示农户物质资本、自然资本和社会资本存量有助于提高其环境保护意识、促进其做出相应的生态保护响应和适应策略调整；而人力资本和金融资本的提高则限制了农户对环境改善作出积极响应。纪红蕾和蔡银莺（2017）以武汉市城郊江夏区和蔡甸区的 516 户农民家庭为实证，运用 logistic 和分位数回归模型探索了家庭生计资本对农户土地流转行为的影响，发现人力资本和金融资本与农户农地转出行为呈显著正向相关，家庭农地资源禀赋、机耕能力、社会资源禀赋及经营能力的信任程度等与农地转出行为负向相关。相反，自然资源禀赋及农业机械投入对农户土地转入行为的正向影响显著，而家庭融资能力则对农户转入行为呈显著的负向影响。徐建英等（2017）以卧龙自然保护区为例，运用参与式农户评估方法，研究了生计资本对于农户参与退耕还林意愿的影响，logistic 回归分析结果显示自然资本、金融资本以及社会资本对农户的再参与意愿有显著影响，其中自然资本对农户再参与有着显著的负影响，金融资本、社会资本对农户再参与意愿有显著的正影响。整体而言，学者们发现生计资本不仅是影响农户生活满意度的重要因素（赵雪雁，2011），而且在很大程度上决定着农户土地利用（梁流涛 & 许立民，2013）、土地流转（纪红蕾 & 蔡银莺，2017）、耕地保护（徐建英等，2017；Cheng et al，2017）等行为意愿，其中，金融、社会和人力资本的影响作用尤为显著。

随着乡村旅游发展对农户生计的影响日益凸显，可持续生计分析框架被拓展用于乡村旅游地农户生计变迁的研究中。学者们主要是在农户生计资本量化评估的基础上，对比分析旅游开发前后农户生计资本的变化（陈佳等，2017；Sophie & Juliana，2018），并对旅游地社区农户进行生计类型划分；还有部分学者立足宏观政策环境，探讨了乡村旅游与农户可持续生计的协同发展路径等问题（崔晓明等，2014）。综上所述，虽然国内外学者关于农户生计资本的研究已较为深入，但基本都是延用 DFID 的可持续生计分析框架，将生计资本评价指标限定在自然、物质、金融、人力和社会资本等五个方面。然而，随着可持续生计问题研究的不断深入，可持续生计分析框架对传统文化背景与价值的忽视不断受到质疑与挑战。已有学者指出，风俗习惯、精神信仰、价值观念等无形的文化要素与有形的自然、物质、金融等资本同样对农户可持续生计具有重要影响。文化资本作为表现行动者文化上有利或不利因素的资本形态，深刻影响着农户的生计决策与生计水平（Tao & Wall，2009）。从中国乡村社会实践来看，乡村旅游发展在促进乡村社会经济发展的同时，更推动了乡村潜在财富状态的文化资源向显性财富状态的文化资本转变。文化资本的作用发挥将在很大程度上影响到农户的生计状态和幸福感。继续沿用对文化资本价值与作用关照不足的可持续生计分析框架，必然会导致文化资本对农户生计贡献表征不足、农户真实生计水平无法得到客观反映等问题。在文化资本对乡村社会发展影响不断加深的背景下，亟待将“文化资本”指标纳入可持续生计分析框架对乡村旅游地农户生计资本进行量化评估，以有效彰显文化资本在农户可持续生计中的重要性，为丰富可持续生计分析框架、提升乡村旅游地农户生计水平提供理论指导与对策建议。

第二节　乡村旅游发展中居民生计资本测度方法

一、生计资本测度指标与方法

（一）生计资本测度指标体系搭建

为全面表征乡村旅游地农户生计特征，研究基于可持续生计分析框架，参照以往旅游地农户生计资本测算研究成果的指标选取与量化赋值（陈佳等，2017），结合案例地农户现实生计状况，从自然资本、物质资本、金融资本、人力资本、社会资本和文化资本六个维度创新性构建纳入“文化资本”的乡村旅游地农户生计资本评价指标体系（表 2–1）。其中，自然资本为农户提供了最根本的生活保障。在发展旅游业之前，案例地农户生计活动以农业种植为主，并辅以小规模的林木采集及渔业养殖。因此，农户拥有的自然资本主要由人均耕地面积、人均林地面积及人均水域面积三大指标来反映。对于旅游地农户而言，其物质资本既包括一般的家庭器械用具及固定资产，还包括专门用于旅游服务接待的旅游经营性资产。具体由农户住房情况（包括房屋结构和住房面积）、家庭固定资产数量、旅游经营性房屋面积、旅游经营性固定资产四大指标来体现。案例地农户的金融资本主要来源于自身的家庭收入及其他正规或非正规渠道获得的贷款及亲友资金援助等。研究采用农户家庭人均年收入、家庭收入的多样性及信贷机会三个指标来衡量。人力资本则主要取决于农户家庭的人口规模、劳动力数量、家庭成员的健康状况、受教育程度等指标。旅游地社会资本不仅包括其可利用的各种社会关系网络，也包括农户家庭住址所处的交通地理位置，具体可由社区支持度、社会联结度、区位优势度、当地政府或社区所提供的职业技能培训机会及社会福利等指标来衡量。

乡村旅游地文化资本则是可在乡村旅游发展中用于创造商品和服务的物质文化资源和非物质文化要素的总称，其主要通过三种形式进行表征：①通过社会环境和学习教育获得，并内化为精神或身体一部分的文化资本，如个体掌握的酿酒、雕刻等手工技艺，村里的节庆、礼仪等传统习俗；②在历史发展过程中所物化的客观化文化资本，包括村里的地方志、族谱、宗祠、民居、古宅等；③为正规或合法的制度所确定与认可的制度化文化资本，如村庄获得的“中国传统村落”“历史文化名村”等称号。由于制度化的文化资本为村民集体所有，因此采用农户对传统文化的认知度与运用度两个指标来衡量其身体化的文化资本，客观化的文化资本则通过其对古建筑、古董、书籍、器具等能用于乡村旅游开发的物质文化资源的拥有度来衡量。

表 2–1 乡村旅游地农户生计资本评价指标体系

生计资本	测量指标	指标说明及赋值方法
自然资本（N）	N1 耕地资源	农户家庭人均耕地面积
	N2 水域资源	农户家庭人均水域面积
	N3 林地资源	农户家庭人均林地面积
物质资本（M）	M1 家庭住房情况	a. 家庭住房面积
		b. 家庭住房结构：混凝土为 1.00；砖瓦为 0.75；土瓦为 0.50；草木为 0.25
	M2 家庭固定资产	家庭日常生活固定资产种类数
	M3 旅游经营性房屋面积	专门用于旅游经营的房屋面积
	M4 旅游经营性固定资产	旅游服务设施设备类资产价值
金融资本（F）	F1 家庭年收入	农户家庭人均年收入
	F2 收入多样性	农户收入来源的种类数
	F3 信贷机会	农户能够获得信贷机会的种类数
人力资本（H）	H1 家庭人口规模	农户家庭人口数
	H2 家庭劳动能力	全劳动力为 1.0（能够从事全部劳动的成人）；半劳动力为 0.5（可做一些简单劳动的孩子及老人）；非劳动力为 0（年纪太小不能劳动的儿童或年纪太大丧失劳动能力的老人）

续表

生计资本	测量指标	指标说明及赋值方法
人力资本（H）	H3 家庭成员健康情况	非常健康为 1.00；良好为 0.75；一般为 0.50；较差 0.25；非常不好为 0
	H4 家庭成员受教育程度	本科及以上为 1.00；高中或大专为 0.75；初中或中专为 0.50；小学及以下为 0.25；文盲为 0
社会资本（S）	S1 技能培训机会	获得政府或社区提供的培训机会次数
	S2 社会联结度	亲属或朋友在政府机关或企事业单位任职的人数
	S3 社会支持度	获得的社会支持的种类数：资金支持、政策支持、技术支持和人力支持等
	S4 区位优势度	a. 家庭住址与核心景区的距离：非常近为 1；较近为 0.75；一般为 0.50；较远为 0.25；非常远为 0
		b. 家庭住址与公路的距离：非常近为 1；较近为 0.75；一般为 0.50；较远为 0.25；非常远为 0
	S5 社会福利	农户享受的社会福利种类数：养老保险、医疗保险、低保、耕地补贴等
文化资本（C）	C1 文化认知度	农户对当地传统徽派建筑、民风民俗等传统文化的了解程度：非常了解为 1；比较了解为 0.75；一般为 0.50；了解较少为 0.25；完全不了解为 0
	C2 文化运用度	农户在旅游经营过程中对当地传统文化的运用程度（如保持传统的建筑和装饰风格等）：运用非常多为 1；运用较多为 0.75；一般为 0.50；运用较少为 0.25；完全不运用为 0
	C3 文化拥有度	农户对古建筑、古董、书籍、器具等能用于乡村旅游开发的物质文化资源的拥有度：非常富有为 1；比较富有为 0.75；一般为 0.50；不太富有为 0.25；完全没有为 0

（二）测度方法选择

关于农户生计资本的量化测度方法，以往研究中，大部分学者均是采用熵值法对各项生计资本评价指标进行客观赋权，从而进一步量化测度农户各类型生计资本存量。熵值法是根据各项指标观测值提供的信息量大小来确定指标权重的客观赋权法，其优点在于能够避免层次分析法、德尔菲法等专家打分赋权的主观性。因此，本研究采用熵值法来确定各类生计资本指标的权重，权重越高，说明该指标对农户整体生计水平的影响越大。权重确定及农户生计资本测算的过程具体如下：

①对各指标数据进行标准化处理：

$$p_{ij}=\frac{x_{ij}-\min\{x_{ij}\}}{\max\{x_{ij}\}-\min\{x_{ij}\}}$$

②计算各指标所占的比重：$f_{ij}=p_{ij}/\sum_{i=1}^{n}p_{ij}$；

③计算各指标的熵值：e_j，$e_j=-\mathrm{k}\times\sum_{i=1}^{n}f_{ij}\ln f_{ij}$，其中 $\mathrm{k}=1/\ln(\mathrm{n})$；

④计算第 j 项指标的信息效用值 r_j：$r_j=1-e_j$；

⑤计算指标 p_j 的权重：$w_j=r_j/\sum_{i=1}^{m}r_j$；

⑥计算农户六类生计资本指数：$l_i=\sum_{i=1}^{m}w_j p_{ij}$。

根据六类生计资本指数，重复使用熵值法，进而确定每一类生计资本的权重。最后计算农户生计资本的总指数值 L，步骤同上述①~⑥。农户生计资本的总指数值介于 0~1 之间，指数值越大，代表农户生计水平越高。

二、案例地选择与数据收集

（一）案例地选择

研究选取婺源县李坑村为案例地，李坑村位于江西省上饶市婺源县秋口镇，距婺源县城 12 公里，是一个以李姓聚居为主的古村落，建于北宋大中祥符年间庚戌年（公元 1010 年），至今已有近千年的历史。李坑是国家 4A 级旅游景区，江西省历史文化名村，并于 2013 年被列入第二批中国传统村落名录。李坑自古文风鼎盛、人才辈出、民俗文化浓厚，自宋至清，仕官富贾达百人，村里文人留下的传世著作达 29 部，傩舞、中秋舞龙民俗活动也得以较好传承。李坑四面环山，建筑风格独特，是典型的徽派建筑。村中明清古建遍布、民居宅院沿溪而建，依山而立，粉墙黛瓦、参差错落，拥有中书桥、大夫第、申明亭、铜绿坊、李知诚故居等 12 个知名景点。李坑村乡村旅游起始于 1999 年，是江西省婺源县旅游开发最早的古村落，经过 20 余年的发展，现已进入成熟发展阶段。乡村旅游发展改变了李坑村社区农户传统的以农业种植、外出务工为生的生计方式，为农户创造了新的生计来源。当前李坑村居民的生计方式主要有民宿客栈或竹筏经营、旅游商品售卖（土特产、旅游纪念品等）、景区工作、旅游交通运输、外出务工、政府或事业单位工作、政府补贴（主要是征地补偿、耕地补贴、养老保险、医疗保险、低保）、农业种植、畜禽养殖等。居民生计方式已由传统的水稻、茶叶等农业种植为主、外出务工为辅成功转型为现今的旅游商品售卖、景区竹筏经营及农家乐开办等旅游经营为主、务农务工为辅，旅游业成为居民主要的生计来源。截至 2018 年年初，村内居民 230 余户，登记在册的农家乐达 100 多家，90% 的农户直接或间接参与乡村旅游就业，人均年收入由 1998 年的不足 600 元攀升至 2018 年的 4.76 万元，农户生计水平得到显著提升。原生态的乡村风情和独特的徽派古建筑赋予了李坑村“小桥、流水、人家”的旅游形象，传统文化资源在其乡村旅游发展中发挥了重要作用。从最初不为人知的婺源小村落，到旅游发展的大爆发，再到现在的不温不火，李坑村旅游发展过程一波三折，能比较明显且完整地反映出乡村旅游发展对农户生计的影响，具有较好的典型性与代表性（图 2–2，图 2–3）。

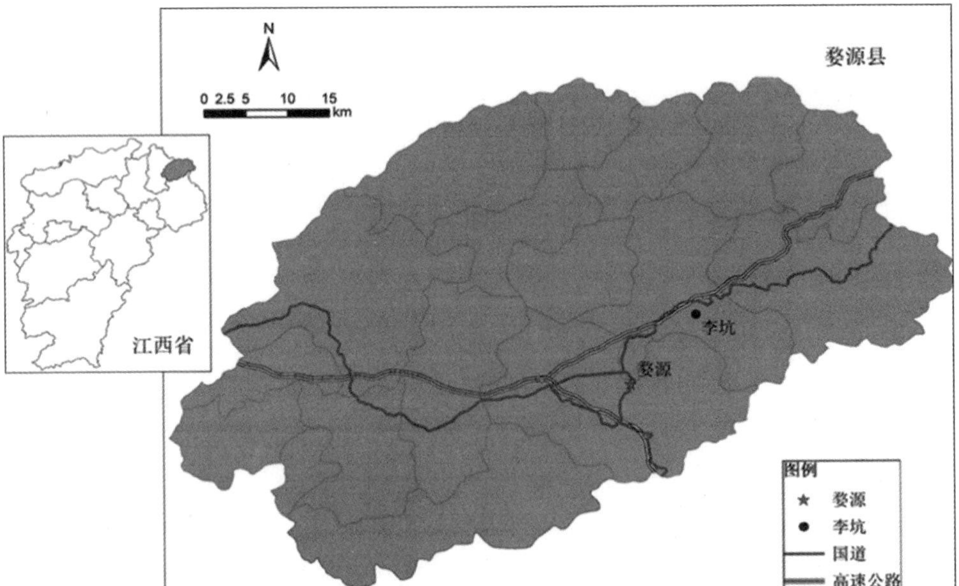

图 2–2　李坑村地理位置图

农家乐经营　旅游纪念品销售

竹筏经营　土特产销售

图 2–3 李坑村农户当前主要的旅游型生计方式

（二）研究数据收集

本研究首先利用学校图书馆、期刊网站等收集了关于婺源县李坑村的文献资料，通过对李坑村相关的研究文献进行认真阅读，了解了李坑村旅游发展的基本情况。同时通过对国内外关于旅游发展背景下农户生计变迁的相关研究进行系统梳理，设计了半结构性访谈大纲和调研问卷，并于 2018 年 7 月在案例地进行了为期半个月的实地调研，不仅从村委会获得了《婺源乡土志 · 婺源风俗》《李坑村志》、李坑村社会经济发展情况等二手资料数据，而且还通过活动参与、观察、相机拍摄、笔记记录、当地人实景讲解、居民深入访谈、村委会相关工作人员座谈、问卷发放等形式收集了李坑村居民参与旅游情况、乡村旅游发展对李坑村居民生活的影响、农户生计资本现状及生计策略转型等的访谈数据和问卷数据。课题组根据调研期间村内居民的现实居住状况，排除部分长期未居住但户籍仍在李坑村的农户，共发放 200 份问卷，剔除部分农户回答不完整的问卷，最终回收 169 份有效问卷，问卷有效率为 84.5%。户均调研时间为 20~35 分钟，调查对象主要为家庭成年劳动力，调查内容主要包含两个部分：一是农户家庭基本情况，包括人口特征、人口结构及从业情况等；二是农户六类生计资本情况，共包含 22 个题项。此外，课题组还于 2019 年 7 月前往案例地进行了补充调研，对被调查农户进行了回访，以进一步完善案例地农户文化资源拥有情况的相关数据资料。

农户家庭基本情况的统计信息如表 2-2 所示。在 169 个被调查农户样本中，男性人口占比为 53.58%，高于女性人口占比 46.42%。被调查农户的人口结构以中青年为主，36~50 岁的人口占比最高为 31.00%，其次为 18 岁以下及 18~35 岁，分别占比 22.72% 和 21.46%，60 岁以上的人口最少，仅占 11.64%。在受教育程度方面，受教育程度为初中的人口比例最高为 38.29%，小学、未上过学、高中 / 中专、大专 / 本科及以上占比分别为 27.77%、17.11%、10.38%、6.45%。对于被调查农户的人均年收入水平，3 万 ~5 万元区间的占比最高为 49.11%，约占总调查人数的一半，其次为 5 万 ~7 万元区间，占比为 20.12%，1 万 ~3 万元及 7 万元以上两个区间占比较为接近，分别为 12.43% 和 15.38%，只有较少的被调查农户人均年收入在 1 万元以下，占比仅为 2.96%。在家庭人口规模方面，家庭人口规模为 4 人的被查农户占比最高为 29.59%，家庭人口规模为 5 人和 3 人的农户数量较为接近，分别占比 26.04% 和 21.30%，家庭人口数在 6 人以上和 1~2 人的农户数量相对较少，分别占比为 15.38% 和 7.69%。在家庭劳动力方面，农户家庭劳动力大于 3 人小于或等于 4 人的农户数量最多，占比高达 46.15%，其次为大于 2 人小于或等于 3 人，占比为 36.09%，家庭劳动力为 2 人及以下、大于 4 人小于或等于 5 人、5 人以上的农户数量则相对较少，占比依次为 10.65%、5.93%、1.18%。

表 2–2 被调查农户家庭基本情况统计信息

统计项目	基本信息				
性别	男	女			
	53.58%	46.42%			
年龄	18 岁以下	18~35 岁	36~50 岁	51~60 岁	60 岁以上
	22.72%	21.46%	31.00%	13.18%	11.64%
受教育程度	没上过学	小学	初中	高中 / 中专	大专 / 本科及以上
	17.11%	27.77%	38.29%	10.38%	6.45%
人均年收入	1 万元以下	1 万 ~3 万元	3 万 ~5 万元	5 万 ~7 万元	7 万元以上
	2.96%	12.43%	49.11%	20.12%	15.38%
家庭人口规模	1~2 人	3 人	4 人	5 人	6 人及以上
	7.69%	21.30%	29.59%	26.04%	15.38%
家庭劳动力	$X \leqslant 2$	$2 < X \leqslant 3$	$3 < X \leqslant 4$	$4 < X \leqslant 5$	$X > 5$
	10.65%	36.09%	46.15%	5.92%	1.18%

注：X 代表家庭劳动力的数值，由于本研究中家庭劳动力的数值是根据家庭成员的劳动能力情况分别赋值为：全劳动力为 1.0（能够从事全部劳动的成人）、半劳动力为 0.5（可做一些简单劳动的孩子及老人）、非劳动力为 0（年纪太小不能劳动的儿童或年纪太大丧失劳动能力的老人），所以农户家庭劳动力的总量有可能不是整数。

第三节 乡村旅游发展中居民生计资本测度结果

一、农户生计资本重要性评价

（一）总体特征分析

权重计算结果表明，案例地农户拥有的六类生计资本对其整体生计水平的影响具有显著差异，影响程度从大到小依次为：社会资本＞文化资本＞金融资本＞人力资本＞物质资本＞自然资本（表 2–3）。社会资本对农户生计的贡献率最高，这主要是因为在以地缘、亲缘、血缘为关系纽带的中国乡土社会中，良好的社会关系网络及家庭区位条件对乡村旅游地农户生存发展具有重要的影响作用；文化资源作为乡村旅游地的核心吸引物，不仅是乡村旅游发展的关键，也是社区农户生计资本的重要组成部分，对农户整体生计的贡献率为22.2%，影响作用仅次于社会资本；乡村旅游发展改变了农户传统的务农型生计方式，降低了农户对土地等自然资本的依赖，因此其对农户生计的贡献率最低，仅为6%。而家庭收入与信贷机会等金融资本是农户参与乡村旅游经营的资金保障，其对农户生计的贡献率为18.7%，在六类生计资本中排名第三，高于人力资本贡献率15.2%和物质资本贡献率9.4%。

表 2–3　李坑村农户生计资本权重和量化值

生计资本	权重	量化值	测量指标	权重	量化值
自然资本（N）	6.7%	0.30	N1 耕地资源	15.9%	0.47
			N2 水域资源	64.6%	0.23
			N3 林地资源	19.5%	0.42
物质资本（M）	9.4%	0.72	M1 家庭住房情况	21.0%	0.89
			M2 家庭固定资产	11.5%	0.92
			M3 旅游经营性房屋面积	43.2%	0.68
			M4 旅游经营性固定资产	24.3%	0.56
金融资本（F）	18.7%	0.56	F1 家庭年收入	47.0%	0.63
			F2 收入多样性	33.3%	0.56
			F3 信贷机会	19.7%	0.38
人力资本（H）	15.2%	0.53	H1 家庭人口规模	19.8%	0.50
			H2 家庭劳动能力	26.8%	0.27
			H3 家庭成员健康情况	20.2%	0.86
			H4 家庭成员受教育程度	33.2%	0.55
社会资本（S）	27.8%	0.54	S1 技能培训机会	30.6%	0.32
			S2 社会联结度	41.9%	0.63
			S3 社会支持度	7.2%	0.88
			S4 区位优势度	12.3%	0.67
			S5 社会福利	8.1%	0.44

续表

生计资本	权重	量化值	测量指标	权重	量化值
文化资本（C）	22.2%	0.63	C1 文化认知度	24.2%	0.68
			C2 文化运用度	40.9%	0.65
			C3 文化拥有度	34.9%	0.57

（二）各项细分指标重要性评价

社会资本对农户生计的贡献率最高为 27.8%，说明在旅游业高度发达的乡村地区，农户家庭生计资本的积累在很大程度上取决于中国乡土社会中以地缘、亲缘、血缘为关系纽带所形成的各种社会资源。各测量指标中，社会联结度、职业技能培训机会及区位优势度三个指标的贡献率分别为 41.9%、30.6% 和 12.3%，对农户社会资本的影响作用尤为显著。良好的社会联结度是乡村旅游地农户社会资本积累的重要保障，社区农户需要借助良好的社会关系网络增加自身对乡村旅游扶持政策及客源市场的认识与了解，并通过政府或社区提供的旅游职业技能培训机会提升旅游经营能力，同时凭借相对优越的家庭区位条件实现其在乡村旅游发展中的有效参与，促进自身生计资产的积累。

文化资本对农户生计的贡献率为 22.2%，影响作用仅次于社会资本。乡土文化作为乡村旅游的核心卖点，是乡村旅游发展的关键，文化资源在乡村景观规划与旅游产品设计中的开发利用，能够为当地农户带来稳定的旅游客源。乡村旅游发展的不断深入，使乡村潜在财富状态的文化资源逐渐转变为显性财富状态的文化资本，并成为乡村旅游地农户生计的重要组成部分。文化资本测量指标中，李坑村农户对乡村传统文化资源的认知度、运用度与拥有度对其文化资本积累的贡献率分别为 24.2%、40.9% 和 34.9%，表明李坑村农户文化资本的积累不仅取决于其对传统民居、古家具等物质文化资源的拥有程度，还来源于农户对民俗、建筑、宗族、饮食、农耕、手工技艺等传统文化资源价值与内涵的充分认知，并体现于其在农家乐经营、旅游商品售卖等乡村旅游参与过程中对文化资源的有效利用。可见，文化资源在乡村旅游发展中开发利用的本质是文化资源向文化资本的转化，文化资本的形成不仅能够促进农户经济资本的增加，更成为农户生计的重要组成部分。

金融资本对农户生计的贡献率为 18.7%，影响作用仅次于社会资本和文化资本。农家乐、旅游商店、旅游交通运输等乡村旅游经营需要充足的资金支持，经济实力仍然是乡村旅游地农户生计的重要影响因素，直接决定着农户在乡村旅游经营中的投入能力和投入规模。各测量指标中，家庭年收入对金融资本积累的贡献率最大为 47.0%，其次是农户收入来源的多样性为 33.3%，信贷机会最小为 19.7%。乡村旅游市场的季节性使得案例地农户在参与旅游经营的同时，往往还会通过务工、务农等其他生计方式来拓宽收入渠道，而且受中国乡村传统的消费观和储蓄观影响，案例地农户仍然倾向于依靠自身的劳动生产来增加自己的金融资本，对政府、银行、企业等提供的信贷机会使用相对较少。

人力资本对农户生计的贡献率为 15.2%，各测量指标中，家庭成员受教育程度的贡献率最大为 33.2%，家庭人口规模、家庭劳动能力、家庭成员健康状况三个指标的贡献率分别为 19.8%、26.8%、20.2%，对农户人力资本的影响程度差异较小。乡村旅游地农户人力资本积累与其受教育程度密切相关，文化知识水平较高的农户往往能够通过乡村旅游发展契机，顺势把握各种政策利好与职业技能发展机会，有效参与乡村旅游经营，实现整体生计水平的改善与提升。

物质资本对农户生计的贡献率为 9.4%，各测量指标中，旅游经营性房屋面积的贡献率最高为 43.2%，旅游经营性固定资产和家庭住房情况分别为 24.3% 和 21.0%，家庭固定资产最低仅为 11.5%。旅游经营性房屋面积和固定资产在乡村旅游地农户物质资本结构中占主导地位，直接决定了农户在乡村旅游参与过程中的经营能力与规模，是乡村旅游地农户参与旅游发展的关键性物质生产资料。

自然资本对农户生计的贡献率最低，仅 6.7%。较之传统乡村地区，耕地、林地及水资源等自然资本对乡村旅游地农户生计资本积累的影响作用明显较小，自然资本已不再是乡村旅游地农户主要的生计来源。各测量指标中，水域资源的贡献率最高达 64.6%，耕地和林地资源的贡献率分别为 15.9% 和

19.5%。原因在于，与耕地和林地资源不同，水域资源除了具备原有的渔业养殖功能外，还是乡村旅游地重要的景观要素，能够有效提升乡村旅游地吸引力，水域资源功能要素的丰富完善使其在乡村旅游地农户生计资本积累中发挥着更加重要的影响作用。

二、农户生计资本量化测度分析

（一）总体特征

农户生计量化测度结果显示（表 2–3），李坑村农户的平均生计资本值为 0.56。以理想化的生计指数值 1 为基准，表明案例地农户生活水平略高于中间层次。农户拥有的六大类生计资产中，物质资本的指数最高为 0.72，文化资本次之为 0.63，金融资本、社会资本和人力资本分别为 0.56、0.54 和 0.53，自然资本最低仅为 0.30（图 2–4），说明李坑村农户的自然资本尤为稀缺，而物质资本、金融资本和文化资本则相对较为富有。被调查农户中，旅游收入占家庭总收入一半及以上的农户占比高达 52.2%，旅游收入占比不足 10% 的农户仅为 14.8%，乡村旅游已成为案例地农户主要的生计来源。李坑村自古山多田少，户均耕地面积 2.4 亩，水域面积 0.34 亩，自然资产相对较为匮乏。虽然当前李坑村农户的整体生计状况与理想状态仍有一定的差距，乡村旅游发展使得农户原本匮乏的自然资本变得更稀缺，但在乡村旅游的影响下，社区农户通过参与旅游经营丰富了物质资本和金融资本，提升了人力资本和社会资本，并增强了农户对当地传统文化的自信，强化了文化资本，使得其整体生计水平得到了有效提升。

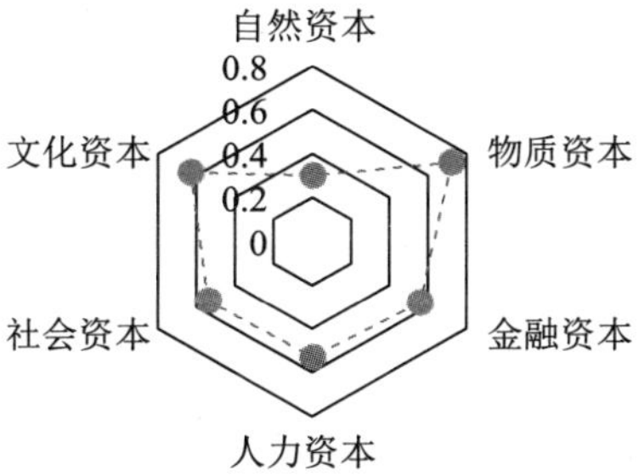

图 2–4 李坑村社区农户生计资本雷达图

（二）各项细分生计指标量化测度分析

在六类生计资本中，物质资本指数最高为 0.72。随着乡村旅游发展的不断深入，案例地农户住房条件普遍得到改善、私有物质生活水平明显提升。被调查农户的房屋结构大都为混凝土新房，人均住房面积达 90.64 平方米，其中专门用于旅游餐饮住宿接待服务的人均旅游经营性房屋面积为 47.63 平方米，餐桌、床位等旅游服务接待设施设备及各类家庭日常生活性固定资产相当丰富。此外，案例地交通条件、环卫设施、停车场、娱乐场所等公共服务设施也在乡村旅游发展过程中得到完善与丰富，进一步优化提升了社区农户的公共性物质资本。

文化资本指数值为 0.63，仅次于物质资本。75.74% 的被调查农户表示对当地传统的徽派建筑文化及傩舞、中秋舞龙等民俗文化了解较多，尤其是中老年人，在谈及当地传统的民风民俗时感到非常自豪，而且他们也愿意向游客介绍并展示当地独特的传统文化。66.86% 的农户能够将当地传统文化有效运用于乡村旅游经营，如很多农户开设的民宿客栈外观建新如旧，内部装饰古风古韵，保留了传统的白墙、灰瓦、马头墙的徽派建筑风格，使当地的民宿客栈既成了旅游者眼中独特的旅游吸引物，更成了当地农户重要的显性文化资本。乡村旅游影响下社区农户文化资本经济价值的提升，加深了社区农户对乡土文化的认识与了解，强化了社区农户的地域认同感与自豪感，提高了社区农户对乡村文化资源保护的积极性，乡村社区传统的建筑景观得到了较好的保护与修缮，饮食文化、民俗文化、手工技艺等非物质文化资源也得到了良好的保留与传承。

金融资本指数值为 0.56，排名第三。案例地发展乡村旅游之后，社区农户门票分红已从 2008 年的 1230 元 / 人增加到了 2018 年的 2340 元 / 人，人均年收入也从乡村旅游发展前的不足 600 元增加到了 2018 年的 4.76 万元，远高于婺源县农村居民人均可支配收入 1.3 万元，且被调查农户中，有三种及以上收入来源的农户数量占比高达 74.6%。乡村旅游发展打破了案例地农户原有的生计方式，增加了社区农户的生计来源，为居民增收带来了新渠道。社区农户借助乡村旅游的发展契机，通过参与乡村旅游经营、从事旅游就业等途径，增加了家庭收入和经济储蓄。此外，地方政府的产业扶持与旅游投资商的资金介入，增加了社区农户的经济信贷机会，有效促进了农户金融资本的积累与扩充。

社会资本指数值为 0.54，略高于中等水平。在李坑村，55.0% 被调查的农户表示获得过三种及以上的政策、资金、技术和人力等社会支持，57.4% 的农户家庭住址距离核心景区较近，64.5% 的农户距离乡村公路较近，社区农户整体社会支持度和区位优势度相对较高。然而，78.1% 的农户表示没有亲友在政府或事业单位任职，社会联结度较低，缺乏可利用的社会关系网络。此外，大多数农户表示地方政府及社区组织的旅游从业技能培训较少，有 42.6% 的农户表示从未参加过相关的职业技能培训，缺乏相应的技术指导，从而导致案例地农户整体社会资本处于中等水平。

人力资本指数值为 0.53，同样略高于中等水平。被调查农户的户均人口规模为 4.22 人、户均劳动力为 3.24 人，受教育程度在初中及以上的人口比例为 55.12%，其中高中或大专及以上为 16.83%。虽然案例地乡村旅游业的迅速发展带动了大量案例地劳动力返乡回流，但受现代城市生活价值观的影响，具有高学历的年轻人大都仍倾向于选择外出务工，因此从事乡村旅游经营的青壮年人口较少，存在乡村空心化、人口老龄化现象严重，旅游经营职业技能缺乏等特点，与外来旅游经营者相比，案例地农户旅游经营能力仍处于劣势地位。

自然资本指数值最低，仅为 0.30。案例地农户的人均耕地面积仅为 0.56 亩，林地面积为 0.36 亩，水域面积为 0.08 亩，自然资产相对较为匮乏。乡村旅游发展进一步加剧了农户自然资本的流失与闲置：一方面，地方政府为实现以乡村旅游发展促进当地社会经济发展，征收了社区农户大量的土地资源进行旅游接待服务设施及公共基础设施建设，如 2012 年高铁架下的旅游商贸区建设占用农户水田 10 余亩、2014 年旧停车场外围的生态停车场建设占用水田 20 余亩、2014 年开发建设“精益斋文化博览园”又进一步征收土地资源 80 余亩；另一方面，案例地农户生计方式发生了明显改变，逐渐降低了对传统务农型生计方式的依赖，造成了部分土地资源的废弃与闲置。

第四节　结论与启示

一、研究结论

第一，增加“文化资本”类型的农户生计资本评估与测度，是对中国乡村旅游发展过程中农户生计资本结构的客观精准反映。在当地政府与景区管理者的政策引导与乡村旅游市场需求的共同作用下，社区农户提高了对乡村文化资源保护的积极性，使得乡村社区传统的建筑景观得到了较好的保护与修缮，饮食文化、民俗文化、手工技艺等文化资源得到了较好的保留与传承。与此同时，以市场需求为主导的乡村旅游开发，也使得农户在原有文化资本的基础上为迎合旅游者的需求而创造出新的文化产品，推动了乡村文化的发展与重构。乡村旅游影响下社区农户文化资本的文化价值与经济价值的提升，加深了社区农户对乡土文化的认识与了解，强化了社区农户的地域认同感与自豪感，提升了社区农户的文化自觉与文化自信。传统乡村社区固有的维持“生产 / 生活”功能的物质文化资源逐渐转化为“休闲 / 体验”功能的旅游吸引物。资源功能属性的转变唤醒了农户对传统文化的记忆和认同感，使原本面临失传或消失的物质文化资源和非物质文化遗产得到活态保护与利用，农户文化资本得以形成、积累与传承，并成为其生计的重要组成部分。

第二，乡村旅游地农户生计资本结构变化显著，社会资本和文化资本在农户生计结构中占主导地位。农户在生存发展的理性需求与乡村旅游的利益诱导共同作用下，社区农户生计策略逐渐从最初的以农业种植为主、务工为辅向如今的以旅游经营为主、务工与农业种植为辅转型升级。即农户从传统的以自然资本、人力资本为主导的传统生计方式转向以社会资本、金融资本和文化资本为主导的旅游型生计方式。李坑村乡村旅游发展使得各类型生计资本对农户整体生计水平的影响发生了结构性转变。在乡村旅游发展成熟的李坑村，大部分农户已很少从事农林渔业活动，对传统的耕地、林地及水域等自然资本的依赖性明显下降。李坑村农户当前主要以民宿客栈或竹筏经营、旅游商品售卖等旅游型生计方式为收入来源，金融资本成为农户参与乡村旅游经营的关键性资金保障，社会资本则是农户获取旅游市场资源及政策利好、维持良好的人际关系的根本保障，文化资本的有效保护与利用则是李坑村发展乡村旅游的重要依托，因此金融资本、社会资本及文化资本成为李坑村农户当前更为重要的生计资本。乡村旅游的快速发展，驱动了社区农户生计的非农化转变，降低了其对自然资本的依赖性，社会资本和文化资本对农户生计的影响作用日益凸显，成为影响农户生计资本积累的主要因素。

第三，乡村旅游地农户不同类型生计资本变化差异较大，自然资本存量更为匮乏，物质、文化和金融资本存量则显著增加。乡村旅游开发建设对土地资源的占用及农户对传统农业型生计方式依赖性的下降造成了农户土地资源的流失与闲置等问题，使农户原本匮乏的自然资本变得更为稀缺。然而，乡村旅游发展不仅有效促进了社区农户物质生活水平的提升、丰富了农户私有的物质资产；而且改善了当地社区的公共环境与基础设施，优化了农户的公共性物质资本。社区农户借助乡村旅游的发展契机，通过参与乡村旅游经营、从事旅游就业等途径，增加了家庭收入和经济储蓄。同时，地方政府的产业扶持与旅游投资商的资金介入，进一步增加了社区农户的经济信贷机会，从而有效促进了农户金融资本的积累与扩充。在乡村旅游的利益价值驱动下，农户不断通过参加各种职业技能培训、并学习外来经营者先进的旅游经营理念，主动提升自身人力素养，实现对乡村旅游的更好参与。乡村旅游发展增强了社区农户之间的联结度与支持度，扎根于乡土社会中的地缘与亲缘观念反而在乡村旅游的发展过程中得到了延续，从而进一步巩固并拓展了社区农户的社会资本。虽然乡村旅游发展不可避免的带来了农户土地资源的减少和流失的问题，但农户通过参与乡村旅游经营丰富了物质资本、扩充了金融资本、增强了人力资本、巩固了社会资本、重构了文化资本，尤其是物质、文化和金融三类生计资本存量显著增加，农户整体生计水平得到有效提升。

二、理论意义

第一，本研究创新性的构建了纳入“文化资本”的乡村旅游地农户生计资本评价指标体系，丰富了可持续生计理论。以往关于乡村旅游地农户生计资本测度的研究大都是沿用可持续生计框架中的五类生计资本（如陈佳等，2017），没有充分考虑到乡村旅游地农户生计资本的特殊性，忽视了传统文化资源对乡村旅游发展及农户生计资本积累的重要性。虽然现有研究也逐渐开始认识到文化资本同样是农户重要的生计资本类型，并认为应将文化资本纳入可持续生计分析框架，却鲜有研究深入解析乡村旅游地农户文化资本的具体表征和测量。因此，本研究在借鉴前人可持续生计分析框架的基础上，参考布迪厄（1986）对文化资本概念及形式的界定，结合中国乡村旅游地农户生计资本情况实际，在成功辨析乡村旅游地文化资本概念的基础上，详细阐述了乡村旅游地农户文化资本的表现形式，并最终确定农户对乡村传统文化资源的拥有度、认知度及其在乡村旅游经营过程中对乡村传统文化资源的运用度三个指标作为乡村旅游地农户文化资本的具体测量指标，构建了文化资本介入下的乡村旅游地农户生计资本评价指标体系，从而为精准刻画传统文化在乡村旅游地农户生计资本结构中的内在价值、全面表征乡村旅游地农户生计水平提供了理论依据。

第二，本研究借助乡村旅游发展成熟的婺源县李坑村，论证了乡村文化资源向农户文化资本的转变。通过对案例地的实证研究，证实了现代旅游者消费需求的转变，当代旅游者消费需求已从传统的物质追求转变为精神至上。在传统文化资源丰富的乡村旅游地，乡村文化资源不仅是外来旅游者眼中独特的旅游吸引物、旅游者乡村旅游体验的重要内容与要素，还是乡村旅游地农户重要的生计资本。乡村旅游者消费需求的转型升级促进了乡村文化资源的产业化发展，基于乡村传统文化所开发的各类旅游商品在乡村旅游发展中的交易与流通，不仅促进了社区农户金融资本的积累，而且使得隐性财富状态的乡村文化资源逐渐转变为农户显性财富状态的文化资本。正如布迪厄（1986）在《资本的形式》中阐述的：不同类型的资本可以在一定的条件下进行相互转化，文化资本在某种条件下能够转换成经济资本和社会资本。本研究也正好与布迪厄的观点进行了有效呼应，乡村旅游地文化资源价值达到充分释放，不仅使得乡村旅游地农户的文化资本得以形成，并促进了农户物质资本、金融资本等其他类型生计资本的积累。因此，本研究将有助于进一步深化我们对文化资本与其他类型生计资本相互作用关系的认识与理解，同时也为进一步探讨乡村旅游地农户文化资本的具体形成过程与机制奠定相应的研究基础。

三、管理启示

第一，自然资本是农户生计不可缺失的组成部分。然而，乡村旅游发展使得旅游经营成为乡村农户新的生计来源，显著降低了农户对以自然资本为主导的传统生计方式的依赖性。乡村旅游的发展使旅游经营成为了李坑村农户新的生计来源，很多农户纷纷放弃传统的水稻、茶叶等农林业种植及渔业养殖而从事旅游经营，造成了部分土地的荒漠化及水域资源的闲置。良好的生态环境是乡村自然景观的重要基础，自然资源的有效利用同样可以成为重要的旅游吸引物。案例地实地调研发现，李坑村优美的稻田油菜花景观是其重要的旅游吸引物之一，李坑稻田的油菜花现在均由政府免费播种，农户们可以自行收割，但是随着生活水平的提高，部分农户并不愿意花费时间和精力去收割管理。因此，在后续的乡村旅游发展过程中，当地政府部门及旅游投资商应该提高农户对自然资源的保护意识，改变农户自然资源利用方式，变传统自然资源为乡村自然景观吸引物，积极倡导农户保护并珍惜其拥有的自然资本，促进社区农户的自然资本积累，实现自然资源的可持续开发利用。

第二，社会资本对乡村旅游地农户生计资本积累的影响作用最大。在中国乡土社会中，良好的社会关系、强有力的社会支持是农户生存发展的重要基础。乡村旅游地农户能否有效参与乡村旅游经营，实现其生计方式的转型升级同样依赖于其自身的社会联结度、支持度及区位优势度。拥有良好的社会关系网络且能够得到政府、亲友等各种社会支持的农户往往拥有更多的乡村旅游参与机会，并能够有效利用各种良好的乡村旅游发展政策，而家庭区位条件较好的农户则拥有参与乡村旅游经营的天然优势，如位于核心景区的农户从事旅游经营通常会拥有更多的旅游客源，从而获得更高的旅游收入。因此，地方政府需要加快实施有利于农户参与乡村旅游经营的各项优惠政策并加大资金扶持力度，积极组织并开展公益旅游经营与服务技能培训，帮助农户制定乡村旅游发展规划；同时需要充分发挥社区的组织管理作用，加强农户之间的合作，增加农户对乡村旅游市场消费需求的认识与了解，从而全面强化社区农户社会资本。

第三，文化资本对提升乡村旅游地农户整体生计水平具有重要作用。乡土文化是乡村旅游的核心卖点，是乡村旅游者旅游体验的核心。乡村旅游发展需要凸显乡村性与乡土特色，以乡村文化资本为依托发展乡村旅游能够有效满足乡村旅游者旅游体验的文化需求。对传统文化的认识与运用很大程度上决定了农户在乡村旅游经营中的参与度，进而影响其经济利益和社会联系。虽然传统文化资源经济价值的提升，增加了农户在乡村旅游参与过程中的文化实践，但由于农户自身能力有限，难以实现文化资源价值的充分发挥。景区管理者需要深化农户对当地传统文化的认识与了解，加强对传统建筑的规划管理力度，明确规定农户住宅的选址、规模及风格，严禁农户私自拆建，并鼓励农户将其运用到民宿客栈装饰与民俗节庆活动举办之中，以促进农户的文化资本积累。同时积极引导农户将传统文化融入到日常生活与旅游经营之中，如保护修缮文化古建筑、传承当地传统民俗节气、向游客有效解说和展示当地传统文化资源，实现以文旅融合发展充分释放文化资源的商业价值，促进农户生计水平的整体提升。

Part 3

第三章 文化对乡村旅游地居民可持续生计的影响

第一节 概念界定与研究述评

一、文化与可持续生计概念界定

（一）文化的概念与形式

“文化”（culture）一词最早起源于欧洲，在拉丁语和古英语中，意为“耕耘”。然而，关于文化的概念纷繁复杂，国内外学者并没有明确而统一的认识与界定。英、美传统的文化研究者认为文化是既定事实的各种形态的总和，而德国传统的文化研究者则认为文化是生活的样态（张岱年 & 程宜山，2015）。人类传统观念认为，文化是一种社会现象，它是由人类长期创造形成的产物，同时又是一种历史现象，是人类社会与历史的积淀物。当前关于文化的主流定义主要包含广义上的文化概念与狭义上的文化概念两种形式。其中，广义的“ 文化”是一个包含所有人类创造物的概念：梁簌溟（2011）简单明了的将文化界定为人类生活所依赖的一切；张岱年和程宜山（2015）则认为文化是人类在处理人和世界关系中所采取的精神活动与实践活动的方式及其所创造出来的物质和精神成果的总和；陈先达（2017）进一步指出文化是人类为了适应和改造自己的生存环境而进行的精神生产的产物，由特定的符号传达的、在人类实践中创造的各种思想观念以及社会生活和行为规范的总和。然而，与广义的文化概念相比，狭义的“文化”是一个内涵与外延都相对缩小的定义。在这一狭义的概念使用中，尽管学者们对其内涵与外延还存在一定分歧，但相关的定义基本上都将“文化”视为精神或观念的东西，以及与之相关的行为规则。如张岂之（2017）指出在文化的内涵中，精神层面居多，文化是价值观念、思维方式，是生活样式、信仰习俗，是社会的精神的形态。文化与社会经济发展有着必然的联系，一种科学的文化思想意识会有力地促进社会经济发展。辩证唯物主义认为经济基础决定上层建筑，同时上层建筑又会反过来影响经济基础。文化作为上层建筑中的一个重要方面，对社会经济发展具有非常显著的促进作用。

而对于文化的形式，由于文化本身的多样性与复杂性，学术界目前同样没有准确清晰的划分标准。当前学者们对文化的形式划分主要有以下几种观点：①两分说，即将文化划分为物质文化和非物质文化（精神文化）两种类型；②三层次说，认为文化包含物质文化、制度文化和精神文化三个层次；③四层次说，即将文化划分为物质文化、制度文化、风俗习惯、思想与价值；④六大子系统说，认为文化可以细分为物质文化子系统、社会关系子系统、精神文化子系统、艺术文化子系统、语言符号子系统及风俗习惯子系统。总体来看，为大多数学者所接受的是以广义的文化作为研究对象，将文化划分为物质文化、制度文化和精神文化三种类型。本研究借鉴当前为大多数学者认可的文化划分标准，并结合乡村地区的文化实际，同样认为乡村文化可以划分为物质文化、制度文化和精神文化三种类型，其中乡村物质文化是人们在长期的乡村生活中所生产的物质产品及生产方式，既包括具体的器物，也包括这些器物的生产工艺和技术。乡村制度文化是乡村地区在长期的历史发展过程中，为维护乡村社会稳定、社会秩序而约定俗成的伦理道德及礼仪规范。乡村精神文化则是乡村作为一个稳定的共同体所具有的共同的心理结构与情感反应模式，通常表现为乡村居民的性格、价值观、生存观等。

（二）可持续生计的概念及其分析框架

可持续生计研究缘起于人们对贫困问题属性理解的加深，是一种国际发展思想的范式转变（Solesbury，2003）。可持续生计将人作为发展的中心，强调除了解决传统的收入和消费贫困之外，更应该关注发展能力的贫困，并认为提升个体、家庭、社区和社会各个层面的生计发展能力是消除贫困的关键（Chambers & Conway，1992）。世界环境与发展委员会（WECD）最初从生计安全的角度提出可持续生计是一个家庭通过多种不同的生计方式以获得可持续的粮食储备和现金流以满足基本需求的生计保障。Chambers 和 Conway（1992）在此定义的基础上，进一步强调生计的可持续发展，并将可持续生计的定义修改为：生计指的是谋生的手段或方式，它包括谋生所需的能力、资产和活动；可持续的生计能够有效应对外部压力和冲击并从中恢复，同时在不破坏自然资源的情况下维持或提高其能力和资产，为下一代提供可持续的生计机会，并在短期和长期内为当地和全球各种其他生计带来净利益。英国国际发展署（DFID）以农户为例指出：可持续生计包含了农户谋生所需要的能力、资产和从事的活动，它能够在不损坏自然资源的基础上，有效应对压力、从打击和突变中恢复，并长远地维持甚至加强农户的能力与资产（DFID，1999）。

为增强可持续生计理论的可操作性，全面理解实现或未能实现可持续生计的过程及原因，许多国际组织如英国国际发展署（DFID）、联合国开发计划署（UNDP），及国际学者如 Scoones、Bebbington、Ellis 等开发了各有侧重的可持续生计分析框架（Sustainable Livelihood Framework，SLF）。其中，以 Scoones（1998）和 DFID（1999）提出的可持续生计框架（Sustainable Livelihood Framework，SLF）最具代表性，并得到了国际学者的广泛应用（Shen，2008）。其中，DFID 提出的可持续生计框架具体由脆弱性背景、生计资本、制度过程和组织结构、生计策略和生计结果五个部分组成（图 3–1），将贫困农户看作是在一个脆弱性的背景中生存或谋生，他们拥有一定的生计资本（自然资本、物质资本、金融资本、社会资本、人力资本），而他们生计资产的获得要通过社会、制度过程和组织结构来决定。同时，这种环境也影响着农户的生计策略（配置与使用资产的方式），以满足他们的生计目标。该框架通常所包括的具体组成部分和内容如表 3-1 所示。Scoones 提出的可持续生计框架同样认为可持续生计包含：生计背景、生计资产、制度过程和组织结构、生计策略、生计结果五个部分（图 3-2），其突出了生计策略的多样性，并辨析了生计结果的五个关键要素：创造就业，减贫，福祉和能力，生计适应性、脆弱性和恢复力，自然资源的可持续，前三个要素侧重于生计本身，将关注就业和减贫与充分性、安全性、福祉和能力等更广泛的问题联系在一起，后两个要素则侧重于可持续，重点聚焦于生计恢复力及其依赖的自然资源基础。

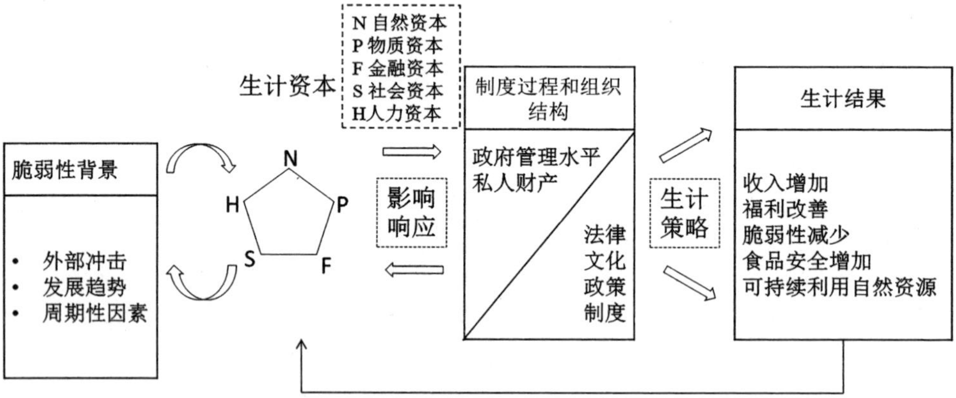

图 3-1　可持续生计分析框架示意图（来源 DFID，1999）

表 3-1　DFID 建立的可持续生计分析框架的组成部分及其主要内容①

SLA 框架组成	内容
脆弱性背景	包括旱涝、飓风、经济或社会动荡、家庭成员疾病、死亡以及作物、家畜的病害等突发性的天灾人祸；价格、生产、健康状况和就业机会等季节性冲击；人口、资源环境、技术、市场与贸易及全球化等趋势和变化等

① 表中内容转引自汤青（2015）。

续表

SLA 框架组成		内容
生计资本	自然资本	包括土地及其产出、水和水资源、林木产品、野生动植物和食物、生物多样性、环境服务等
	物质资本	包括交通、安全住所、饮水与卫生设施、能源、通讯等基础设施及生产工具和设备、种、肥、农药、传统技术等工具和技术
	金融资本	包括储蓄、借贷、工资 / 报酬、养老金及其他外部给予资金
	社会资本	包括亲戚、朋友、邻居、信任与互助关系、组织或团体、对外的集体诉求、参与决策机制以及领导能力等一系列社会关系和联系
	人力资本	包括健康、营养、教育、知识和技能、劳动能力以及适应变化的能力等
制度过程和组织结构		不同层次的政府，也可以是非政府组织或国际机构，通过制定或推广相关政策；各种政治机构、民间组织或团体、非政府组织、金融机构、法律机构、政党以及企业公司通过采取一些措施或手段；各种决策过程、社会风俗、性别、制度、阶级、语言等过程因素
生计策略		收入产生的活动、消费活动、对生计资产的投资、迁移活动、人口繁衍
生计结果		生计输出生活水平提高、脆弱性降低、食物安全增加、资源利用优化

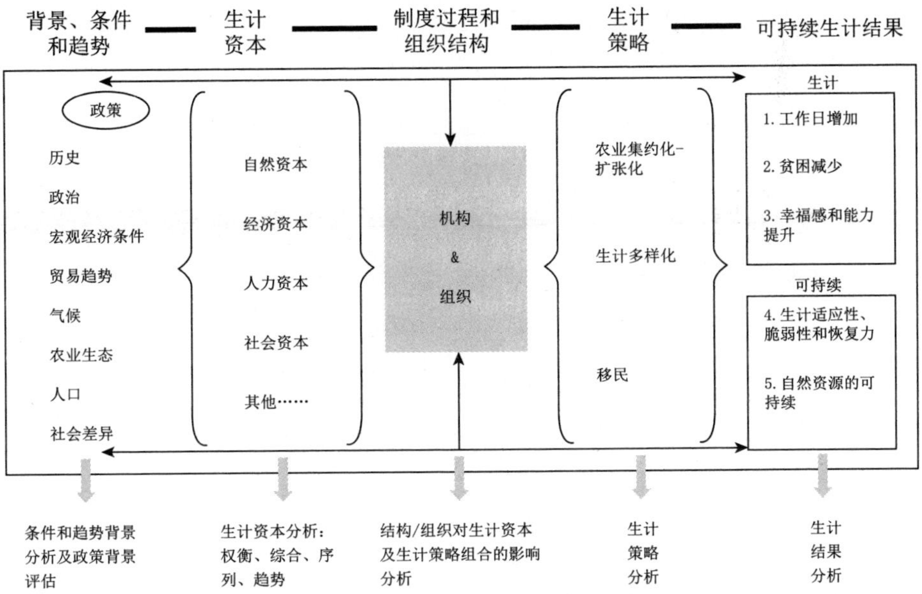

图 3-2 乡村可持续生计：一个分析框架（来源 Scoones，1998）

二、相关研究述评

（一）乡村旅游对可持续生计的影响研究

根据 Chambers 和 Conway（1992）对可持续生计的定义可知，农户生计能力和资产的增强以及生计多样性的增加是衡量生计可持续性的两个关键指标。作为经济增长及多样化的有效工具，乡村旅游已成为促进乡村地区社会经济发展的重要动力。乡村旅游能够有效改善目的地社区农户生计状况，促进农户生计的可持续发展。

一方面，乡村旅游发展能够有效提升目的地社区农户的生计能力（Iorio & Corsale，2010），并促进其家庭生计资产增加（Briedenhann & Wickens，2004；MacDonald & Jolliffe，2003；Mbaiwa，2011；Qian、Sasaki，Jourdain，Kim，& Shivakoti，2017）。农户可以利用他们的传统生计知识从事乡村旅游，以获得新型生计机会，而农户通过参与乡村旅游发展，又可以反过来促进他们自身从业技能的提升（Iorio & Corsale，2010）。同时，大量研究表明参与乡村旅游发展的农户往往拥有更高的生计资产水平，尤其是物质资本和金融资本（Qian，Sasaki，Jourdain，Kim，& Shivakoti，2017；Su，Wall，Wang，& Jin，2019；Wu & Pearce，2014）。如 Iorio 和 Corsale（2010）通过对罗马尼亚农户生计的研究，发现乡村旅游发展能够与目的地社区农户现有的生计活动融合互促，共同提高农户生计能力，并促进其生计资产积累。Mbaiwa 和 Stronza（2010）及 Mbaiwa（2011）通过对博茨瓦纳奥卡万戈三角洲农户生计的探讨，指出乡村旅游发展使得目的地社区传统的狩猎、耕作和饲养牲畜等生计策略逐渐向旅游型生计方式转变，农户家庭整体生计资产水平得到显著提升。Qian、Sasaki、Jourdain、Kim 和 Shivakoti（2017）及 Su、Wall、Wang 和 Jin（2019）同样认为旅游业已成为中国乡村扶贫重要的政策工具，乡村旅游能够与农户传统的生计方式进行融合，在增加农户家庭生计资产的同时能够进一步增强农户生计的可持续性。

另一方面，乡村旅游发展能够与目的地社区农户传统的农业型生计方式进行有效融合（Clarke，Denman，Hickman，& Slovak，2001；Qian，Sasaki，

Jourdain，Kim，& Shivakoti，2017；Su，Wall，Wang，& Jin，2019），从而拓宽增加农户的生计策略选择（Iorio & Corsale，2010Tao & Wall，2009a）。乡村旅游地往往拥有独特的自然生态景观和文化资源景观，能够有效吸引大量的旅游者前来观光游览，为满足旅游者消费需求，目的地社区农户能够从事各种与旅游相关的经济活动（如农家乐或民宿经营、旅游纪念品或土特产销售、导游讲解等），从而增加自身家庭经济收入，提高其整体的家庭生计水平（Mbaiwa，2011）。另外，也有学者指出旅游业与传统农业之间具有协同关系，乡村旅游的发展可以促进乡村地区传统的农产品销售，从而进一步增加农户家庭收入（Adiyia，Vanneste，& Van，2016；Gurung & Seeland，2008）。尽管旅游发展引发的生计策略转型也可能会代替某些传统生计方式（如农业、狩猎、养殖等），但学者们发现，目的地社区农户并不认为这些变化会导致其生计不安全性增加，因为旅游发展虽然代替了部分传统的生计方式，但是旅游业的发展给他们带来了更多的旅游型生计策略选择，因此其生计多样化并不一定会降低（Mbaiwa & Stronza，2010；Mbaiwa，2011；Wu & Pearce，2014）。

然而，乡村旅游的快速发展也导致了自然和文化资源的利用和价值的变化（Tao & Wall，2009a），这一过程增加了农户生计的不确定性。当乡村旅游发展引发村落或社区搬迁时，高度依赖旅游发展也可能会导致农户生计的可持续性下降。乡村旅游参与机会的平等性很可能会进一步加剧贫富差距问题，并破坏原有的乡村社会关系。因此，深入分析乡村旅游发展对农户生计的影响对乡村农户生计的可持续发展具有重要意义。

（二）文化与旅游可持续生计关系的研究

传统文化被认为是乡村社区生存和可持续性的关键资源和重要因素（Bebbington，1999）。农户可持续生计与非物质文化规范和知识及物质文化产品密切相关（Daskon & Mcgregor，2012）。文化不仅本身是一种不可或缺的资本形式，而且塑造了农户获取其他形式资本的途径（Daskon & Mcgregor，2012）。作为一种代表行动者优势或劣势的资产，文化资本与自然、物质和金融资本一样，深刻影响着社区农户的生计决策和生活水平。为应对后现代主义的社会价值观和旅游消费需求变化，乡村传统的生活方式和习俗成为乡村旅游体验的核心（Frochot，2005）。乡村传统文化是人们的精神信仰、审美情趣、伦理关系和生活习惯的集中体现。文化要素是一个目的地最独特的旅游吸引物，文化的挖掘和利用已经成为乡村旅游发展的关键因素（Horn & Tahi，2009；Nicely & Sydnor，2015；Ritchie & Zins，1978；Thompson，2004）。乡村物质文化如田园景观、建筑景观、农耕生活景观、饮食文化等是旅游者乡村旅游的最直接形式（MacDonald & Jolliffe，2003；Mitchell & Shannon，2018）。乡村制度文化如传统节日、民俗活动、礼仪习俗、权力制度等，能够为旅游者提供差异性和地方性的文化体验（Mbaiwa & Sakuze，2009；Stamboulis & Skayannis，2003）。乡村精神文化如村落形态、选址布局、生活习俗、口头艺术等，能够让旅游者认识、理解和感悟乡村文化内涵，是最深层次的乡村旅游体验（MacDonald & Jolliffe，2003）。这三种形式的乡村文化都是乡村旅游发展的重要资源。

很多研究表明，在乡村旅游中利用传统文化可以帮助社区农户提高整体生活质量和生计水平。根据 Mbaiwa 和 Sakuze（2009）在奥卡万戈三角洲的案例研究，居民的狩猎和采集以及传统医学的技能和知识是旅游发展的宝贵资源，当地人成立了一个名为 Tlhabologo Trust 的机构，使他们能够参与乡村旅游，增加家庭收入和就业机会。Mitchell 和 Shannon（2018）还发现，物质和非物质形式的文化产品是当地农户参与乡村旅游、经营小企业和增加就业机会的主要形式。Horn 和 Tahi（2009）提出，个人拥有的文化知识为他们提供独特旅游产品、吸引游客和获得经济利益创造了机会，当地的文化价值观还可以通过塑造社交关系的方式来影响旅游发展。Samsudin 和 Maliki（2015）则指出为游客举办的文化活动和节庆（如传统舞蹈、唱歌和烹饪）正在提高马来西亚乡村农户的生活水平。乡村地区保存完好的传统文化既是农户获取知识和技能并积累生计资产的重要依托（Daskon & Mcgregor，2012），也是发展乡村旅游的重要资源。有形的文化载体（如民居、古器具等）和无形的文化要素（如传统规范、价值观等）都是乡村旅游地独特的旅游吸引物，可以通过乡村旅游发展进行资本化运作从而产生经济效益，并进一步改善当地居民的生活水平（MacDonald & Jolliffe，2003）。传统文化和价值观，如民风民俗和精神信仰，可以提升人们推动变革的能力，增强他们对外部生计脆弱性的适应性，并促进农户生计转型，以提高农户生计水平。文化资源（包括传统知识、技能、习俗、建筑、信仰和社会制度）与自然、物质、金融、人力和社会资本同样重要，文化因素是影响乡村旅游地农户可持续生计的重要组成部分。

Scoones（1998）提出并经英国国际发展部（DFID）（1999）修改的可持续生计框架（SLF）是描述和理解贫困人口生计的综合性分析工具。然而，随着可持续生计研究的不断深入，越来越多的学者开始质疑SLF忽视了传统文化在农户生计中的重要性，这一问题对乡村旅游地农户而言尤为突出（Tao & Wall，2009a；Tao，Wall，& Wismer，2010；Wall，2018）。中国乡村旅游发展迅速，已经成为很多农户重要的生计来源（Su，Wall，Wang，& Jin，2019）。乡村旅游发展与当地传统文化密切相关，传统文化在乡村旅游地农户生计资本积累及生计方式转型中发挥着至关重要的作用（Su，Wall，Wang，& Jin，2019）。因此，迫切需要将文化因素纳入可持续生计框架，以突出文化在农户可持续生计中的作用和价值。研究以江西省婺源县典型乡村旅游地李坑村为案例，通过构建文化因素介入下的乡村旅游地农户可持续生计分析框架，探讨文化因素对乡村旅游地农户可持续生计的影响作用。

第二节 研究设计

一、理论框架构建

Scoones（1998）提出并经英国国际发展部（DFID）（1999）修改的可持续生计框架（SLF）是描述和理解贫困人口生计的综合性分析工具。然而，随着可持续生计研究的不断深入，越来越多的学者开始质疑SLF忽视了传统文化在农户生计中的重要性，这一问题对乡村旅游地农户而言尤为突出（Tao & Wall，2009a；Tao，Wall，& Wismer，2010；Wall，2018）。可持续生计框架

（Sustainable Livelihoods Framework，SLF）是一种掌握农户生计复杂性、理解农户生计策略及识别采取何种干预措施解决贫困问题的合适方法与工具。该框架认为农户可持续生计包括五个方面：脆弱性背景、生计资本、转型结构和过程、生计策略和生计结果（DFID，1999；Scoones，1998）。该框架将人置于影响其生计资本获取的脆弱性背景（如趋势、冲击和季节性）之下（DFID，1999），认为生计资本是人们用以选择生计策略的有形和无形资本（Scoones，1998），生计策略是人们为实现其生计目标而进行的生计活动和生计选择（DFID，1999）。

该框架强调结构和过程（如机构、组织、政策和立法）的重要性，因为它们可以直接影响农户生计策略，并反作用于脆弱性背景（DFID，1999）。而文化，包括社会规范和信仰，是结构与过程的重要组成部分，因为其能够有效解释不同社会"处事方式"的差异性（DFID，1999）。为凸显文化因素在乡村旅游地农户可持续生计中的重要性，研究构建了文化因素介入下的可持续生计分析框架（图 3–3）。虽然文化资源是乡村旅游地独特的旅游吸引物，但由于文化资源本身的脆弱性（Tao，Wall，& Wismer，2010；Wall，2018），因此文化保护因素将与趋势、冲击和季节性一起成为乡村旅游地农户的生计脆弱性背景。同时，文化是农户维持生计活动的另一项不可或缺的资产（Daskon & Mcgregor，2012），文化资本决定了乡村旅游地农户生计策略的选

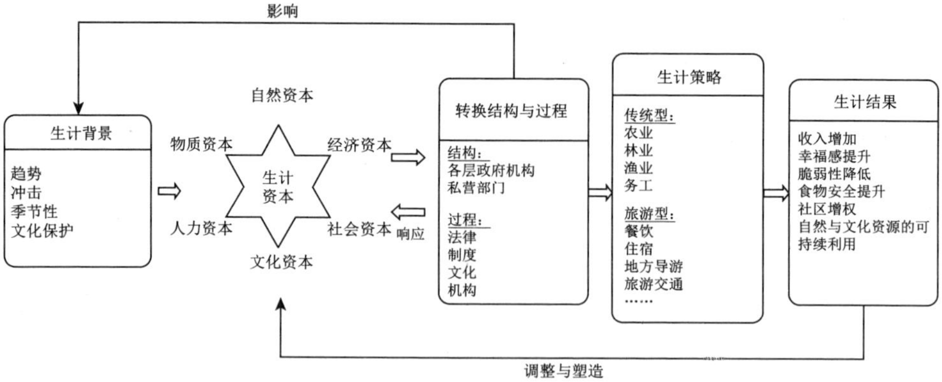

图 3–3　乡村旅游地农户可持续生计分析框架

（根据 DFID（1999）和 Scoones（1998）调整而来）

择，并与其他五种生计资本共同影响其生计结果。乡村旅游发展滋生了很多新型的生计方式，农户可以通过有效参与乡村旅游发展实现其生计目标，而文化资源的可持续利用将与自然资源的可持续利用同等重要，共同成为乡村旅游地农户生计可持续的重要组成部分。

二、案例地选取

李坑村位于中国江西省婺源县秋口镇，始建于1010年（北宋），距今已有1000多年的历史。李坑是“中国传统村落”和“省级历史文化村落”，集徽派建筑、程朱理学、徽商文化和宗族文化于一体。一条小溪穿村而过，两旁分布着传统的徽派民居（图3–4）。李坑村至今仍保留着徽派古建筑60余座，其中市级文物保护单位7座，县级文物保护单位4座。傩舞、中秋节舞龙等民俗活动和雕刻、酿造、编织等手工技艺在村里得到了很好的保存。特别是每年的正月十三至十八，李坑村都会举行铜锤灯巡游活动，108盏灯沿村街巡游，村民们敲锣、打鼓，放鞭炮，且这种灯只在婺源李坑有售。凭借优美的田园景观和丰富的文化资源，该村于1999年正式开始发展乡村旅游，2000年旅游门票收入近10万元。2001年，婺源县政府为吸引民营资本参与旅游开发，将该村的旅游经营权转让给旅游开发公司。随后，该村乡村旅游进入快速发展阶段，居民旅游分红占门票收入的19%。2007年，婺源县政府实行旅游景区统一管理，该村旅游管理权再次转移给婺源县旅游股份有限公司。居民的旅游收入分红逐渐增加，从2008年的1230元/人增至2018年的2340元/人。经过20余年的发展，现已进入成熟发展阶段，居民生计方式已由传统的水稻、茶叶等农业种植为主、外出务工为辅成功转型为现今的旅游商品售卖、景区竹筏经营及农家乐开办等旅游经营为主、务农务工为辅，旅游业成为居民主要的生计来源。截至2018年年初，村内居民230余户，登记在册的农家乐达100多家，90%的农户直接或间接参与乡村旅游就业，人均年收入由1998年的不足600元攀升至2018年的4.76万元，农户生计水平得到显著提升。原生态的乡村风情和独特的徽派古建筑赋予了李坑村“小桥、流水、人家”的旅游形象，传统文化资源在其乡村旅游发展中发挥了重要作用。因此，研究选取婺源县李坑村为案例来探索文化因素对乡村旅游地农户可持续生计的影响作用。

图 3–4 李坑村全景图

（图片来源："婺源旅游"微信公众号）

三、数据收集

为全面了解文化因素对案例地农户可持续生计的影响作用，研究采用定量问卷、定性访谈和参与式观察等混合式方法来收集研究所需的资料数据。课题组成员于 2018 年 3 月至 2019 年 7 月期间，三次前往案例地进行了实地调研。2018 年 3 月开展了第一轮为期四天的田野调查，通过深度访谈与参与式观察等方式初步了解案例地乡村旅游发展、农户生计状况及传统文化在乡村旅游发展中的开发利用情况，为后续正式的访谈提纲与问卷设计奠定基础。2018 年 7 月再次前往案例地进行了为期半个月的实地调查，一方面通过问卷的方式调查案例地农户生计状况，另一方面通过深度访谈与参与式观察了解案例地农户对传统文化的认知、运用及传统文化对农户生计的影响。2019 年 7 月课题组成员再次前往案例地进行了为期三天的补充调研，目的是进一步深入了解案例地的文化保护情况及农户对文化资本的拥有情况，以补充完善前期收集的数据资料。在三次实地调研中，课题组成员运用深度访谈法和参与式观察法不仅了解了案例地乡村旅游对农户可持续生计的影响，而且深入调研了农户在乡村旅游开发中对当地文化资源的利用，以及对传统文化在其生计活动中的重要性看法（图 3–5）。而问卷调查则主要调查了案例地农户拥有的生计资本状况，问卷调查的对象为农户户主或 18 岁以上的成年家庭成员，问卷数据主要包含两个部分，一是农户家庭成员的人口统计信息，二是六类生计资本的相关数据，共包括 22 个指标。研究共对 200 户家庭进行了问卷调查，约占全村的 87%，户均调研时间为 20~35 分钟，最后剔除部分农户回答不完整的问卷，最终回收 169 份有效问卷，问卷调查的人口统计信息同“表 2–2 被调查农户家庭基本情况统计信息”。

图 3–5 课题组实地调研照片

（照片来源：课题组自摄）

第三节　文化因素对乡村旅游地居民可持续生计的影响

一、新型脆弱性背景：文化保护

在乡村旅游发展背景下，李坑村古建筑群不仅成为了当地独特的旅游吸引物，而且有很多古建筑进行了旅游商业化利用，如建于清朝的铜绿坊、大夫第、李瑞才故居等传统建筑专门用于文物展示，供游客参观欣赏；建于明朝的李知诚故居和建于清朝的李进详宅、李春荣宅等则在供游客参观游览的同时，让本地居民在屋内出售当地的木雕手工艺品等旅游商品。传统徽派建筑文化及国家级非物质文化遗产雕刻艺术在乡村旅游发展过程中得到开发利用，不仅显著提升了李坑村旅游吸引力和竞争力，而且对当地农户的生计改善具有明显的促进作用（图 3–6）。

图 3–6　李坑村传统文化资源的旅游化利用

（照片来源：课题组自摄）

然而，在乡村旅游发展过程中，李坑村古村落保护工作却不尽人如意。旅游者数量的增加激发了村民的商品经济意识，在旅游经济利益的驱动下，大量居民将自家民居改造为各种旅游商业和服务设施。据当地政府统计，李坑村近 1/3 的住宅存在乱搭乱建现象。从村口开始，先后搭建起了违章摊棚 158 个、车库 20 多个，甚至有的村民还在农田里建起了小洋房，古建筑开门破窗、改建成旅游商店。

2011 年 7 月，李坑村景区运营公司（婺源县旅游股份有限公司）认为村民未履行景区风貌保护义务，乱搭乱建影响景区运营，封闭了景区入口，导致景区暂停营业 5 个月。经过一次集中整治后，乱搭乱建仍没有得到根本解决。2017 年 11 月—2018 年 3 月期间，婺源县政府再次关闭李坑景区，针对村民乱搭乱建现象，投资亿元进行全面综合整治与改造升级。可见，李坑村居民的乱搭乱建行为不仅严重破坏了当地的古建筑景观，更对当地的乡村旅游发展造成了巨大的负面影响。文化资源的保护与传承成为乡村旅游地农户可持续生计的新型脆弱性背景（图 3–7）。

图 3–7　李坑村部分传统建筑被破坏

（照片来源：大江网）

二、文化资本的作用与价值

根据本书第二章第二节中李坑村农户生计资本测算结果（表 2–3）可知，文化资本对农户生计资本的贡献率超 22.2%，仅略小于社会资本。在乡村旅游背景下，明清时期的徽派民居、传统民俗和传统手工艺品成为李坑村重要的旅游吸引物。这些独特的文化元素是李坑区别于其他乡村旅游目的地的关键，更是支撑其乡村旅游可持续发展的根本因素。村内文化资源已成为农户参与乡村旅游、实现生计目标的重要资产。社区农户对传统文化资源的认知度、运用度及拥有度对其文化资本积累的贡献率分别为24.2%、40.9%和34.9%。可见，农户文化资本的积累主要依赖于其在乡村旅游参与过程中对文化资源的有效利用及其对原有文化遗产的保留与传承。大多数受访农户认为，在乡村旅游参与中体现文化元素是他们进行乡村旅游经营的有效途径。农户可以基于其对传统文化资源价值的认知，将传统文化有效运用于乡村旅游经营过程，从而促进其文化资本的积累。而农户所拥有的有形文化资源也会影响其对当地文化价值与内涵的理解，从而进一步促进农户对文化资源的利用，推动乡村旅游的发展。

李坑村农户文化资本的量化值为0.63，略低于物质资本。在实地调研过程中发现，当地农户在谈及当地的传统文化与习俗时感到很自豪，他们渴望向游客介绍并展示当地独特的传统文化。在被调查农户中，超过63%的农户对当地传统的徽派建筑、民俗节庆及手工技艺等有着充分了解。且约50%的农户认为，他们在乡村旅游经营过程中有效地利用了当地传统文化。如当地农户开办的农家乐及民宿客栈，外部装修建新如旧，保留了传统徽派建筑白墙、灰瓦、马头墙的建筑风格，内部装修古风古韵，既是外来旅游者眼中独特的旅游吸引物，也是当地农户重要的文化资本。此外，被调查农户中，44.4%的农户表示他们拥有很多物质文化资产（如古建筑、家具、器皿等），并掌握了很多非物质形态的传统手工技艺（如酿酒、木雕、茶叶加工）。总体而言，乡村旅游的发展赋予了李坑村传统文化新的价值，文化资本成为村内农户重要的生计资产。

三、文化过程与制度

受传统徽商文化的影响，李坑村率先抓住乡村旅游发展契机创业致富，成为了婺源县旅游发展最早的古村落。当地农户通过不断摸索并主动学习外来经营者先进的旅游经营理念，主动提升旅游从业技能，积极参与乡村旅游发展，农户生计水平显著提高。在旅游的利益诱导与农户的思想博弈中，乡村旅游带来的经济利益虽然在一定程度上冲击了李坑村农户原本朴实纯粹的价值观念，但随着时间的推移，扎根于当地的血缘、亲缘关系与宗族观念仍然深刻影响着农户的思想与行为。具体表现为：出租车司机与农家乐经营者之间形成了良好的合作关系，二者之间相互输送客源，农家乐经营户之间也随着乡村旅游的发展成熟形成了不成文的契约关系，有组织地招揽接待游客，并会在旅游旺季期间相互分享客源。

此外，针对乡村旅游发展过程中李坑村居民的乱搭乱建、破坏古建筑景观等问题，当地政府也积极采取了相关的措施以促进提升农户文化资源保护意识。如 2008 年，国务院正式颁布实施《历史文化名城名镇名村保护条例》，李坑村抓住这一有利契机，将《条例》印制成小册子，并挨家挨户发放给村民，让村民了解国家对保护古村落的相关政策。2017 年年底至 2018 年年初，李坑村委会对村内乱拆乱建现象进行统一规划整改，并建立了依法长效管理机制，加强了古村落保护等法律法规的宣传。2019 年，更是通过村民代表大会审议通过了独具李坑特色的 22 条《李坑村村规民约》，将古建筑保护、修缮与村民建房纳入其中，如《李坑村村规民约》第八条明确提出要规范房屋修缮审批程序及加强土地管理："任何村民需房屋修缮必须提交申请至村委会，再经镇政府送县古村落联审联批领导小组审批后方可按要求施工，不得未经审批乱搭乱建，不得擅自开门破窗。"第二十条则对农民建房进行了严格规定与限制，具体要求为："必须符合一户一宅，绝不允许一户多宅。李坑村是省级历史文化名村。有古村落保护条例，核心区控高 2 层，高度不能越过 7.2 米。控制区控高 3 层，高度不能超过 11 米，拆旧建新占地面积可以审批 180 平方米，正屋面积不能超过 120 平方米，建筑面积不能超过 350 平方米。"相关政策与规范的实施，极大地提高了群众保护古村落的意识，降低了农户生计脆弱性，并进一步促进了当地乡村旅游的可持续发展（图 3-8）。

图 3–8 李坑村村规民约

（照片来源：课题组自摄）

第四节 结论与启示

一、研究结论

研究通过构建文化因素介入下的乡村旅游地农户可持续生计分析框架，并以典型乡村旅游地——江西省婺源县李坑村为案例，探讨了文化在乡村旅游地农户可持续生计中的作用。研究发现：

第一，乡村旅游发展促进了农户文化资本的形成、积累与传承。农户对传统文化在旅游发展中的价值认知，有助于其将传统文化运用于旅游经营，从而产生经济效益，提高其生计水平。李坑村大多数农户都能够有效地利用文化景观（如古建筑、古器具）和当地民俗（如节庆活动）发展乡村旅游。基于当地传统文化资源而生产出来的文化产品具有其独特的价值，从而反过来促进农户文化资本的形成与积累。这一发现与文献中的共识一致，即乡村旅游发展能够促进潜在财富状态的文化资源向农户显性财富状态的文化资本转变（Mbaiwa & Sakuze，2009）。乡村旅游开发为李坑村居民创造的当地就业机会，是大部分居民自发利用传统民居建筑和手工技艺进行乡村旅游经营，实现传统文化资源功能转换的直接原因。当地居民在与旅游者接触的过程中逐渐认识到了当地传统文化的独特价值，增强了社区自豪感与文化认同感，而居民在乡村旅游经营中表现出来的自信底气，也进一步成为吸引旅游者的潜在元素。

第二，居民文化资本价值的充分释放进一步促进了其他生计资本类型的积累。李坑村传统的民居古建、民俗节庆和手工技艺，这些有形的和无形的文化载体，包含着深厚的文化内涵及意义深远的精神文化元素。乡村旅游开发为这些传统文化资源赋予了新的内涵与价值，当地居民通过对文化资源的开发利用，即将那些有着千年历史的传统文化展现出来，将传统文化进行产业化发展，使这些文化资源逐渐转换成文化产品，再借助乡村旅游平台进行交易、服务与流通，从而成功获得更多的经济资本。社区居民通过对文化资源的开发所获得的“经济资本”，反过来又可以促进其对文化资源的保护，提升其文化自豪感与认同感，进而积累更多的“文化资本”。在经济利益的驱动下，政府和旅游企业也会积极与社区居民合作，大力支持乡村旅游发展，为社区居民提供更多的社会支持与职业技能培训，从而进一步促进居民社会资本和人力资本的提升。传统文化在乡村旅游发展过程中的商业化运用实践为社区居民获取经济收益、参与经济互动提供了新的途径，为社区农户创造了新的生计方式，持续促进了乡村社区居民生计水平的提升。

第三，文化保护已成为乡村旅游地农户的新型生计脆弱性背景。在李坑村的乡村旅游发展过程中，部分农户为了短期的旅游利益而破坏了传统建筑文化景观，导致该村旅游经营两次停业，影响了旅游业的可持续发展与农户生计的可持续。这一发现与 Parlett、Fletcher 和 Cooper（1995）的研究一致，该研究表明历史城镇必须通过保护来维持旅游业长期的经济增长。文化资源的保护对社区可持续发展具有重要意义。采取相关措施和法规可以提高农户古村落保护意识，从而促进其旅游业的可持续发展。李坑村的研究同样为 Tao、Wall 和 Wismer（2010）的观点提供了一个例子，即结构和过程可用于改变和塑造脆弱性环境，减少旅游业的负面后果。乡村旅游目的地的结构调整与制度实施能够有效解决文化资源的保护与利用问题，从而促进当地旅游业的持续发展与农户生计的可持续。

二、理论意义

研究的理论意义在于构建了文化因素介入下的可持续生计框架：在生计背景部分增加了“文化保护”、在生计资本部分增加了“文化资本”、在生计结果部分增加了“文化资源的可持续利用”，修正后的 SLF 可以为探索文化对农户可持续生计的影响提供切实的理论指导。文化资源虽然是乡村旅游地独特的旅游吸引物，但由于文化资源本身的脆弱性（Tao，Wall，& Wismer，2010；Wall，2018），文化保护因素将与趋势、冲击和季节性一起成为乡村旅游地农户的生计脆弱性背景；同时，文化是农户维持生计活动的另一项不可或缺的资产（Daskon & Mcgregor，2012），文化资本决定了乡村旅游地农户生计策略的选择，并与其他五种生计资本共同影响其生计结果；乡村旅游发展催生了很多新型生计方式，农户可以通过有效参与乡村旅游发展实现其生计目标，而文化资源的可持续利用将与自然资源的可持续利用同等重要，共同成为乡村旅游地农户生计可持续的重要组成部分。文化因素介入下的可持续生计框架未来也可以尝试运用于其他旅游发展情境，如民族旅游地和文化遗产旅游地，从而进一步论证文化在农户可持续生计中的重要作用。

三、管理启示

研究的管理启示在于论证了文化因素在乡村旅游地农户可持续生计中的重要性。传统文化是乡村旅游地的核心吸引物，文化资源的有效利用不仅能够促进乡村旅游的发展，而且能够提升农户生计水平、促进农户生计的可持续发展。然而，传统文化在乡村旅游发展过程中的合理利用及有效保护是乡村旅游地农户生计可持续的重要前提。因此，地方政府和景区管理者需要具备足够的预见性与前瞻性，在加强社区农户文化保护意识的同时，制定相关的政策制度有效规范社区农户与开发商对传统文化资源的开发利用。一方面，社区农户是乡村旅游地文化资源的拥有者与传承人，地方政府与景区管理者需要尽可能提高社区农户对传统文化的重要性认识及保护意识，积极引导乡村旅游地农户主动保护与传承其拥有的文化资源，如鼓励农户修缮古民居建筑，强化自身对传统文化的认知并将其有效应用于乡村旅游经营之中。另一方面，研究表明强有力机构与制度干预能够有效规范社区农户的文化利用行为，政府部门需要提前制定有效的文化保护与利用政策，在乡村旅游发展规划中明确传统文化资源保护的重要性，合理规范乡村旅游地开发商与社区农户对传统文化资源的开发与利用，从制度上保障乡村传统文化资源的合理开发与利用。

Part 4

第四章　关系对乡村旅游居民社会资本的影响

第一节　概念界定与研究述评

一、社会资本与关系的概念

（一）社会资本的概念和形式

20 世纪 50 年代，“社会资本”新兴起来，从那时起，“社会资本”一词便受到越来越多的关注却又颇受争议。我们知道，无论是群体层面的公共参与和社团参与，还是个体层面的社会交往和人际关系，他们所嵌入在网络中的社会资源，都会对经济社会结果产生影响。因此，所谓群体层面的社会资本，指的是能够为群体特别是网络全体成员带来收益的社会网络资源；所谓个体层面的社会资本，即关系社会资本，指的是为个体带来效益的社会关系资源。“群体社会资本”由梭罗和托克维尔第一次提出，并通过罗伯特·帕特南的一系列著作而流传开来。“个体社会资本”理论则从马克·格兰诺维特对于弱关系的讨论成长起来。社会资本在不同的社会中存在并发挥着作用，然而其概念却不尽相同（Larsen & Bærenholdt，2019）。社会资本是一种资源，嵌入在社会网络中，它涉及感恩、尊重和相互理解的情感，个人和团体使用社会资本的目的是为了实现相互期望的结果（Nunkoo，2017），如促进个人和团体之间的合作。社会资本现已被广泛应用于商业管理和行为学研究中（Hwang & Stewart，2017）。此外，社会资本也因在不同的社会政治制度中和文化差异下而有所不同，如南部非洲的 Ubuntu 和俄罗斯的 Blat。

虽然社会资本的理论和概念被广泛使用，但却没有被普遍接受的社会资本的概念。对于社会资本的观点可谓是百家争鸣，其中有社区主义观点（Hwang & Stewart，2017）、制度观点、协同观点和网络观点。基于网络观点，社会资本蕴含在社会关系或纽带中（Nunkoo，2017），是行为者凭借社会网络或其他社会结构的成员资格用来追求其利益的一种或一组资源（Baker，1990），它可以促进个人之间的合作。社会资本可以进一步划分为黏合社会资本（内部关系）和桥接社会资本（外部关系）（Zahra & McGehee，2013）。属于外部关系的较弱的联系对于获取新资源和信息更有用。无论社会资本的形式如何，其关键要素是信任、互惠、规范、网络和合作。作为一种社会现象，社会资本使群体和个人能够做出集体决策。

（二）关系的概念与类型

关系，这是一个在中国具有特殊意义的重要社会文化概念，它从属于社会资本，源于个人联系（Davidsson & Honig，2003）。关系是中国文化和制度中极为重要的组成部分。关系一词对中国人来说并不陌生，但是其内涵却又丰富得难以把握。它指的是个人或组织之间的社会网络、联系和纽带。它也是一种资源分配的手段和行动策略，居民通过它为自己的利益服务。相对而言，关系更具有普遍性（Yang et al.，2014），并且容易具有私人性、情感性、动态性和特殊性，而社会资本则强调网络中的个人地位和网络结构（Zhao & Timothy，2015）。根据其基础（Jacobs，1982）和所涉及的互动的性质和目的（Hwang，1987），关系可以被分为许多类型。例如，根据其基础，关系可以分为地方、亲属、同学和同事关系（Jacobs，1982）。Zhang and Zhang（2006）提出了三种类型的关系：功利性、互惠性和个人层面上的义务性。这些因素是关系强度和亲和力密度的关键决定因素（Jacobs，1982）。不同类型的关系会导致不同的结果。

然而无论分类标准和方法如何，大量的实证研究表明，家庭关系是所有关系中最稳定、最亲密的（Hwang，1987）。家庭成员比同事或朋友更值得信赖，更有凝聚力。尤其是在中国，因为家庭是中国社会的基本单位和基本模式，所以家庭关系最为重要。

二、相关研究述评

（一）社会资本对旅游发展的影响研究

从网络的角度来看，社会资本是人们和社区团体之间的联系（Davidsson & Honig，2003），社会资本与旅游发展之间的积极关系已经在更广泛的国际背景下得到了论证。例如，社会资本可以解决良好治理或可持续旅游的问题（Nunkoo，2017），提高社区参与旅游的发展水平（Hwang & Stewart，2017），并促进旅游项目的成功实施（Jones，2005）。Nunkoo（2017）讨论了社会资本、权力和信任在治理和可持续旅游中的作用，以及它们之间的关系。在旅游开发过程中，社会关系中的资源会产生积极的影响（Davidsson & Honig，2003）。Zhao et al.（2011）和 Zhou et al.（2017）通过实证研究证明，网络中的社会资本促进了中国本土旅游企业的发展。Knollenberg et al.（2021）考察了社会资本在工艺饮料旅游发展中的作用，确认了社会资本对于建立和加强工艺饮料产业的可持续发展至关重要。Kuo et al.（2021）厘清了社会资本与居民节庆旅游支持意愿的关系，揭示了社会资本提高了居民的地方认同感，从而提升了居民的旅游支持行为。研究同时指出，社会资本的作用并不总是积极的（Taylor，2017）。Taylor（2017）论证了粘合社会资本会导致政治上有权势的亲属群体与边缘群体之间的冲突。

然而，现有的研究主要集中在旅游发展成熟阶段的社会资本的作用（Hwang & Stewart，2017），很少有研究旅游发展前期阶段的社会资本（Soulard et al.，2018）。虽然 Soulard et al.（2018）将社会资本理论应用于目的地旅游的战略规划，但还需要更多的研究来探讨社会资本在旅游发展中的作用（Zhao et al.，2011），尤其是在早期阶段（Soulard et al.，2018）。在早期阶段，居民通常有良好的预期，认为旅游业可以提供更好的生活

（Hernandez et al.，1996）。同时，面对旅游业可能给他们的生产系统和生活方式带来的变化，他们对未来有巨大的不确定性。因此，通过获得尽可能多的补偿来减少未来的不确定性，是居民的现实需求（Ma et al.，2020）。本书以社会资本的网络观和社区观为框架，探讨乡村旅游拆迁过程中居民如何利用关系通过集体行动来维护自身利益。

（二）关系对旅游发展的影响研究

由于儒家思想根深蒂固的影响，关系是中国社会交易中一个无形但占主导地位的驱动力。个人和组织由于在决策中感知到不确定性而使用关系，因为关系通常会带来好的结果。有大量的研究探索关系在旅游语境中的重要性。Li et al.（2007）以一个旅游村为例，说明了关系如何影响社区参与旅游发展。他们发现，关系可以造就"关系精英"，其中包括核心利益相关者，如地方政府、私营开发商和村委会，但不包括大多数社区成员。Gu et al.（2013）认为关系鼓励旅游经营者承担一定的社会责任。Yang et al.（2014）探讨了外来企业家如何与目的地利益相关者保持和谐的关系。Chen（2017）以解释现象学的视角解读了关系在中国乡村旅游基础设施建设中的作用。

尽管对关系与旅游发展之间的研究越来越多，但仍存在明显的差距（Zhao & Timothy，2015）。首先，旅游发展中关系与不同社会影响之间的关联尚未得到充分揭示（Chen，2017），特别是从社会文化的角度来看。在商业化程度较低的地区，关系在影响治理方面起主导作用。关系已被农村人集体理解，指导其社会行动以及组织社会（Chen，2017），然而，关系对居民福利的影响机制以及关系网络中不同利益相关者之间的动态相互关系尚未得到充分探讨。其次，以往对关系效用的研究主要集中在个体与组织之间的关系上，而家庭关系在农村地区的影响尤为显著，这在很大程度上被忽视了。第三，现有的旅游研究对旅游发展的初级阶段关注较少，而这一阶段影响着后续旅游发展的成功（Wang & Yotsumoto，2019）。此外，对前期开发阶段房屋拆迁活动的研究也有限。乡村旅游开发中的房屋拆迁是引发乡村社会冲突的首要事件和关键事件（Wang & Yotsumoto，2019）。因此，探索这一阶段关系的效用和作用机制有助于理论研究。本书植根于中国独特的社会文化环境，试图从家庭的角度审视关系，找出其在乡村旅游拆迁中的本质和效用，以填补目前的研究空白。

三、房屋拆迁、土地征用与旅游发展的关系研究

房屋拆迁是指为了国家建设和地方重建的需要，对现有房屋进行拆迁，并根据情况对房屋所有人进行补偿安置的活动（于晓明等，2017）。由于地方规划的需要，对地方国有土地的使用权进行再分配，从而达到土地资源的合理配置，使土地利用效率最大化。这往往就需要拆除大量旧房，在原有土地上进行新的开发建设。房屋拆迁可以是土地征用的一部分。土地征用是建立在"公共利益"理念基础上的一种土地管理制度，在许多国家和地区得到了广泛的应用。土地征用通常伴随着补偿，补偿是为了弥补村民的土地损失，维持村民的生计，包括货币补偿、就业替代、股权和红利分配、社会保障和土地储备等方式。

房屋拆迁与土地征用在不同的研究领域得到了广泛的研究。例如，在美国，房屋拆迁被视为解决贫困空间集中和公共住房问题的一种方法。Bao et al.（2020）探讨了土地征收对失地农民创业决策行为的影响。Cao and Zhang（2018）比较了被征地农民和持地农民对土地补偿标准和征地程序的公开性和公平性的看法。在埃塞俄比亚，由于忽视法律程序，出现了不公平、不适当的土地征用补偿，给城郊农民带来了粮食不安全、社会和家庭解体等严重问题。相比之下，关于旅游开发中的土地征用和房屋拆迁的研究较少。Ma et al.（2020a）分析了土地征用过程中居民态度的变化。Wang and Yotsumoto（2019）论述了旅游开发中因房屋拆迁和土地征用而产生的各种冲突。

中国的房屋拆迁和土地征用程序与其他国家有相似之处。例如，主要目的都是城市的更新、重建和农村的发展。然而，由于中国独特的土地制度和文化，房屋拆迁存在着显著的差异。首先，中国的土地制度被称为城乡二元土地制度。指城市土地属于国家所有，农村土地属于农村集体所有。根据《中国土地管理法》（CLAL），农村集体土地不能直接在市场上交易。在这种限制下，开发商往往以旅游的名义获取农村居民房屋拆迁的土地使用配

额，建设旅游区，进行旅游地产开发。因此，与城市相比，农村房屋拆迁是一个更加复杂的过程。二是地方政府和开发商在房屋拆迁征地中起主导作用（Ding，2007）。为弥补土地损失，政府将对失去土地的农村居民提供补偿。然而，农村房屋拆迁的补偿缺乏统一的规定，加剧了农村土地征用和房屋拆迁的复杂性。农村地区的法律复杂性增加了房屋拆迁的灵活性。现实表明，我国征地补偿价值明显低于市场价值，并引起了一系列的社会矛盾和冲突（Lin et al.，2018）。在这样的背景下，居民在为旅游开发而拆迁房屋时，对自身利益深感担忧。在谈判过程中利用关系来实现家族利益的最大化成为他们的必然选择。

第二节　研究设计

一、案例地选取

河北省承德市滦平县涝洼乡五道梁村是一个典型的中国村庄，五道梁位于涝洼乡西南三道沟村境内，因山梁上有五条不同方向的道路（三道沟、六道沟、八道沟、涝洼、大角峪）通向村中而得名，村子坐落在接近于山体顶部几座山梁围合的一个坐北朝南的山间谷地里，村落所在地地表无水，居民日常用水来源于地下。五道梁通往外界的路主要有两条，一条向南通往涝洼与滦涝公路相连，一条向北通往三道沟与涝北线相连。村庄景色优美，有五道梁长城等著名景点，从长城顶端敌楼往西瞭望，可以见到司马台长城最东段，往南瞭望可以见到著名的雾灵山风景区。截至 2016 年年底，该村共有 76 户家庭，以白氏家族为主，还有少数其他家族姓氏，共同构成了中国传统农村家庭居住的社会空间。2016 年 4 月 11 日，滦平县政府宣布，来自北京的开发商将在村庄进行旅游开发。这是一个旅游山居项目，旨在打造山谷中的心灵净化小镇，包括户外剧场、艺术中心、酒店、艺术馆、山谷市场、音乐厅、图书馆以及配套设施，以满足社区的需求。政府主导了房屋拆迁工作，居民平静的传统农业生活被外部开发商的介入所打乱。外资主导农村发展，开发商与政府紧密结盟，是我国许多农村面临的普遍情况（Ma et al.，2020b）。

根据当地政府发布的房屋拆迁文件，县政府和开发商决定将该村所有居民安置到其他村庄，为旅游项目腾出空间。房屋拆迁补偿分为两部分，一部分是按照国家政策确定的，包括房屋拆迁补偿费用（按平方米计算）、装修金额和附加价值。另一部分是灵活的，名为奖励性报酬（中华人民共和国中华人民政府办公厅，2011）。奖励性报酬由当地市、县级政府决定，报酬的价值可以相差很大。主管部门对奖励性报酬具有很强的主观性和权威性。与其他补偿类别不同，该基金属于居民住房补偿附加利益。面对不断变化的生产生活环境，居民们不仅对自己的未来充满了不确定性，而且希望通过旅游开发来改善自己未来的生活状况。然而，在与具有明显比较优势的“谈判伙伴”（地方政府和开发商）打交道时，利用关系保护利益成为家庭单元在房屋拆迁过程中的关键行动。

图 4–1　五道梁村实景图

二、研究方法与数据收集

本研究以解释主义范式为指导，以期对关系在乡村旅游发展中的作用有更丰富的认识。解释学的方法最早在 16 世纪是作为圣经的解读方法，也就是使人们更好理解圣经的方法，当时的杰出学者代表是 J.C. 汤恩豪，被用来解释在语言和自然现象中神的符号和指示，以便给出正确解释神学文本和古典人文主义文本的方法规则。到了 18 世纪，解释学是一种语文学方法论，代表人物是 C.Fr. 迈耶尔，试图从语言学和文献学角度对古典文本进行分析，因此解释学也就是在这时从古代语法学和修辞学中发展了一些解释规则。再到 19 世纪，解释学用来理解和解释科学或艺术，施莱尔马赫当时的研究领域是理解所有的流传下来的文本和精神作品，文本被认为是作者的思想、生活和历史的表现，而理解和解释只不过是重新体验和再次认识文本所自产生的意识、生活和历史，因而发展成为有助于我们避免误解文本、他人讲话或历史时间的方法。直至 19 世纪中叶，狄尔泰主张从内在去理解世界的精神生命，解释学才成为人文科学的普遍方法论，自此之前，人们认为只有自然科学才是科学，人文科学不属于科学的范畴，在这之后才有了这样一种思想：自然科学和人文科学都是科学，只不过自然科学是从外说明世界是可实证的和可认识的，而人文科学则是从内理解世界的精神革命，这种思想通过狄尔泰的一系列重要著作而广为人知。到了 20 世纪 20 年代末，海德格尔认为不仅关于文本和精神产品，就连人类自身的发展都依据于某种理解，这时解释学作为一种理解此在和存在的现象学，它既不是对文本进行单纯理解和解释的学科，也不是指人文科学的普遍方法论，而是只对人存在本身的现象的阐述，通常来讲，我们称之为“存在性解释学”。如今，以迦达默尔为代表的学者试图重新恢复古老的实践智慧或实践理性概念并以人文科学规定其真正模式。解释学作为一种实践哲学，它是综合理论与实践双重任务的哲学，不仅提供关于科学应用程序的解释，而且还对预先规定一切科学之运用的问题作出说明。解释主义更加强调对人文科学研究方法的探索，这种方法对于旅游发展的研究值得借鉴和运用。

本研究利用非参与性观察和深度访谈来收集原始数据。非参与性观察是指研究者深入研究对象的背景环境，参与日常社会活动而进行的隐性观察，是旅游研究中一个有用的工具（Andriotis，2010；Chan et al.，2016）。被调查的村庄是一位作家的家乡，他的家人已经搬到另一个城市工作。因此，研究团队只是房屋拆迁事件的旁观者，而不是参与其中的利益相关者。然而，家乡剩余的社会关系为研究小组的实地调查提供了便利。具体地说，采用非参与性观察来识别拆迁事件中居民的关系结构。主要观测场地为村落广场，是传统的信息交流中心。居民们经常聚集在广场上交流和讨论重要问题。在房屋拆迁补偿分配过程中，各利益相关方的主要行动和对策均被认真观察。通过深入访谈，了解居民之间的深层社会联系及其对拆迁补偿的看法。此外，通过收集官方文件、政府房屋拆迁补偿统计等二手数据，对所收集的信息进行核实，全面重构了房屋拆迁过程中的事件序列。研究小组在2017年5月至2018年3月期间，共7次访问该村收集数据，平均停留时间为6天。数据收集分为三个阶段。第一阶段是在房屋拆迁前和拆迁过程中，通过非参与性观察和深度访谈收集第一手资料。在第一阶段，居民们在准备和积极响应房屋拆迁的过程中，尽量保护自己的利益。访谈问题主要包括："您如何看待旅游发展中的房屋拆迁问题？你参与了拆迁过程吗？您对政府的房屋拆迁福利分配政策满意吗？你的家庭得到了多少补偿？你是否满意？您在参与房屋拆迁利益分配时采取了哪些行动？"在第二阶段，房屋拆迁工作已经完成，并确定了对居民的补偿金额。因此，小组成员从政府官员那里收集了向村里各住户提供的补偿的数据，包括户主的姓名、房屋面积、评估价值、装修价值、宅基地价值、政府补偿奖励和实际得到的补偿；从该村76户家庭中的50户获得了一套完整的房屋拆迁数据。此外，还收集了政府官员对居民在房屋拆迁中的行为和意见的采访。访谈问题包括"各级政府在房屋拆迁过程中采取了哪些措施？居民如何应对政府以保障他们的利益？政府如何看待这些居民的集体行为？政府如何回应居民的行动？"在第三阶段，根据获得的拆迁补偿金额和第一阶段的初步结果，对拆迁过程中使用关系的居民进行进一步的划分和识别。然后，对实际补偿远远超出正常评估水平的关键家庭成员进行补充访谈，如房屋拆迁补偿金额。访谈问题主要集中在："回顾房屋拆迁利益分配的全过程，你采取了哪些行动来维护自己的利益？行动的过程是什么？在这个过程中，你是否通过关系建立/依赖任何一种团体？你在小组中扮演什么角色？你和其他组员的关系如何？如何借助关系来保障拆迁利益？”

访谈在征得受访者同意后进行录音。为了避免给受访者造成心理压力和负担，访谈集中在房屋拆迁事件上，引出了居民利用关系争取和维护自身利益的详细信息。本研究以家庭为研究单位，主要考虑以下几个原因：首先，在集体主义文化的强烈影响下，中国人的关系很少仅仅以个人为基础，而是以家庭和群体为基础。在农村，家庭决策通常是家庭成员共同商议的结果。户主是与他人沟通家庭决策的代表。非参与性观察发现，通过关系连接的居民所形成的不同利益群体都受到家庭的支持，说明家庭是这一机制的基本和主要单位。第二，房屋拆迁补偿以家庭（户）为单位进行补偿分配。因此，本文以家庭为研究单位，选取每户户主作为访谈对象。

由于本案例的家庭数量较少，易于管理（76 户），因此本研究进行了全样本调查，以确保收集的信息的覆盖范围和准确性。对居住在该村的家庭成员进行当面采访，对居住在该县或已搬到其他地方的家庭成员进行电话采访。共对 78 人（76 户居民和 2 名政府官员）进行了采访，并生成了 326 条采访信息。具体来说，第一阶段（房屋拆迁前和拆迁过程中）包括 76 名居民的 180 条信息。第二阶段（房屋拆迁完成）包括来自 2 名政府官员的 31 条信息。第三阶段（明确居民关系群体后的补充访谈）包括 22 名在此过程中使用关系的居民受访者的 115 条信息。

数据收集完毕后，作者使用开放编码和轴向编码对其进行审查和分析（Altinay et al.，2014）。编码包括两个主要步骤：①描述关系群体；②识别不同群体使用关系的关键行为和内在特征。为了进一步保证研究的可信度，我们采用了 Lincoln 和 Guba（1985）提出的原则。五位作者通过讨论和重复编码进行交叉验证，然后邀请三位乡村旅游专家对编码结果进行校对，三位专家是作者的同行。调查结果中的每一段引文都附有参与者的数字、性别、年龄和采访的年份和月份。

第三节　关系因素对乡村旅游居民社会资本的影响

一、居民关系结构

旅游业作为农村经济发展的驱动力，在其经济效应实现之前就已经改变了传统的社会结构。关键外部主体（旅游开发商）带来的旅游业的注入，直接引发了当地传统社会结构的转型。非参与性观察结果表明，乡村旅游开发中的房屋拆迁涉及三个关键主体：地方政府、旅游开发商和居民。在实施方面，开发商没有直接与居民打交道，地方政府帮助实施了房屋拆迁。县级政府、乡镇政府、村级政府三级政府都参与了房屋拆迁，履行着不同的职能。县政府负责战略规划、招商引资、规章制定和领导协调工作。乡镇政府负责实施政策规划，组织搬迁、选址搬迁等相关工作。村政府负责与居民进行协调和谈判。根据居民所扮演的角色，将他们分为主要人物和普通居民。因此，村房拆迁的主体是代表旅游开发商利益的地方政府官员、村领导人物和普通居民。根据访谈内容，对每个家庭的房屋总拆迁数据进行分析。结果表明，50 个家庭中有 22 个（44%）家庭得到的拆迁奖励补偿明显超出了正常的估价范围（以下简称“附加利益”，见表 4–1）。

表 4–1　居民家庭关系比例

类别	家庭数目（个）	比例（%）
总计	76	
接受采访家庭	50	100
非关系家庭	28	56
关系家庭	22	44

进一步的调查表明，不同类型的关系对居民旅游参与有影响（Hwang &

Stewart，2017）。通过对50户家庭关系结构的识别，发现获得拆迁补偿标准范围的28户家庭关系相对简单，没有利用家庭关系获取额外利益。然而，在获得额外利益的22个家庭中，根据他们自己的社会关系和运作路径，形成了两个利益集团，这在非参与者的观察中得到了证实。一个是以敛财者为中心的团体，这是一个围绕“敛财者”建立的利益共同体，由亲属关系和友谊联系在一起。另一种利益共同体，即以知识分子为中心的亲情、友谊和联盟形成的知识分子群体。这一群体的居民从知识分子那里获得了比大多数普通农村居民更丰富的知识资源。在实地考察中，当地政府官员也暗示了房屋拆迁两大利益集团的形成：

——他们（居民）不满意赔偿金额，那些有（社会）关系的人开始行动。一些居民替我们开展了拆迁劝说工作，我们为他们和他们的家人朋友提供了额外的激励补偿金，而另一些人，每天都在折磨着，聚集在一起向上级申诉，公开反对我们的决定。（政府官员，男，56岁，201803）。

“敛财者”指的是那些利用法律、社会规则和人际关系来实现自身利益最大化的居民。他们倾向于利用社会规则谋取私利，在农村社会中具有一定的影响力。这个利益共同体主要是通过投机使成员的利益最大化。为了获得更大的利益，他们往往需要与政府官员保持密切联系。与敛财者不同，知识分子的行为遵循社会伦理和规则。在以知识分子为中心的群体中，居民与领袖之间的关系不仅是像以金钱为中心的群体中的亲属关系，还是基于共同利益的非亲属关系。该利益共同体在法律允许的范围内，通过合理的渠道表达成员的诉求，维护成员的共同利益。基于50个家庭之间的社会网络关系角色，建立起一个抽象的理论模型（图4–2）。在模型里，定义为“领导人物”的人位于社区团体的中心，不仅有权力控制其他居民之间的信息流，还能影响群体中的家庭并指导行动。居民通过亲属关系、友谊或联盟关系与领导人物联系在一起。虽然在拆房之前，每个小组内的小组成员之间并没有必然的联系，但由于在这次活动中有着相同的价值取向和利益诉求，他们彼此之间形成了紧密的联盟，跟随各自的小组领导者。相比之下，社会关系结构很少或简单的28户家庭，则与两大利益群体分离，在标准范围内获得拆迁补偿。

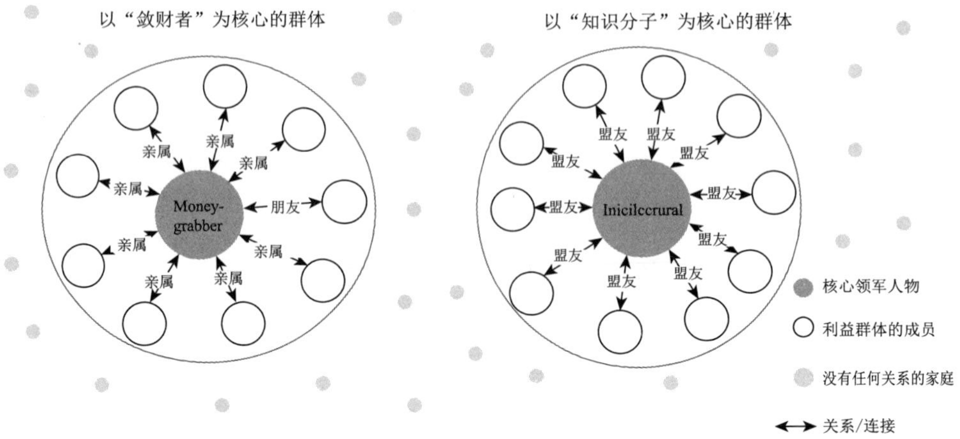

图 4-2　村内居民关系网络结构

（注释：Money-grabbers：在法律边缘、社会规则和关系中寻找利益最大化的居民。Intellectuals：指知识资源比大多数普通农村居民丰富的居民。在这次事件中，由于有相同的价值取向和兴趣诉求，每个小组的成员暂时形成了紧密的联盟，并跟随其领导。）

二、不同关系结构所产生的价值效用与功能结构

（一）以敛财者为中心的群体的利益实现

在中国自上而下的行政体制下，地方政府掌握着地方旅游开发的行政权，负责选择旅游开发商，制定房屋拆迁补偿政策。因此，地方政府在乡村旅游发展中发挥着主导作用（Wang & Wall，2007）。然而，在实践中，这些政府面临着与地方经济发展问题、财政收入短缺和自身绩效评估相关的挑战（Li et al.，2016；Zhou et al.，2017）。在这种压力下，外来资本已成为地方政府推动地方发展的重要驱动力。与中国大多数乡村旅游开发的运营流程一致，经过协商，村内开发商提出了拆迁居民住房的补偿金，该补偿金应由县政府支付。经济收益始终是开发者的根本目标（Ma et al.，2020a）。地方政府官员以项目快速实施为共同目标，在获得旅游开发商经济支持的同时，利用其行政权力，尽可能优化开发商的外部条件。

——当地政府官员和开发商基于各自的优势，在没有与我们协商的情况下，形成了强大的利益联盟，主导着旅游开发的进程。（受访者 9，女性，47

岁，201707）。

——县委书记亲自邀请开发商，并带30多人到公司考察，认可了开发商的实力。开发商也被我们县委书记果断的群众路线所打动。你看，县城已经为房屋拆迁支付了3000万元。（受访者5，女性，67岁，201705）。

——这是县委书记领导的一个项目。哪个部门敢不合作？各部门的负责人都有任务，正在调动各种力量对居民进行工作，让他们尽快配合开发商的进度。（受访者69，女性，46，201707）。

——思考这些问题是没有用的。政府与开发商是一伙的，他们在压榨我们。（受访者31，女性，67岁，201708）。

——政府安置房位置的决策过程是不透明的，我们完全没有参与！（受访者22，男，50岁，201803）。

为了避免政府与居民的直接冲突，农村居民中的敛财者被推到前面，被当地政府官员利用，代表政府和开发商，直接与居民谈判，推动房屋拆迁。农村社会法律法规的不完善和治理的落后，在很大程度上为这种敛财者提供了便利。他们往往利用政策漏洞和监管盲点，通过盗窃、贩卖古城墙砖等"轻微违法行为"来追求自己的利益。在农村社会中，与普通居民相比，获得额外利益不仅是识别敛财者的主要标准，也解释了为什么这些群体在农村社会网络结构中占据核心地位。在房屋拆迁过程中，有两户代表这种乡村敛财者的家庭承担了地方政府的临时代言人角色。为了维护自己家庭的利益，他们挨家挨户地劝说人们接受拆迁工作。

在为地方政府服务推动拆迁的同时，敛财者并没有完全脱离自己所属的社会群体，而是通过地方政府对他们的依赖，迅速建立起以自我为中心的社会网络。他们利用权利关系说服居民接受拆迁，为自己和社会群体争取更多的补偿。也就是说，在实际的拆迁过程中，这个群体的领导人物具有双重角色。一方面，作为政府（他们的雇主）意愿的传递者，他们必须保持价值中立的角色，并公平地游说其他居民尽快签订拆迁协议。另一方面，作为利益相关者，他们在服务政府的同时，不可避免地要依靠自己与地方政府的社会关系来实现自身社会群体利益的最大化。

在这些平行角色中，敛财者有效利用社会公平与个人利益关系的能力，是地方政府使用和评价他们的重要依据。换句话说，在实现地方政府意志的同时，敛财者可以在政府能够接受的范围内实现自身利益的最大化，并成为他们能否继续为地方政府服务以及依靠这种服务为自己的集团获得最大利益的评价标准。在实践中，在敛财者不同类型关系的综合作用下，群体内部分家庭获得的房屋拆迁额外利益超过了正常比例的100%。这大大提高了拆迁成本，也导致了没有获得额外利益的其他28户家庭对政府的不满。

——同样的房屋面积，同一年建的，但是A家拿到了90多万元，而我们家只拿到了60多万元。这不是欺负人吗？如果没人理睬，我就起诉他们。这是不公平的。（受访者62，女性，76岁，201706）。

随着敛财者自身利益的不断增长，他们开始违背地方政府的意愿，并逐渐超出政府的默许范围。为了加强对敛财者的控制，说服以敛财者为中心的其他成员签订协议，地方政府开始采用各种手段，如调查拆毁古文物、偷卖砖头等过去的轻微违法行为，以减少敛财者在政府控制范围外的不合作行为。在以敛财者为中心的群体领导人物签订协议后，为了让他们继续从事思想工作，政府对集团的其他成员给予优惠补偿。随后，他们小组的成员一个接一个地签订了房屋拆迁协议。

——其实我知道，在拆迁这件事上，他们迟早会签字的，无论是为他们服务，还是与他们斗争，都是为了争取更多的补偿！正如你所看到的，这就是农村的情况。谁有权利，谁就能得到更多的补偿。那些没有能力的人将不能得到额外的补偿。（受访者55，女性，48岁，201802）。

——相比之下，我没有得到很多额外的补偿，但如果我没有在这个过程中争取，也许我们的家庭得到的补偿会比一般人少。（受访者18，男，51岁，201803）。

在地方政府控制有限的条件下，政府与以敛财者为中心的群体实质上形成了一种利益交换关系。领导人物与其成员之间的关系是亲情和友情，而领导人物与地方政府之间则是一种相互依存、相互制约的关系。一方面，领导人物成为地方政府官员拆迁意愿的执行者。另一方面，他们利用与政府的良好关系，要求尽可能多的赔偿。领导人物获取利益的资本是他们与政府工作人员的良好关系，这既是他们追求自身利益的前提，也是他们利益无限扩张的障碍。政府在利用领导人物参与拆迁工作的同时，也通过政策限制来控制其需求的无限扩张。这些居民获取利益的直接关键资本是他们与政府的关系，间接桥梁是地方政府决定拆迁补偿和奖励数额的权力。

（二）以知识分子为中心的群体的利益实现

以知识分子为中心的群体获得利益的途径更为复杂。一个以知识分子为核心的社会群体，其主体由熟悉法律法规的近亲、朋友和同族居民组成。以知识分子为核心的群体成员与领导之间的关系是由于他们共同的事业——为了旅游开发房屋拆迁而形成的。其中，知识分子领袖的知识水平高于其他居民，对农村社会具有一定的说服能力。该团体与地方政府保持着正常的从属关系，不制造活动干预旅游开发过程，也不参与推动房屋拆迁。其成员在法律允许的范围内充分表达自己的行动和利益诉求。

衡量地方政府绩效的一个重要指标是项目实施的速度（Li et al.，2016）。随着房屋拆迁的推进，政府忽视法规、加快行动的弊端不断显现。以知识分子为中心的群体开始抵制签订协议，并以拆迁补偿标准过低、项目规划审批程序不合法、安置政策缺乏居民参与等为由要求解决上述问题。

——这显然是违法的。他们没有和我们（居民）讨论拆迁的计划范围，我们也不知道补偿标准。他们自己创造了所有的游戏规则，相当于指示我们去执行。但补偿标准显然很低，如果他们强行拆除，这是违法的吗？（受访者39，男，56岁，2017010）。

——不管其他家签不签，反正我们家是不会签的。这是一个商业地产项目，不是国家公共设施建设项目。他们（政府）必须根据商业规则与我磋商。如果他们强行拆迁，我就起诉并申诉他们。（受访者56，女性，46岁，201708）。

在地方政府缺乏明确解决方案的情况下，以知识分子为中心的群体变得更加紧密，开始通过组建行动联盟、签订同步行动协议、三次到县里上访、一次到市里和省里上访等方式，向上级政府寻求保护自身利益。然而，根据信访意见处理程序，居民向各级政府的申诉被逐步退回给负责全村房屋拆迁的滦平县政府。当政府未能及时满足以知识分子为中心的群体的要求时，就进入了对抗状态。为了及时推动房屋拆迁，满足自身利益和旅游开发商的要求，地方政府开始运用各种手段干预知识分子群体的行动。比如，通过与知识分子团体中的公务员谈话，迫使小组成员接受补偿方案，不然的话就会被调到偏远山区工作，甚至被开除公职。

——你最好还是签了它。很明显，如果你不签字，县政府就会把你和你儿媳的工作调到最偏僻的山沟里。就此而言，你的家庭将分在几个地方。这不值得。他们什么时候能回来？什么时候能赶到你身边？县里就算允许这么做，也没人敢把你带回来。再想想吧！（受访者 12，男，50 岁，201802）。

但在最终的补偿方案中，地方政府也充分考虑了以知识分子为中心的群体成员的补偿价值。通过开发商与以知识分子为中心的群体成员的频繁接触，加上其固有的松散联盟的特点，以知识分子为中心的群体开始分化瓦解，成员数量从 10 人逐渐减少到 3 人。

与以敛财者为中心的组织成员有轻微违法行为的情况不同，以知识分子为中心的组织成员没有这种行为。特别是领导人物从未违法，而是坚定地使用法律手段，诉诸法律来保护群体利益。当然，在中国农村社会治理的背景下，必须强调的是，以知识分子为中心群体的领导人物作为当地社会的一员，具有很强的社会关系。他的小舅子是县委书记的朋友，他的大舅子是村委书记。这两层社会关系保证了他不会受到压制集团其他成员的各种行政和非行政力量的影响。在旅游开发商可能撤资的威胁下，地方政府为了追求项目的快速完成，并考虑到反对派联盟背后的社会关系，过度补偿了剩余的三名成员。最后，全体居民签订了房屋拆迁协议。

研究发现，以知识分子为核心，以血缘、友谊、同盟为纽带的知识分子群体公开地去对抗地方政府，对这个居民群体来说，上访是维护和争取自身利益的唯一手段。它无畏地挑战政府，预示着其领袖背后强大的社会关系，在法律的旗帜以及强大的社会关系资本力量的支持下，这一群体的居民可以通过层层关系来保护和获取自己的利益。领导人物与同盟者之间形成了隐性支持和显性依赖的关系，而普通居民则高度依赖亲情和友情，并依赖于领导人物在与政府官员谈判中获得的群体利益最大化。

三、乡村旅游开发房屋拆迁中的关系作用机制

研究发现，乡村旅游开发中的房屋拆迁涉及三个核心利益群体：地方政府、旅游开发商和居民。如果地方政府的公共权力过大，在房屋拆迁过程中与旅游开发商形成强大的联盟，居民很可能会以家庭为单位形成群体。根据每个家庭的社会关系，产生分化，形成不同的群体联盟，为其利益而战。也就是说，农村居民以家庭为单位，利用家庭的社会关系来维护自己的利益，成为房屋拆迁语境下独特的农村社会结构和表现形式。

在这种情况下，社会关系相对较弱的居民群体被孤立，被迫接受当地政府有利于旅游开发商的政策和决定（Taylor，2017）。然而，以领导人物为核心的两大利益集团，即以敛财者为中心的利益集团和以知识分子为中心的利益集团形成了。敛财组织是一个以敛财者为核心的“亲政府联盟”。在地方政府的有限控制下，两者形成了相互依存、互惠互利的关系。这个团体的领导人为地方政府的需求服务，并利用与政府的关系资本来换取其成员的利益。地方政府也以行政权力的形式给予这一群体可控的附加补偿。知识分子组织是一个以知识分子为核心的“法人联盟”。这个群体的一个突出特点是，在了解当地法律和法规的基础上，为集团的利益而斗争。在核心人物的领导下，它有效地挑战了地方政府政策的漏洞。然而，支持这一群体行动的是领导者背后强大的社会网络的外部力量。尽管当地政府官员使用各种手段压制该群体，降低补偿成本，为开发商的利益服务，但在以知识分子为中心的群体，特别是其核心成员的复杂社会关系网络和力量下，政府给予了额外的补偿（图 4–3）。

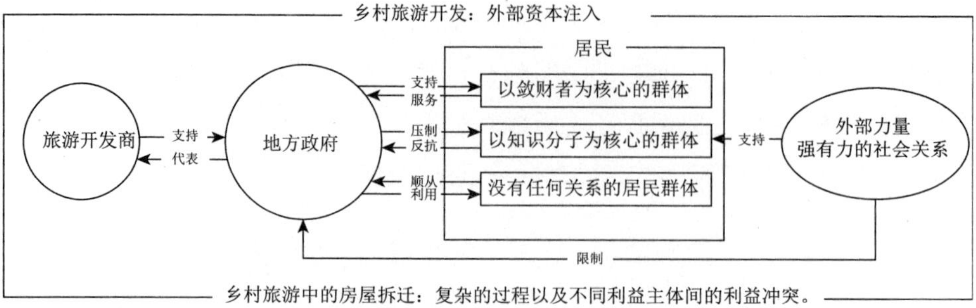

图 4–3　乡村旅游开发房屋拆除中涉及的利益相关者之间的关系

决定进行旅游开发项目本身就是一个政治过程（Wang&Yotsumoto，2019）。基于对经济发展和绩效的考虑，地方政府和旅游开发商为了尽早启动此类项目的共同目标，往往更容易形成联盟。他们主导着房屋拆迁的进程，可是他们的利益与居民的利益相抵触。利益是驱动各利益相关者使用关系（社会资本）或权力的内部动机（Nunkoo，2017），而这种资本的类型和数量决定了权力的水平。在社区空间中，权力关系主导着利益的生产和分配。换句话说，所获得的利益最终取决于行动者之间的权力关系（Tosun，2000）。界定或划分行动者的核心属性是权力。在中国农村社会，被迫参与乡村旅游发展的弱势群体，无论是依靠“亲政府联盟”，还是依靠“法人联盟”，本质上都是希望通过组织起来，调用社会资本，建立一种更具竞争力的权力关系，维护和争取自己的利益。换句话说，作为一种社会资本，关系实际上是一种权力的来源。在这场多人竞争中，“关系—权力—利益”构成了乡村旅游房屋拆迁过程中参与者利益策略的内在行动逻辑（图 4–4）。

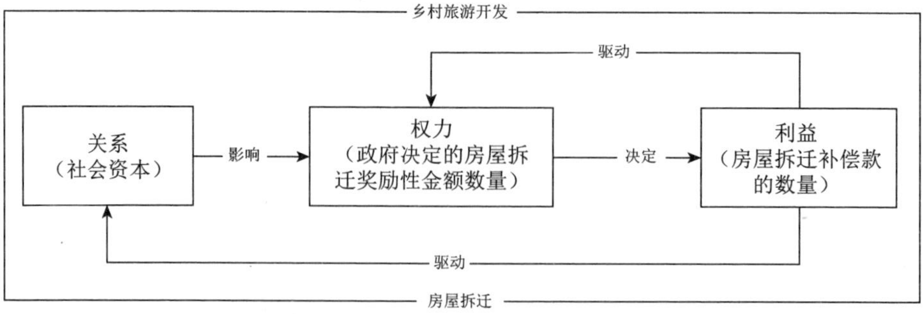

图 4–4　关系对居民利益的影响机制

第四节 结论与启示

一、研究结论

本研究以中国一个典型村庄为例，识别了居民在房屋拆迁过程中形成的关系结构，并解构了不同利益相关者寻求补偿利益的机制。

居民们虽然对旅游充满了善意（Hernandez et al.，1996），但也在弱势地位下为自己的利益而奋斗（Tosun，2000）。在很大的不确定性条件下，关系作为社会资本的一种形式，在房屋拆迁过程中发挥了重要作用。这成为居民保护自身利益、获取资源的一种行动策略。因为家庭成员是最可靠和值得信赖的盟友（Hwang，1987），家庭成为居民利用关系采取集体行动支持自己利益的基本单位。这与 Wilkinson（1986）的观点一致，即从居民的角度来看，集体行动是对外部威胁的重要回应。这也与 Hwang 和 Stewart（2017）的研究一致，即集体社区行动在旅游发展中是有效的。在本研究中，居民为了争取自己的利益，形成了两个不同的利益群体。与之前的研究不同（Hwang & Stewart，2017；Li et al.，2007），家庭是两个利益集团形成的基本单位。以往的研究以个体为研究单位，关注基于不同关系的群体，如旅游发展过程中的家庭和商业关系（Li et al.，2007）、基于不同关系强度的居民集体行动（Hwang & Stewart，2017）。然而，与中国大多数传统自然村落一样，基于长期血缘关系的地理因素使得村落的家庭成为行为决策的基本单位（Hwang，1987）。研究表明，不同的关系，如友谊、家庭关系、联盟关系等，会形成不同的利益集团来维护自己的权益。

在乡村旅游开发的房屋拆迁过程中，社会资本（关系）是居民通过集体行动维护甚至获得利益的内在逻辑（关系—权力—利益）。在房屋拆迁补偿讨价还价过程中，各利益相关者的核心需求存在显著差异。地方政府追求地方经济发展、地方财政收入和自身成就；旅游开发商追求最大的经济回报（Ma et al.，2020a）；居民期望拆迁补偿能改善他们的生活（Hernandez et al.，1996）。在不同利益和目标的驱动下，各利益相关者在现有资金的基础上，采取相应措施维护自身利益。然而，具有主导地位的地方政府和资金雄厚的旅游开发商结成联盟，主导乡村旅游的发展（Ma et al.，2020b），促使居民根据关系采取集体行动。

“关系”是植根于中国传统文化语境中的本土概念，但其社会网络和社会联系的内在涵义在许多社会中都以一般意义上的社会资本为代表。具体来说，社会资本被认为是一把双刃剑，既能产生积极的影响，也能产生消极的影响。一方面，如本研究所证实的，在乡村旅游开发的房屋拆迁过程中，社会资本在居民争取和维护自身利益的过程中发挥着重要作用。这与其他关于社会资本与旅游发展关系的研究的结论是一致的（Davidsson & Honig，2003；Knollenberg et al.，2021；Kuo et al.，2021；Zhao et al.，2011；Zhou et al.，2017）。例如，社会资本可以促进善治，促进建立一个新的旅游项目（Jones，2005），并影响社区参与旅游发展（Hwang & Stewart，2017）。另一方面，社会资本也会给旅游发展带来负面影响。在本研究中，有社会资本的居民从房屋拆迁补偿中获得额外利益，而没有社会资本的居民被忽视，导致利益分配不公平，引发居民之间的冲突。这与社会资本会导致不同群体之间的冲突（Taylor，2017），并给治理和可持续旅游发展带来挑战（Bowles & Gintis，2002）的观点是一致的。此外，社会资本发挥作用的具体路径机制也因文化背景和政治制度的不同而不同。社会资本的最终机制是关系—权力—利益的逻辑关系链。权力是社会资本维护利益的关键环节，权力决定着利益的分配。这证实了 Wang 和 Yotsumoto（2019）的研究结论，即旅游发展本身是一个权力主导的过程，参与者需要权力来参与旅游发展的利益分配（Nunkoo，2017）。

二、理论影响

本研究从理论角度丰富了关系在旅游领域的研究。国内外学术界对关系在商业领域的作用和功能有相当多的研究，但很少对其与旅游的关系进行研究（Zhao & Timothy，2015）。以外部资本为代表的现代市场因素的干预，作为行政力量主导的一种社会行动形式，消解和重组了农村固有的社会关系结构。本研究从社会文化的角度分析了关系这一社会文化现象在中国乡村旅游发展中的作用，为进一步研究关系在旅游领域中的作用提供了新的方向。其次，本研究提供了"关系—权力—利益"的内部作用机制，以帮助理解中国农村居民特定群体在旅游开发房屋拆迁过程中的行为特征。关系是社会资本的一种典型形式。本文以关系为重点分析房屋拆迁过程，并应用社会资本理论反映居民房屋拆迁补偿中每个行动者的内在行动逻辑和互动过程，提供一个认识"关系"本质的全新视角。本研究为表征中国农村特定群体的行为特征提供了一个有效的分析框架。

然而本研究还有几个局限性。首先，虽然它描述了乡村旅游开发房屋拆迁谈判中不同类型关系对居民利益的影响，但它没有量化不同关系类型的强度，也没有揭示不同强度下关系的作用。此外，在不同的社会文化背景下，乡村旅游的开发模式多种多样，如政府主导、社区主导、精英主导等，每种模式都具有不同的关系结构。本研究未探讨关系在不同类型乡村旅游地的表现形式和作用过程。这些不足为今后的研究指明了重要的方向。第二，虽然关系是中国社会资本的一种独特形式，但社会资本现象总体上并不只存在于中国，其他地区也存在。后续研究可以比较分析不同文化、不同区域的社会资本在乡村旅游开发中的作用机制，以创造更广泛的知识基础。

三、实践启示

本研究也具有重要的实践意义。首先，旅游开发商应更加重视居民的参与和利益诉求，推动平衡各利益相关者利益的发展。旅游业被视为发展中国家促进经济增长和减轻贫困的重要工具（Wang & Yotsumoto，2019）。在中国贫困的农村地区，当地居民仍然希望过上更好的生活，因此关注现实的经济利益。中国和其他发展中国家的研究表明，经济利益是旅游冲突的主要原因（Yang et al.，2013）。由于居民是目的地的关键利益相关者，他们的态度对旅游开发的成败及其可持续性起着重要作用（Ma et al.，2020a）。然而，居民与地方政府之间的不平等关系，使得地方政府、旅游开发商和少数社区精英都在与当地社区的公共利益相违背。利用社会网络来指导自己的行为，保护自己的利益，已成为我国农村居民保护自己、实现利益诉求的重要途径。

其次，作为乡村旅游开发过程中权力最大的地方政府，应构建满足乡村旅游开发多元利益群体需求的社会关系网络结构，避免冲突。权力关系主导着社区空间的生产和利益分配（Tosun，2000；王明志，2019）。在整个乡村旅游开发中，出现了资本行动者之间的不平衡，其根本原因是权力结构的不平衡。地方政府的主导地位是基于行政系统赋予的权力。有了坚实的经济基础，开发商在一定程度上成功地让地方政府执行了自己的意愿。相比之下，居民在整个决策过程中的权力是有限的，只能被动地接受和跟随。虽然当地居民是一个重要的利益相关者，但他们的角色并不总是得到认可。研究结论表明，居民可以形成利益共同体，通过关系手段与权力主体抗衡，维护自身利益。这证实了在乡村旅游的可持续发展中采取利益相关者方法的必要性。未来乡村旅游开发应进一步加强不同利益相关者的参与，避免因权力不平衡而引发的潜在冲突（Hardy & Pearson，2018）。

此外，本研究中的居民在房屋拆迁的不同阶段表现出不同的态度，从最初对旅游会带来光明，改变生活的期望，到拆迁过程中对自身利益保障的不确定性和恐慌。因此，有社会关系的居民通过各种关系实现自身利益的最大化，而没有社会关系的居民则抱怨利益分配不公，只能顺从。这种关系导向的利益分配将加剧欠发达地区的权力不平等，扩大已经存在的社会差距。此外，居民最初通过就业或创业参与当地旅游的希望进一步破灭，最终决定将所有居民迁移到其他村庄，后续参与旅游的计划有限。这一过程批判性地反映了居民在房屋拆迁中的弱势地位。为了避免矛盾和冲突，政府和开发商应该在决策过程中考虑到居民，提高居民在旅游业发展中的效益。此外，政府应该制定合理明确的赔偿条款，提高工作的透明度，避免整个过程中的不公平和混乱。

Part 5

第五章　乡村旅游发展中的居民就业行为

第一节　概念界定与研究述评

一、就业与旅游就业概念界定

（一）就业

“就业”一词在《现代汉语词典》中有两种定义：一是指得到职业、参加工作；二是指求学。在百度百科中，就业的含义是指在法定年龄内的劳动者所从事的为获取报酬进行的务工劳动。根据这一概念，衍生出就业的三个界定条件：一是就业条件，指在法定劳动年龄内；二是工资条件，指获得一定的工资；三是时间条件，即每周工作时间的长度。世界劳工组织曾界定“就业”的三种情形，一是正在从事有报酬的职业；二是有职业但因故临时停工；三是自营职业者在规定时期内工作时长超过正常工作时间的三分之一。此外，百度词条中的“劳动就业”也简称就业，是指具有劳动能力的劳动者在法定劳动年龄内自愿从事某种具有一定劳动报酬或经营收入的社会劳动。劳动就业包括三种方式：劳动部门介绍就业、组织起来就业或自谋职业、高等学校毕业生由国家根据生产建设的需要以及本人的专长和志愿进行安排。在由计划经济体制向社会主义市场经济体制转变的过程中，中国的就业制度和就业机制发生了重大变化，国家改变了计划经济体制下统包统配的就业制度，逐步过渡为市场经济条件下的市场就业。

就业是民生之本，是社会经济发展的基础与前提。从经济学的角度来看，就业的本质是生产资料与人结合后的生产劳动（张恒亮，2013）。对于一个个体劳动者，就业是其生存的经济基础和共享发展成果的前提；对于一个就业单位，就业是人才的合理利用以推动本单位的生存发展。从马克思主义的角度来看，就业的本质则是实现人的社会属性和自然属性的统一。由于人的本质是自然属性和社会属性的统一，因此对于就业而言，既要具备人的自然属性，即肉体存在与理性追求；也要具备人的社会属性，即在实践活动中维持社会关系，由此实现自身价值。由个体类推集体，就业有助于解决贫困、促进社会经济发展。习近平总书记在2016年的东西部扶贫协作座谈会中曾指出，“一人就业、全家脱贫，增加就业是最有效最直接的脱贫方式，长期坚持还可以有效解决贫困代际传递问题”。

（二）旅游就业

当前对旅游就业概念的界定主要基于旅游就业范围标准，仅石培华（2003）给出了一个旅游就业明确且详细的定义。基于WTTC的旅游经济界定和世界劳工组织对就业的界定，石培华（2003）对“旅游就业”进行了界定，他认为旅游就业是指达到劳动年龄（16岁）、具有劳动能力的劳动者运用生产资料依法从事旅游活动，进而依法取得谋生的报酬或经营收入的经济活动，并进一步将旅游就业划分为核心旅游业、直接相关旅游行业与旅游综合相关行业等三个层次。这一定义采用了“大旅游”“大就业”的思路，比较全面地反映了旅游就业的内容和形式。

国内外学者对于旅游就业范围的界定和层次的划分基本一致，大多采用直接就业、间接就业和引发就业的划分方式，只是不同学者所划分层次的名称略有差别。Vanhove（1993）率先将旅游对就业的影响分为直接影响、间接影响与引发影响三个层次。石培华（2003）在沿用了Vanhove的基本方法的基础上，对其进行补充与改善，划分旅游就业的三个层次为旅游核心产业就业、旅游特征产业就业和旅游经济就业。而世界旅游旅行理事会在旅游卫星账户中则将旅游就业划分为旅游产业就业和旅游经济就业两个层次。旅游产业就业又称旅游直接就业，指的是直接面对游客的工作，如航空、旅游宾馆、餐馆、零售商店和娱乐场所等方面的工作；旅游经济就业则是指通过旅游经济所拉动的直接和间接的就业，如航空食品供应、洗涤服务、金融服务等，与旅游相关的政府机构、资本品制造业和出口商品行业等，以及钢材、木材、石油化工等生产资料供给等。

（三）乡村旅游就业

乡村旅游就业是乡村旅游发展的重要内容。在谋生仍然是人们主要关切的发展中国家的农村地区，乡村旅游发展的主要注意力往往更多地放在经济效益上（Marzuki，Hay & James，2012）。不同于发达国家中的乡村居民深度参与到旅游规划、管理、经营、利益分享和文化保护等各个层面，在许多发展中国家，乡村旅游业被用来帮助当地居民获得经济利益，例如鼓励当地居民经营小企业或应聘于旅游业（Tosun，2000）。

在我国经济发展新旧动能转换和高速发展向高质量发展迈进的转型攻坚期，城乡二元差距制约发展效率，解决“三农”问题是破局的关键。而农民问题作为“三农”问题的重中之重，农村剩余劳动力转移是其关键，农民增收难的症结在于有效就业不足。作为经济增长和多样化的手段，旅游业可以创造就业机会和新的收入来源（Sharpley，2002），一直被认为是乡村振兴的催化剂。其中，旅游就业中的非正规就业部门对于经济增长的作用尤其显著，对于解决结构性失业问题具有重要意义。相较于正规就业，旅游非正规就业对于农村贫困群体的吸引力和接受力都较强，不仅能够给农村贫困人口，尤其是妇女和低学历人群，提供丰富、多层次的就业岗位；而且旅游非正规就业能够为农村居民提供大量非农就业机会，补充农业收入，减少农村青壮年劳动力外流，可以说，旅游非正规就业对于从业者的生活质量、职业发展都具有积极的意义。因此，乡村旅游就业在许多国家被视为促进乡村发展和实现减贫目标的重要战略，尤其是在发展中国家。

二、乡村旅游就业研究述评

乡村旅游就业是乡村旅游研究的重要内容之一，国内外学者对乡村旅游就业的内容、乡村旅游就业的特征、乡村旅游就业的影响因素、乡村旅游就业的效应等进行了深入研究。

第一，乡村旅游就业内容研究。乡村居民旅游就业方式主要有两类。一类是作为经营者的旅游就业，往往是经营规模较小的家族企业，经常展示当地农产品和文化活动。经营寄宿家庭是一种常见的活动，这是一种游客付费入住私人住宅、与寄宿家庭成员互动并共享公共空间的住宿类型。在中国，这类寄宿家庭通常被称为“农家乐”（Su，2011）。这些农舍有基本设施，可以为游客提供当地菜肴、乡村住宿以及娱乐活动，让游客体验农村生活方式（李学东 & 郭焕成，2001）。在中国，农家乐是乡村旅游的一种主要形式（Zheng，2004）。另一种方式是作为受雇员工的旅游就业，例如，被农家乐经营者在周末雇来当服务员或厨师或者表演民族舞蹈等（Chen et al.，2017；Su，2011）。整体来看，当地居民主要从事非技术性或半技术性的工作，如销售旅游商品、从事餐饮经营等，极少介入管理和决策层面，在政治、经济、社会等方面普遍存在参与不足和利益受损现象，大多是一种单向的低层次的被动参与过程（保继刚 & 孙九霞，2006）。

第二，乡村旅游就业特征研究。和其他行业相比，旅游就业具有就业容量大、门槛低、包容性强、关联度大、就业方式灵活、就业收入低、季节性明显、流动性强等显著特点。不同性别、年龄、受教育程度以及知识技能的乡村居民都能够参与其中；许多家庭通过全职或兼职方式从事一种及以上的旅游业相关就业（Su el ta.，2019）。在乡村旅游就业中，存在季节性就业、不充分就业和失业（Andriotis & Vaughan，2004）。旅游就业的不稳定性使就业者能够接受并理解为一种新自由主义秩序（Smith，2018）。旅游业使用大量的季节工和移民工，低层次的工作造成了旅游就业报酬制度和职业等级的复杂性，存在着员工流动率高、招聘困难、培训水平低等问题。此外，UNDE-UK 发现男性和女性的旅游就业的特点有很大的差别，男性大多居于主要的管理职位，而女性所从事的大多是低职位、缺乏发展机会的工作（厉新建，2006）。而在就业人数和就业形式上，钟建利等（2014）通过案例研究发现乡村旅游就业人员中，女性占比高于男性，且就业的方式呈现多样化。

第三，乡村旅游就业影响因素研究。乡村居民参与旅游就业的行为受到多种因素的影响，既有居民自身因素，也有外部因素。个体能力或资本是影响其旅游就业的重要因素，例如，黎洁（2005）发现居民受教育程度及其从事农业生产的情况会影响旅游就业。资产有限的人很难参与旅游就业，他们通常受到人力资本和经济资本不足的阻碍（Su et al.，2019）。除此之外，当地居民对旅游业影响的感知也是影响他们参与和支持旅游业的一个重要因素（Gursoy，Jurowski & Uysal，2002；Nicholas & Thapa，Ko，2009）。 当感知到的旅游收益大于成本时，当地人会试图通过参与旅游经济活动来增加收入和提高生活质量，反之，则会放弃。此外，个体动机能激发旅游就业行为的主动性和积极性。已有研究发现，乡村居民会在受到提高收入、扩大就业范围、充分利用乡村资源以及扩大社交网络等动机驱动下参与旅游就业（McGehee & Kim，2004；McGehee，Kim & Jennings，2007）。可以从外部获得的机会或者受到的环境限制也会影响乡村居民旅游就业行为。Allan 等人（2000）指出影响乡村旅游就业的因素包括乡村旅游产业规模、当地经济发展状况、当地劳动力市场状况等。有研究者还强调了优惠政策、政府的支持和指导，以及其他成功创业者的示范影响（Strzelecka et al.，2017）。

第四，乡村旅游就业效应研究。自 20 世纪 80 年代，旅游业的就业功能得到了业界和学界的广泛关注和重视，推动旅游就业统计的实践工作，同时也推进了旅游就业效应的理论研究。研究发现，在经济不景气时，旅游就业的积极效应尤为明显。得益于旅游就业岗位创造的低成本，在 20 世纪 70 年代晚期至 80 年代中期，旅游业是欧洲仅有的就业量持续增长的四个行业之一（Jonathan，1981；Allan & Williams，1991）。通过度量农民在旅游业所带来的收入和就业机会中的受益程度，发现旅游就业在增收和推动就业结构转型方面具有积极效应。此外，还有学者重点关注了旅游就业效应在吸纳妇女、移民人口、低技能劳动者等特殊人群的表现。研究发现女性的旅游就业的积极效应是可以增加家庭收入、提高社会地位；消极效应则是冲击当地的传统文化、影响家庭稳定（Wilkinson，1995）。

迄今为止，尽管已有研究探索了影响旅游发展过程中居民就业的各种因素，也认识到了旅游就业行为的异质性和动态性，但忽视了对居民旅游就业行为演变机制的讨论。厘清居民旅游就业的具体逻辑，寻求不同阶段影响居民就业决策的关键因素，对于提升旅游就业积极性，引导乡村旅游的可持续发展至关重要。而且，已有研究多遵循“旅游对就业的影响”或“旅游与就业关系”的范式，鲜有从乡村旅游就业的微观主体——乡村居民的利益诉求出发进行的研究。而事实上，居民作为旅游经济活动的重要利益主体，其就业行为将影响目的地社区与旅游一体化发展。因此，本研究旨在厘清乡村旅游发展过程中当地居民旅游就业行为的动态演变特征，并探讨如何促进乡村居民旅游就业的积极性和行动力。

第二节　乡村旅游发展中居民就业行为研究方法

一、研究方法与分析框架

（一）研究方法选择

质性研究方法与旅游研究有着天然的亲和性，近年来逐渐被应用于旅游学术研究中。质性研究主要是在自然的情境下对社会现象进行深度探究和诠释的过程，一方面，强调整体主义和情境主义；另一方面，强调研究的动态发展过程。这一研究方法要求研究者在研究过程中具有反思性，使用多面的、反复的和同步的复杂推理，反复分析质性资料。相较于量化研究，质性研究既可以通过对所发生事件的过程做有实据的、丰富的描绘与解释；又可以根据时间流程精确地找到事件的先后原因，可以帮助研究者超越第一印象，发现新的意外收获，产生或修改概念构架。目前常见的质性研究种类包括现象学、民族志、扎根理论、叙事研究和个案研究等。一般来说，质性研究有三大主要任务，收集资料、聚焦资料、分析资料，三大任务的关系如图 5-1 所示。研究方法的选择需要与研究内容相适应。运用什么样的研究方法主要依赖于三个前提：一是研究问题的类型；二是调查者对实际事件的控制能力；三是研究重点是当代现象还是历史现象。本研究要探索乡村旅游发展中居民旅游就业行为演变的全过程及其作用机制，与定量方法相比，定性研究中的案例研究方法可以更好地理解所考虑的现象。

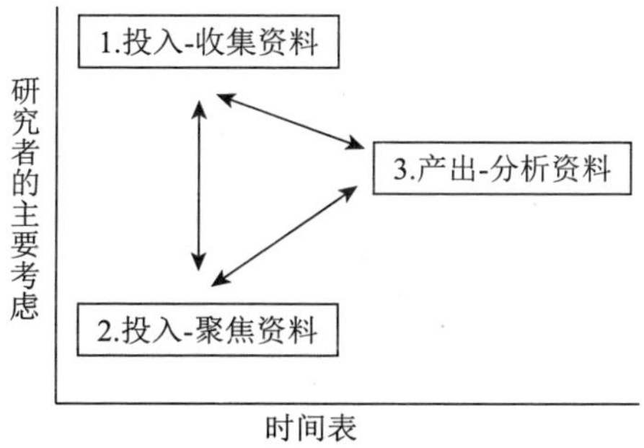

图 5-1　质性研究三大任务流程（迈尔斯，2008）

（二）分析框架选择

心理学家认为人的行为是在某种动机的策动下为达到某个目标而进行的有目的的活动，提出“需要—动机—行动”循环往复的人类行为的通常模式；古典经济学家则认为所有的经济行为主体都能够通过成本 - 收益分析，对可供利用的实现目标的手段进行最优的选择。西蒙在此基础上提出“心理人”和“经济人”的部分结合体——“管理人”，兼顾内部和外部两种作用机制，从更接近现实的维度提出了基于有限理性的行为决策模型。西蒙认为现实环境中的人拥有的信息获取和计算能力是有限的，追求的是有限理性，由此产生的方案选择不是最优的，而是令决策者满意的（Simon，1955）。该模型包括四个阶段来解释行为决策过程：情报、设计、选择和实施。第一阶段是探查环境和收集信息；第二阶段是依据所搜集到的情报信息，设计可能采取的行动方案；第三阶段是从多个方案中选择出一个令人满意的方案；在第四阶段的方案实施过程中继续收集相关信息，以此来进一步作继续执行、修正或停止实施的决定。由此，形成一个动态、持续的线性循环过程。这一决策理论既考虑了行为决策的理性，也考虑了行为决策中的局限性，比较全面地反映了现实状况。

本研究旨在探讨中国乡村旅游发展过程中居民旅游就业行为的演变过程与作用机制，西蒙的有限理性模型具有很强的适用性。一方面，“有限理性”和“满意准则”符合中国农民经济行为逻辑。当前中国农民的行为模式仍然以追求经济目标为主，但受到人的不完备知识以及可行性范围的限制，在具体决策行动中无法找到全部备选方案，也无法完全预测全部备选方案的后果，因此，在特定情境中行为主体不可能做出符合完全理性要求的最优化决策，具有明显的有限理性行为特征。另一方面，多阶段的决策流程更贴合实际的就业决策过程。就业决策并不是简单的“多方案选一”的比较过程，而是一个分阶段、涉及很多方面的系统过程。在择业过程中，乡村居民往往会基于对所获得的信息的分析，对照自身的条件和需求，编制出所有可行的就业方案，然后以各自的价值准则为尺度对备选方案可能产生的结果进行评价和估量，从中选出最满意的方案并付诸行动。当就业环境发生变化或者当前就业方式无法满足居民的主要诉求时，村民将面临再次择业。也就是说，乡村居民的旅游就业行为将是一个持续的、动态的就业决策叠加过程。

二、案例地选择与数据收集

（一）案例地选择

本研究选择 H 省 M 村作为案例地。依托优良的生态基础和深厚的文化底蕴，M 村发展乡村休闲旅游业，少数村民也在这一阶段尝试参与农家院经营。伴随乡村旅游活动的火热开展，客流量激增，越来越多的村民参与到旅游经济中来。而近年来，M 村的乡村旅游发展进入低潮期，村民逐渐退出旅游就业。该案例地村民从事一些非技术性工作，参与层次较低，这些现象在中国乡村旅游发展情境中具有极强的代表性和典型性。从旅游就业状况来看，过去的十余年间，乡村旅游就业规模呈现出了明显的阶段性的变化，提供了从纵向发展过程去剖析居民旅游就业行为演变的有利条件，能够作为乡村居民旅游就业行为研究的良好样本。本案例的相关结论也可为乡村旅游开发中如何激励村民持续性就业参与提供有益借鉴和参考。

（二）研究数据收集

与定量方法相比，定性方法可以更好地理解所考虑的现象。在收集资料和具体分析过程中，通过访谈法和观察法，获得了M村乡村旅游发展过程中居民旅游就业行为的一手资料。观察是旅游研究中的一个有效工具（Andriotis，2010；Chan el ta.，2016）。作者通过观察来识别乡村居民旅游就业的具体行为表现。作者通过访谈来获取关于乡村居民旅游就业行为及其演变过程的详细信息。此外，作者还收集了一定数量的二手资料，包括村志资料、与其社会经济发展和旅游开发相关的资料等，这些资料成为辅助一手数据、梳理故事线的重要支撑。

第三节 乡村旅游发展中居民就业行为及其演变

一、乡村旅游发展中居民就业行为演变阶段

（一）少数参与阶段

确定乡村旅游发展方向后，M村在上级政府的指导下，迅速完成了旅游景观设施建设和村庄绿化美化，释放出大刀阔斧发展乡村旅游的经济转型信号。紧接着，县政府作出“发展农家院”的指示，政府工作人员和村干部一起进行家访，鼓励和劝说村民创办农家院。正值此时，村民面临着农业收入微薄、农村就业机会匮乏、家庭经济负担重的现实难题，尤其是因承担养育子女、赡养老人等家庭责任而无法外出务工的农村妇女劳动力，村内就业的诉求十分强烈。经过村干部和政府工作人员的传播，“经营农家院”作为一种可行的乡村就业备选方案涌入居民的择业范围内。由此，在务农和外出务工之外，还增加了旅游就业这一种新的就业方案。相较于对务农和务工等传统生计方案积累的丰富的经验认知，发展农家院这一新型生计方案是在村民普遍缺乏经营管理经验和相关专业知识的情形下被提出来的，故村民无法对旅

游发展形势做出全面的预测，倾向于根据已经获得的有限信息，结合对各个家庭条件的衡量，直觉判断能否承担农家院经营的投资风险，进而选择是否参与旅游就业。出于对不确定前景下的风险规避，绝大多数村民选择了维持现状，少数“大胆”的村民成为村内经营农家院的“先行者”。

如图 5–2 所示，在旅游发展初期，基于农村发展困难、生存压力大的客观事实，乡村旅游业的兴起，为村民的乡村就业提供了新的选择，由此形成了务工、务农和经营农家院等乡村就业备选方案。进入方案选择阶段，由于居民对旅游就业效应认知有限，无法形成一个明确的收益预期。在追求安全和避免风险的基础上，仅有少数村民尝试创办农家院。可见，当发展前景不明确时，居民的规避风险意识是阻碍其旅游就业的关键因素。

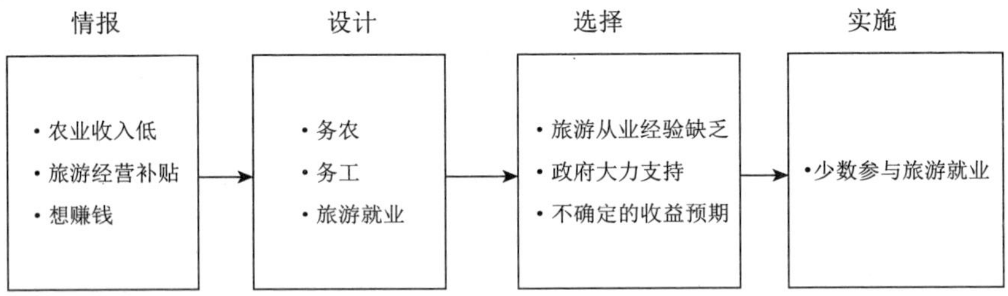

图 5–2　少数参与阶段村民旅游就业行为决策

（二）多数参与阶段

伴随乡村旅游业的火热发展，大量的旅行社和夏令营培训机构也主动进行业务联系，旅游接待人数和旅游收入稳步上升。在自觉或不自觉地与游客的互动过程中，村民发现，除了经营农家院之外，乡村休闲采摘园的盈利也非常高。另外，还可以将果干、蔬菜干等农产品销售给游客，旅游销售价格远远高于常规市场成交价格。由此，村民识别到了多元化的、灵活的旅游就业渠道。这时，村民可选择的旅游就业方案包括经营农家院、经营采摘园以及向游客销售农特品或到农家院做帮工等。稳定的客流量、积极的市场信号、当地政府的重视等，引导村民建立了良好的收益预期。从前一阶段旅游从业经验的积累，也帮助村民树立起更清晰的行业认知。“旅游发展是个好事”“多投多得”成为村民潜意识里的普遍认识。越来越多的村民在差异化自身情况考量下，选择了多元的旅游就业方案，积极主动地参与到旅游经济活动中来。一些资金相对富足、房屋位置临近旅游景点、劳动力充足的村户加入到农家院经营阵营中；有果园的创办了乡村休闲采摘园；许多村民会在旅游旺季到街上摆摊零售乡村特产；一些不具备经营条件或能力的则选择做其他农家院的帮工。

如图 5–3 所示，面对游客数量持续增加、旅游就业效益好等客观事实和乡村居民追求更高的经济收入的诉求，旅游就业备选方案细分类型更多、从业方式更加灵活。进入方案选择阶段，基于乡村旅游市场的旺盛、政府的大力支持、旅游获利经历等外部信息刺激，村民普遍确立了积极的旅游收益预期，并以获得或渴望获得的利益为核心考量因素，结合对自身就业条件的判断，通过不同的方式参与到旅游就业中。可见，当发展前景明朗时，居民的经济目标导向是激励其旅游就业的关键因素。

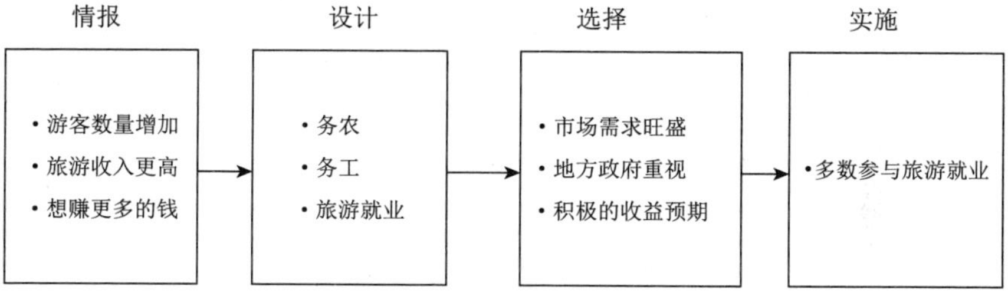

图 5–3　多数参与阶段村民旅游就业行为决策

（三）退出阶段

伴随周边许多村庄相继发展起乡村旅游业，M 村的游客数量日渐下降。为此，M 村开启了大型乡村民宿等新建旅游项目。但是，这些项目均搁浅，至今没有做出后续的建设安排。究竟后续建设不建设、如何建设、乡村旅游发展前景如何等问题，引发了村民的广泛猜想。新一阶段的旅游就业决策由此展开。基于旅游业的进入或退出的行为限制较少，村民开始考虑是否要退出旅游就业，或者转变为季节性经营。鉴于旅游产品吸引力较弱、新建旅游项目不力、同周边乡村竞争劣势、游客日渐流失等客观事实，村民产生了不确定性、甚至是消极的收益预期。在“迟迟没有动静”的漫长等待中，日渐稀少的游客已经无法保障多家农家院的营收。为及时制止利益损失，村民根据自身经营情况，逐渐选择退出旅游经济活动。目前，除了个别农家院还维持经营外，其他农家院或者直接退出经营或者仅在旅游旺季进行短期的季节性经营。村庄其他旅游经济活动也逐渐淡化。当然，村民并没有完全失去对旅游业发展的信心，仍然期待在得到上级政府等外部力量拉动后的发展复苏。

如图 5-4 所示，面对旅游项目建设不力、游客数量日渐减少的客观事实和乡村居民追求持续性就业收入的诉求，居民在多种就业备选方案中再次进行选择。进入方案选择阶段，由于 M 村旅游市场吸引力弱的问题依然没有得到改善，甚至加剧了未来旅游发展前景的不确定性，为规避既得利益受损，村民更倾向于退出旅游就业或者季节性旅游就业。因此，当面对不确定的发展前景，损失规避心理是加速居民退出旅游就业的关键因素。

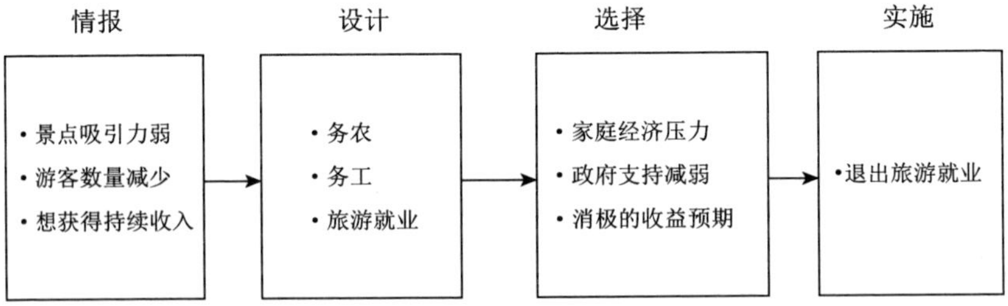

图 5-4　退出阶段村民旅游就业行为决策

二、乡村旅游发展中居民就业行为演变机制

旅游发展初期，基于预期收益难以预测的情况，村民倾向于在追求安全保障的基础上进行择业选择，大部分村民仍然维持务工和务农的就业方式，少数村民经营农家院。当乡村旅游发展逐渐步入正轨，释放出持续性盈利的积极信号，在以渴望获得利益的驱动下，越来越多的村民通过多种形式参与到旅游就业中来。当旅游发展进入低谷期，面对不确定或消极的发展预期，村民逐渐退出旅游就业，这是在有限能力范围内最大化规避利益损失的应激反应。由此可见，收益预期是影响村民旅游就业行为变化的关键因素。当乡村居民接收到旅游发展确定性的物质激励信号或者积极的收益预期时会更倾

向于参与旅游就业。村民对乡村旅游发展绩效作出的这些预期是基于对动态、持续的信息的判断，如旅游接待人数、旅游景观吸引力、旅游项目进程、政府支持举措等。具体来看，如果通过信息判断出旅游就业收益能够满足利益诉求，乡村居民将倾向于积极地参与旅游就业。

旅游就业作为乡村生计选择的新兴方案，是对传统务农和务工形式的重要补充，但是尚未上升到不可替代的位置。乡村居民可以选择旅游就业，也可以选择不参与旅游就业。而且，村民进入或退出旅游就业所受到的行动限制较小。乡村居民在旅游就业行动中的结果也具有异质性和变动性。开放性和动态性是旅游业态的重要特质。另一方面，乡村居民的行为模式是以追求经济目标为主，经常存在着对于利益的急切和追求迅速利得的投机心理。旅游就业的这种行为选择的自由性和经济收益的动态性，更容易激发居民的投机心理。因此，在乡村旅游发展过程中的关键事件或信息的刺激下，乡村居民会判断参与旅游就业能否实现利益目标，进而作出灵活的就业决策，引致了“少数参与—多数参与—退出”这三个阶段的旅游就业行为演变。由此形成了“旅游业态—投机心理—旅游就业行为”这一完整的作用机制（图 5-5）。

图 5-5　乡村旅游发展中居民就业行为演变的作用机制

第四节　结论及启示

一、研究结论

第一，乡村旅游发展中居民的就业行为会随着时间的推移而动态演变。乡村旅游发展的主体是当地居民，居民旅游就业行为的积极性对旅游目的地的可持续发展至关重要。本研究采用个案研究方法，考虑乡村居民旅游就业行为变化中的动态性和阶段性，并首次尝试将行为经济学领域的有限理性模型应用于居民旅游就业行为研究中。M 村乡村旅游开发案例表明，乡村旅游发展过程中居民的旅游就业行为呈现阶段性动态演进变化特征，在不同阶段会经历“少数参与—多数参与—退出”的动态变化。本书的研究结果为发展中国家政府推动可持续的乡村旅游发展和乡村振兴提供了有益指导。为了提高乡村居民旅游就业的主动性、积极性、持续性，政府应该通过有效的政策制定与制度安排，及时引导、调控乡村居民去建立一种积极的旅游就业预期。

第二，“少数参与—多数参与—退出”这一系列的阶段性演变过程可以被视作乡村居民基于对利益诉求和环境约束的综合考量而作出的适应性择业的叠加组合，不稳定、动态的旅游业态激发了村民投机心理，进而引致了差异化的旅游就业行为，遵循着一条从宏观到微观的“旅游业态—投机心理—旅游就业行为”的内在触发机制。这一机制也适用于发展中国家乡村旅游发展过程中居民的其他经济行为变化。因此，这项研究是未来行为研究的基石，并提供了基本的见解。本研究首次将决策理论从一般行为经济学领域引入旅游就业研究，识别出乡村旅游发展过程中居民就业行为阶段性演变，并归纳出一个乡村居民旅游就业行为演变的作用机制。当环境变化引致乡村居民产生新的需求或压力时，居民会通过层层递进的情报信息分析与方案选择流程作出相应阶段的应激反应，这种行为选择带有明显的阶段性与层次性，是受各种因素影响的综合结果。一旦旅游收益预期达到居民的利益诉求，乡村居民就会产生积极的行为意向；反之，则会产生消极的行为意向。

第三，在掌握乡村居民旅游就业行为演变机制的基础上，需要进一步探讨的问题是：基于中国“强政府、弱民间”的社会现实，若离开政府或外来资本的支持，乡村居民为规避风险的退出行为很可能会引发这一乡村旅游地的消亡。如何在未来的乡村旅游开发进程中，积极发挥政府或其他外力的支持作用是避免乡村居民产生消极行为意向的重要前提。但是在另一方面，市场化改革要求政府职能从“全能型”向“服务型”转变，乡村振兴的理想预期也是在政府的辅助引导下逐渐培育乡村自主造血的能力，故需要搭建合理的制度工具来替代政府的直接行动参与。因此，如何指导资源要素向乡村的正向流通和高效落实是非常关键的。政府“自上而下”的推行和乡村居民“自下而上”的参与是现代化的双向互动进程，应根据乡村旅游发展阶段和乡村社区进化程度，通过合理的制度引导和约束，逐步提高乡村居民的旅游就业预期。

二、理论意义

第一，本研究为探讨乡村旅游发展过程中居民旅游就业行为的演变过程和作用机制提供了丰富的理论见解。首先本研究考虑了居民旅游就业行为变化解释的时间因素。尽管随着时间的推移，居民对旅游业的态度和参与程度会发生变化，但很少有研究对居民旅游就业行为进行过程性演变分析。研究表明，在乡村旅游发展过程中，居民旅游就业行为是异质的、动态变化的，随着时间演进过程呈现出“少数参与—多数参与—退出”的阶段性演变。相较于已有研究所划分的“个别参与、组织参与、大众参与、全面参与”四个阶段（胡志毅，张兆干，2002），或者是“初级参与、积极参与、成熟参与”三个层次（郑向敏，刘静，2002），本研究不仅探讨了旅游就业进入机制，还关注到了居民退出旅游就业的行为过程，完整还原了居民旅游就业行为演变的全过程，并找出了居民旅游就业行为演变的作用机制。

第二，本研究首次将行为决策的理论解释从一般行为经济学领域引入乡村旅游就业研究。借助“情报—设计—选择—实施”的分析框架，研究发现了乡村旅游发展过程中三个阶段的村民旅游就业行为演变，以及行为演变的关键影响因素和作用机制。在这个分析框架的帮助下，各个阶段的村民旅游就业过程被完全解构。在研究中也揭示了不同发展阶段的居民面对损失与利益的决策博弈。研究结果强化了 SET 和先前研究的主张（Gursoy et al.，2002；Rasoolimanesh et al.，2015），即感知到旅游收益大于成本，村民倾向于采取积极的旅游就业行为；反之，当投资风险不确定时，村民倾向于采取消极的旅游就业行为。本文创新性地引入行为经济学理论来解释旅游发展现象，为今后的研究开辟了一条新的路径。

三、管理启示

第一，地方政府应当组织搭建一个连接乡村内外部的信息交流平台。信息的完整性和准确性会影响村民的旅游就业预期。例如，由于缺乏旅游就业相关经验和专业信息，村民直观判断得到的是不确定的预期，进而不敢参与旅游就业。因此在旅游开发初期，要传递完整的信息帮助村民树立旅游就业信心。通过释放积极信号，及时调控与引导乡村居民形成正向的旅游就业收益感知和行为意向，以保障乡村旅游就业的稳定性和持续性。因此，需要搭建乡村内外部的自上而下的信息传递和自下而上的信息反馈的平台。政府层面应该完善旅游业信息服务平台，让居民及时获得并反馈相关信息。

第二，政府应该提高旅游发展过程中的信息透明度，通过积极信号的释放，及时调控与引导乡村居民的经济感知。居民在旅游就业决策时会建立适当的参考点，如果超过参考点就被视为收益，低于参考点则被视为损失，同等情况下，损失对心理的冲击比利益冲击更大（龙良富，2018；Tversky & Kaheman，1984）。因此，当出现因为规避损失退出旅游就业的行为时，要及时进行调控。管理者应当把乡村居民视作目的地旅游发展的核心要根据乡村居民的利益诉求特点及其就业阶段，进行有效的政策制定与制度安排。须从经济学、社会学和政治学等相关视角考虑中国乡村居民旅游就业背景，进而深入探寻具有中国特色的乡村居民旅游就业行为的激励思路（刘丽梅，吕君，2010）。

Part 6

第六章　乡村旅游发展中返乡劳动力的就业黏性

第一节　概念界定与研究述评

一、就业黏性的定义

就业，根据国际劳工组织的定义，是指工作年龄段内的劳动者为获取工资或利润而从事任何生产产品或提供服务活动。一直以来就业都是学者关注的重点研究领域，并逐渐发展出就业能力理论、劳动力市场分层理论、劳动力市场分割理论、人力资本理论、社会资本理论等诸多理论对各类群体就业存在的现象和问题进行解释。当前，我国就业形势比较严峻，主要表现在劳动力供求矛盾突出，城镇失业率过高，农村剩余劳动力压力巨大，就业环境恶化、就业质量下降等方面。伴随着城乡发展差距拉大，人口流动就业成为普遍现象，我国流动人口的组成以农村剩余劳动力外出务工和城镇失业人口异地谋生为主。第七次全国人口普查显示，十年来我国流动人口超预期增长，人口持续向大城市和都市圈聚集。2010 年以来，中国工业化、城镇化持续推进，带来了流动人口快速增长，截至 2020 年，人户分离的流动人口为 3.76 亿人，远高于国家统计局 2019 年公布的 2.36 亿人，较 2010 年人口普查时增长了 70%。人口流动方向、年龄结构、就业领域、消费水平等发生了很多新变化，对未来人口流出和流入地区产生长期而重大的影响，值得深入探究。从流动人口的特征来看，目前我国人口省内流动加快，省内人口流动分化，同时伴随着农民工回流加快，自 2013 年起，农民工回流成为普遍现象，近十年来，农民工省内流动上升 8.1 个百分点[①]。流动是解决就业的有效途径，有关农村、城镇就业问题的研究一直是劳动力流动领域的热点，然而，伴随着劳动力市场流动性提高，我国就业稳定性呈现下降趋势，就业是最大的民生，就业稳定性是影响就业质量的重要因素之一，保持就业稳定具有重要意义。

就业黏性，多被用来当作一项衡量某行业或某部门的吸引力或工作稳定性的指标，在研究"黏性"和"流入"作为衡量护理就业各分部门相对吸引力的指标时将就业黏性定义为"员工停留在给定环境中的转换概率"，利用黏性的概念，对社区护士的跨时间留用情况进行考察时发现，社区就业分部门的黏性差异很大。我国现有对就业黏性的研究更多体现于就业稳定性，相关研究显示我国新生代农民工的就业稳定性较差，存在地区差异。目前，对新生代农民工就业稳定性的影响因素的研究比较多，综合来看，新生代农民工的就业稳定性主要受性别、年龄、工资收入、工作环境、技能掌握情况等因素影响。黏性作为物理学概念，在引入社会科学后常见于网站用户黏性研究，即一个网站吸引并留住用户的能力，多用于描述用户对网站的忠诚度、持续时间、依赖度（Xu & Liu，2010）、持续使用意愿。将黏性引入就业，用就业黏性概念对劳动者所从事工作的吸引度和忠诚度进行表征，在本研究中，返乡劳动力就业黏性则是指这部分回流到乡村的劳动力对所从事工作的持久度和忠诚度。

二、旅游就业研究述评

（一）产业思维导向下旅游就业的乘数效应及其测算

"乘数"作为西方经济学的一个基本概念，描述了在其他条件不变的情况下单位自变量的变化引起的因变量的变动量。旅游乘数理论是在对经济学的

① 《宏观观察》2021 年第 34 期：从人口普查观察近年来我国人口流动的新变化。

乘数理论加以修订和发展的基础上形成的，是反映和评价目的地国家（地区）开发旅游所获得的经济成效的重要指标之一。我国旅游学者李天元认为，“旅游乘数是用以测定单位旅游消费对旅游接待地区各种经济现象的影响程度的系数”（李天元 & 王连义，1991）。对旅游乘数进行测算采用最多的方法是投入产出法，左冰（2002）从游客的旅游消费的角度应用国民经济统计支出法的原理，采用投入产出法对中国旅游产出乘数和就业乘数进行初步测算，得出 1997 年我国旅游产出乘数约为 1.5，并非中国的旅游管理部门和部分旅游学者多年沿用的直接就业 / 次生就业为 1∶5，也远小于世界平均 2.5 的水平（左冰，2002）。采用投入产出法对中国旅游业就业贡献测算的结果显示，在 20 世纪最后 10 年第三产业新增就业的 7740 万人中，旅游直接和间接就业人数达到 38%（石培华，2003）；采用静态局部均衡研究方法、以投入—产出模型为基础对北京市旅游就业贡献度的分析得出 2005 年北京旅游业就业乘数为 2.4。此外，也有学者采用剥离系数法对旅游业就业效应进行研究，结果显示，旅游消费每增加 100 万元，就能够带动餐饮业增加 27.83 人，社会服务业增加 62.18 人，可见旅游业无论是对就业还是在消费等方面均显示出强大的带动作用。

但也有学者认为这种旅游就业的带动作用被夸大，应当更加关注有效率的旅游就业（左冰，2002）。运用回归分析法对浙江省三个乡村的研究显示，乡村旅游发展可以使农村就业率提高 13.26%，促进农民增收 12.17%；而运用增加值率方法对旅游收入和旅游业增加值分配的研究则显示，农村和农民所获得的国内旅游收入份额仅为 21.5% 和 11.6%。在此基础上，也有研究开始寻求设计和修正旅游就业统计指标以寻求更加科学的旅游就业贡献解释。目前旅游业的经济效果与乘数研究仍存在明显缺陷，一方面乘数的数值是具体的、动态的，旅游业的乘数与旅游开发地区的总体经济规模、经济结构、就业等相关，存在空间差异且随时间变化；另一方面，旅游乘数理论并不能用来确定旅游业在国民经济中的地位，不适合于区域旅游影响研究，它不考虑经济活动的细节，仅作为宏观经济分析的工具。

（二）旅游就业的就业效应及影响因素

在城乡人口流动加快的背景下，旅游业能够有效保留乡村地区劳动力，促进劳动力的回流。农业旅游业能创造更多的就业机会并降低该区域的失业率（Das & Rainey，2010）。研究证明乡村旅游有助于提供各种旅游服务，限制村庄的人口减少（Vujko，2010）；旅游业可以阻止农村人口（特别是年轻人）向城市的外流，对劳动力资源的状况和质量产生有利影响。旅游业作为劳动密集型产业，对劳动力的需求量大，旅游就业的创造成本相对较低，创造的新就业机会往往相对持久（Bodlender，1981），更有利于求职者的进入和停留，但是旅游业的就业多是兼职、自营职业或临时就业，又会对旅游业从业人员的长期职业规划产生不利的影响。随着旅游业的快速发展，旅游业就业还被视为一种生活方式（Szivas et al.，2003），对劳动力的吸引力增大，旅游业与邻近行业共享其专业劳动力市场，就业越来越专业化。

乡村旅游的发展在促进乡村居民就业、转移农村剩余劳动力上发挥着独特的优势，是实现农村包容性增长的路径选择。旅游就业能够以弹性就业方式解决农村剩余劳动力就业，是解决当前就业压力的重要途径，乡村旅游就业质量较好，通过发展乡村旅游业促进农村劳动力就业十分必要。乡村旅游是解决农民就业、促进农民增收的有效途径，对其他产业也有较强的促进作用，研究表明乡村旅游正在推动农业到服务业的跨越式发展。旅游就业能够多元化村民的生计方式，解决乡村就业问题，产生更加广泛的社会经济效应。一方面，发展旅游业的农村地区，在外务工的劳动力的家庭禀赋越好，越倾向于返乡（王心蕊 & 孙九霞，2021），发展旅游的地区通过向普通社区成员提供总收入相当比例的稳定收入能够吸引外出劳动力回流，促进劳动力迁移流动（张骁鸣 & 保继刚，2009）。而旅游就业质量评价（Choy，1995）、社区居民旅游就业意愿等也得到了一定关注。另一方面，旅游业可以促进人类可持续发展，包括减贫、创造就业机会、提高妇女和其他弱势群体的地位等，旅游就业也有更大的可能成为因变量而改变旅游就业主体角色，如促进妇女就业和提高妇女地位，为妇女、年轻人、老年劳动力、偏远地区劳动力等低素质劳动力提供就业新思路（Gentry，2007）。

旅游资源和市场需求是旅游就业发展的约束环境，直接影响旅游就业的容量和模式，体验经济与“后三产”时代推动旅游业态创新与就业空间开拓。旅游企业数量和固定资产比例、旅游经营季节性变化等因素也会影响旅游就业，旅游企业数量和固定资产净值率对旅游就业有较大贡献，而旅游经营的季节性安排导致劳动力流动性较大，不利于旅游行业劳动力稳定就业（Lundmark，2006；Lee & Regena，2003）。Solnet et al.（2014）采用吸引力—选择—消耗（ASA）框架，提出人—环境权变模型，探讨旅游就业中人与工作、组织和地点的匹配度，指出人与环境的契合度被认为是员工旅游就业的关键影响因素，有利于保留员工。除此之外，基于旅游就业低工资和季节性就业的存在，旅游业难以吸引人才且难以保留从业人员，旅游业的战略性人力资源管理成为重点议题（Lee & Regena，2003），在旅游规划中，应将人力资源开发作为旅游就业的关键变量（Liu & Wall，2006）。

第二节 研究设计

一、问题的提出

就业不仅是个人收入直接来源，更关乎国计民生（潘士远 & 林毅夫，2006）。数据显示，2019 年，我国劳动力已达 81104 万人，其中农民工总量达到 29100 万人（国家统计局，2020），而就业人员总数仅为 77471 万人，失业率达 4.48%。在全球经济持续下行的宏观背景下，扩大就业成为中央和地方各级政府的重要任务。在我国，农民工数量大，流动范围广，已成为重点关注群体，国家相继出台多项政策保障在城市务工农民工的权益，但是，农民工在求职和工作中仍容易遭受歧视，就业机会被非农民工抢占，就业行业和工种受到限制；由于农民工普遍受教育程度不高，自身缺乏技能，工作岗位通常强度大且普遍薪资偏低；此外，农民工并未被城镇的社会保险系统覆盖，社会基本保险权益和工薪权益难以得到有效保障，难以真正融入城市生活。农民工个人特征、工作性质、工资水平等诸多因素导致就业稳定性较差，被动性流动就业不利于农民工提高生活质量，解决农民工问题是建设中国特色社会主义的战略任务。新冠疫情的蔓延致使经济形势发生了变化，企业效益不佳，普遍面临着资金短缺、市场订单与消费不足、经营成本过高等问题，企业用工需求减少，压缩了进城务工民工的生存空间，大量农民工被迫返乡，“返乡潮”出现，返乡农民工就业问题严峻，除了尽快实现返岗就业，支持农村内部就地就近就业也成为引导返乡农民工就业的重要方向。

随着乡村旅游的发展和乡村社会经济环境的不断优化，作为社会移民的拉动因素，旅游业在解决就业问题上具有独特优势，不但能够多元化村民的生计方式（Janta et al.，2011），更发挥着吸引农村外出务工劳动力回流的“蓄水池”作用（姚海琴，2014）。截至 2019 年 6 月底，全国乡村旅游就业总人数达 886 万人，同比增加 7.6%，乡村旅游成为突破农业内卷化状态的重要出路。越来越多的案例表明，随着返乡劳动力的回流，具有更广视野、先进知识和业务能力的返乡劳动力在资源整合、资本投入等方面更加具有优势，往往成为推动乡村旅游进一步发展的关键力量（殷江滨 & 李郇，2012；“农民流动与乡村发展”课题组，1999）。在人才仍极度匮乏的乡村旅游实践中，确保返乡劳动力长期稳定就业，减少劳动力频繁流动，是乡村旅游可持续发展的重要依托。但中国乡村社会环境极度复杂，乡村所处的社会环境、返乡劳动力的个体状况、旅游业的低门槛属性都可能对劳动力的就业选择产生重大影响，甚至会导致返乡劳动力的二次离乡，并影响乡村旅游产业发展和乡村经济的高质量发展。在本研究中，返乡劳动力就业黏性则是指回流到乡村的劳动力对所从事的旅游业相关工作的持久度和忠诚度，问题在于，尽管影响返乡劳动力乡村旅游就业黏性的因素较多，但到底是哪些因素影响返乡劳动力的就业黏性？这些因素对返乡劳动力的影响程度如何？对这些问题的回答，对促进乡村振兴战略背景下的乡村居民就业、保障乡村旅游的可持续发展都具有重要意义。

二、理论假设

劳动力迁移理论认为，部门工资水平增长到一定程度会引起农村外出劳动力逆流，乡村旅游业能够为返乡劳动力带来一定经济收入，替代外出务工。发展中国家普遍存在失业现象，农村劳动力源源不断地流入城市工业部门主要受预期收入差距影响，而并不一定受到 Lewis 模型中所说的实际收入差距的影响（Todaro，1969）。旅游业作为发展乡村经济的重要手段，如果返乡劳动力对所从事的乡村旅游工作有积极的工资预期，他们可能会更有意愿持续从事乡村旅游业。据此，提出以下假设：

H1：月收入水平（a）和乡村旅游就业收入满意度（b）显著正向影响返乡劳动力的乡村旅游就业黏性。

H2：工资预期显著正向影响返乡劳动力的乡村旅游就业黏性。

人力资本理论认为，人力资本是对生产者的一种投资，主要表现为人身上的知识、技能和健康状况。相关研究也表明，受到职业技能培训的返乡农民工可能更有助于他们实现和稳定就业。如果劳动力受教育程度不高、接受乡村旅游业从业培训，那么他们返乡从事乡村旅游业可能更稳定。而工作搜寻理论认为，行为主体偏好和所处环境影响工作搜寻的持续时间，最佳策略是实现“保底工资”，不同劳动力风险偏好存在差异，如果返乡劳动力风险承受能力强、对所处就业环境积极，可能更倾向于持续进行工作搜寻。据此，提出以下假设：

H3：文化程度显著负向影响返乡劳动力的乡村旅游就业黏性。

H4：参加培训情况显著正向影响返乡劳动力的乡村旅游就业黏性。

H5：个人风险偏好显著负向影响返乡劳动力的乡村旅游就业黏性。

社会资本理论认为，个体之间的联系和社会组织特征，如网络、规范和信任可成为行动者克服困境的重要方式。返乡劳动力在从事乡村旅游业时对人际关系满意度高，可能会更倾向于保持现有工作状态。通过强关系实现就业的返乡劳动力主观满意度更高，对就业信息了解的也会更充分，在亲友“面子”作用下的就业黏性会更强。但政府干预能够有效组织就业，政策支持下的返乡劳动力可能会表现出更高的就业黏性。据此，提出以下假设：

H6：乡村旅游就业获得途径显著影响返乡劳动力的乡村旅游就业黏性，通过强关系型社会资本获得工作的返乡劳动力就业黏性更强。

H7：人际关系满意度显著正向影响返乡劳动力的乡村旅游就业黏性。

H8：就业政策显著正向影响返乡劳动力乡村旅游的就业黏性。

新生代农民工的就业稳定性主要受性别、年龄、工作环境等因素影响（张玲 & 张洁，2013）。年龄越大的返乡劳动力留在家乡的意愿可能更强烈，也更可能在获得经济收益的条件下更倾向于持续从事乡村旅游业；而我国乡村居民恋土情结衍生的思乡情结、返乡劳动力对工作环境的满意程度，也可能会在一定程度上影响到这部分群体，使其更愿意继续从事乡村旅游业。据此，提出以下假设：

H9：性别显著影响返乡劳动力乡村旅游的就业黏性，乡村旅游业中女性比男性就业黏性更强。

H10：年龄显著正向影响返乡劳动力乡村旅游的就业黏性。

H11：思乡情绪显著正向影响返乡劳动力乡村旅游的就业黏性。

H12：乡村旅游工作环境满意度显著正向影响返乡劳动力乡村旅游的就业黏性。

三、研究方法与变量

（一）方法选取

本研究采用 Logit 模型对返乡劳动力在乡村旅游中的就业黏性影响因素进行分析，Logit 模型通过对 β 估计值的符号、大小、显著性的分析，判断影响行为的要素、方向和重要程度，是研究定性变量与其影响因素之间关系的有效分析工具，其重要优点是把在［0，1］区间上预测概率的问题转化为在实数轴上预测事件发生的机会比问题，选择概率公式封闭且易于解释。本研究将就业黏性定义为“员工在给定就业环境中的持久性和忠诚度”。在返乡就业中，一旦员工进入某一工作环境便会产生两种选择：保持原有工作状态或转换工作环境。采用 Logit 模型进行回归分析的因变量根据事件是否发生只能取 0 和 1，能够对本研究中返乡劳动力在乡村旅游中的就业黏性与影响因素之间的关系进行精确表达。与一般线性回归方程最大的不同在于，Logit 模型中回归系数反映的是在控制其他变量的情况下，该自变量变化引起不同类别因变量的对数发生比，即 Exp（B）的变动而非因变量的变动。若变量的回归系数为正值，意味着变量正向影响从事乡村旅游相关就业的返乡劳动力保持原有工作状态的概率；若变量的回归系数为负，则变量反向影响从事乡村旅游相关就业的返乡劳动力保持原有工作状态的概率。在将模型因变量设定为离职和不离职两个选择的基础上，这个特征能够对返乡劳动力在乡村旅游中的就业黏性与影响因素之间的关系进行有效表达。

（二）变量界定

被解释变量：本研究的被解释变量为返乡劳动力在乡村旅游中的就业黏性（Y），表征这个变量的核心概念是“给定就业环境中的持久性和忠诚度”。其中，对持久性的衡量通过返乡劳动力从事一份工作的持续时间来反映。已有研究显示，农民工从事一项工作的平均工作时长在 1 到 3 年内比例最大，达到样本总数的 47% 左右；交叉研究也显示，劳动力市场的农民工平均每份工作持续时间也在 1.4 年左右。综合已有结论，本研究将 1.4 年作为返乡劳动力从事乡村旅游工作是否具有持久性的依据。对忠诚度的衡量则考虑现实情境，若返乡农民工客观上长期停留在乡村旅游就业环境则认为其忠诚。因此，通过问题“您是否有过外出打工经历？”“您有和乡村旅游业相关的工作经历吗？”和“您从事乡村旅游业持续了多久？”来获取就业黏性数据。若被调查者选择“有外出打工经历 / 正在从事乡村旅游相关工作 / 乡村旅游工作持续 1.4 年及以上”，则将其界定为其乡村旅游就业具有持久度和忠诚度，即乡村旅游就业黏性强，赋值为 1；若被调查者选择“有外出打工经历 / 已从乡村旅游相关工作离职”，则界定为其对乡村旅游就业忠诚度不足，即乡村旅游就业黏性弱，赋值为 0。

解释变量：按照研究假设，将影响返乡劳动力乡村旅游就业黏性的影响因素划分为个人特征、人力资本、工资收入和就业环境四类。其中，年龄为数值型变量；性别、参加培训情况、就业政策为二分变量；风险偏好、文化程度、从事乡村旅游就业月收入、乡村旅游就业获得途径为分类变量；人际关系满意度、从事乡村旅游就业收入满意度、乡村旅游业工资预期、乡村旅游工作环境满意度、思乡情绪为 Likert 量表，由于中国人大多比较保守而不愿表达明确态度，在奇数等级量表中倾向选择中性中间点，Steven 等学者认为没有中间点的量表更适合亚洲人（X & B，1998）；在进行预调研时发现，使用 Likert 5 级量表时多数调查对象选择中立选项，为了获得调查对象明确态度，本研究采用 Likert 6 级量表设问。具体解释变量及设定如表 6–1 所示。

表 6–1 各解释变量的特征及其设定

模型变量	变量定义
个人特征	
性别（X_1）	女 = 0，男 = 1
年龄（X_2）	数值
风险偏好（X_3）	保守型 = 1　中间型 = 2　冒险型 = 3
思乡情绪（X_4）	（多大程度同意自己恋家）非常不同意 = 1 不同意 = 2　比较不同意 = 3 比较同意 = 4　同意 = 5　非常同意 = 6
人力资本因素	
文化程度（X_5）	小学及以下 = 1　初中 = 2　高中 / 中专 / 技校 / 职高 = 3 大专 = 4　本科及以上 = 5
参加培训情况（X_6）	否 = 0　是 = 1
工资收入因素	
从事乡村旅游就业月收入（X_7）	600 元以下 = 1 601 元 ~1400 元 = 2 1401 元 ~2200 元 = 3 2201 元 ~3000 元 = 4 3001 元 ~3800 元 = 5 3801 元 ~4600 元 = 6 4601 以上 = 7

续表

模型变量	变量定义
从事乡村旅游就业收入满意度（X_8）	非常不满意 = 1　不满意 = 2　比较不满意 = 3 比较满意 = 4　满意 = 5　非常满意 = 6
乡村旅游业工资预期（X_9）	（涨工资可能性）非常小 = 1　小 = 2　比较小 = 3 比较大 = 4　大 = 5　非常大 = 6
就业环境因素	
乡村旅游工作获得途径（X_{10}）	自己寻找 = 1　亲友介绍 = 2　政府动员 = 3　其它 = 4
乡村旅游工作环境满意度（X_{11}）	非常不满意 = 1　不满意 = 2　比较不满意 = 3 比较满意 = 4　满意 = 5　非常满意 = 6
乡村旅游就业人际关系满意度（X_{12}）	非常不满意 = 1　不满意 = 2　比较不满意 = 3 比较满意 = 4　满意 = 5　非常满意 = 6
就业政策（X_{13}）	否 = 0　是 = 1

四、数据来源与统计特征

根据被解释变量和解释变量的数据需求特征，本研究设计了包含 1 个开放性问题和 12 个选择问题的数据调查问卷。课题组选择贵州省遵义市习水县寨坝镇、程寨乡、二里乡、仙源镇、三岔河乡、大坡乡六个乡村旅游点作为调查地，针对在农家乐、民宿、景区等企业工作的员工进行调查。问卷发放自 2021 年 10 月 21 日至 11 月 20 日进行，共持续 31 天。采用逐个店面发放的方式，只要是从事乡村旅游经营的店面，都对其员工进行现场问卷发放和回收。调研组最终发放问卷 240 份，收回问卷 217 份，问卷回收率为 90.4%，其中有效问卷为 194 份。在有效问卷中，有 144 人第一次从事乡村旅游业，占总样本 74.2%，已离职人数 51 人；现已离职乡村旅游返乡劳动力有 69 人，占 35.6%；正在从事乡村旅游工作且持续时间在 1.4 年以上的返乡劳动力有 125 人，占 65.4%。返乡劳动力样本主要特征表现在以下几个方面：①从事乡村旅游业的返乡劳动力男性占 62.4%，女性占 37.6%，从事乡村旅游业的人员中有外出务工经历的女性较少。②从事乡村旅游业的返乡劳动力的平均年龄

37.4岁，总体来看从事乡村旅游业返乡劳动力年龄偏大，样本中年龄在40岁以上的84人，占样本总量43.2%，根据利文森职业发展阶段理论，这部分人改变工作方向的机会已经不多，会倾向于满足现状并安定下来。③根据样本数据，从事乡村旅游业的返乡劳动力教育水平不算高，学历在小学及以下的有5人，占2.6%；初中有78人，占比40.2%；高中/中专/技校/职高有45人，占23.2%；大专的有39人，占20.1%；本科及以上的有27人，占13.9%，已从乡村旅游业离职17人，离职比例大。初中和高中/中专/技校/职高成为乡村旅游就业主要人员成分。④从事乡村旅游业的返乡劳动力月收入在600元以下有5人，占2.6%；601~1400元14人，占7.2%；1401~2200元39人，占20.1%；2201~3000元47人，占24.2%；3001~3800元33人，占17.0%；3801~4600元有25人，占12.9%，4601元以上31人，占16.0%，整体工资收入水平不高。⑤外部力量在乡村旅游就业当中发挥了重要作用，通过自己寻找、亲友介绍、政府动员及其他途径实现乡村旅游就业的比重分别为42.8%、9.8%、33.5%和14.9%；38.1%的人在从事乡村旅游业时没有享受就业政策，享受就业政策的有120人，就业政策保障比较充分。

第三节　乡村旅游发展中返乡劳动力的就业黏性

一、乡村旅游就业黏性影响因素

模型回归结果显示：LR Chi2值为97.08，Prob Chi2=0.0000，Pseudo R2=0.384，模型拟合度较好。其中假设H1、H3、H4、H8、H10通过检验，假设H6回归结果与原假设相反，假设H2、H5、H7、H9、H11、H12未通过检验。模型回归结果如表6–2所示。

表 6–2 模型回归结果

变量 Variables		回归系数（B）	标准差（S.E.）	统计量（Wald）	自由度（df）	显著性（Sig.）	幂指 Exp（B）
性别 Gender（X_1）		–0.482	0.497	0.942	1	0.332	0.617
年龄 Year（X_2）		0.051^{*}	0.029	3.231	1	0.072	1.053
风险偏好 Risk appetite（X_3）	中间型 =1	0^{a}	–	–	–	–	–
	保守型 =2	0.709	0.549	1.665	1	0.197	2.031
	冒险型 =3	0.033	0.504	0.004	1	0.948	1.033
思乡情绪 Homesick（X_4）		–0.315	0.197	2.559	1	0.110	0.730
文化程度 Education（X_5）	小学及以下 =1	1.823	1.317	1.918	1	0.166	6.193
	初中 =2	2.372^{***}	0.761	9.723	1	0.002	10.718
	高中 / 中专 / 技校 / 职高 =3	1.703^{**}	0.714	5.691	1	0.017	5.493
	大专 =4	1.260^{*}	0.683	3.403	1	0.065	3.527
	本科及以上 =5	0^{a}	–	–	–	–	–
职业培训情况 Vocational Training（X_6）		1.701^{***}	0.579	8.637	1	0.003	5.481
乡村旅游月收入 Monthly salary（X_7）		0.303^{**}	0.135	5.034	1	0.025	1.354
乡村旅游收入满意度 Income satisfaction（X_8）		0.635^{***}	0.158	16.145	1	0.000	1.888
工资预期 Wage expectations（X_9）		–0.269	0.188	2.050	1	0.152	0.764
乡村旅游工作获得途径 Approaches to rural tourism employment（X_{10}）	自己寻找 =1	0^{a}	–	–	–	–	–
	亲友介绍 =2	–0.444	0.678	0.429	1	0.512	0.641
	政府动员 =3	1.424^{***}	0.549	6.726	1	0.009	4.154
	其他方式 =4	0.100	0.663	0.023	1	0.880	1.106
工作环境满意度 Work environment satisfaction（X_{11}）		–0.338	0.250	1.826	1	0.177	0.713

续表

变量 Variables	回归系数（B）	标准差（S.E.）	统计量（Wald）	自由度（df）	显著性（Sig.）	幂指 Exp（B）
人际关系满意度 Interpersonal satisfaction（X_{12}）	0.176	0.260	0.454	1	0.500	1.192
就业政策 Employment policy（X_{13}）	1.005**	0.471	4.560	1	0.033	2.733
Constant	−5.529	1.794	9.494	1	0.002	0.004

注：① *** 代表 P<0.01，** 代表 P<0.05，* 代表 P<0.1，下同；各模型中的被解释变量均为“正在从事乡村旅游业 =1，从事过（已离职）乡村旅游业 =0”，下同。② a：该参数是冗余的，所以将其置为零，下同。

二、各因素对乡村旅游就业黏性的影响

数据显示，旅游返乡劳动力从事乡村旅游业的月收入回归系数为正，P 值为 0.025，显著正向影响返乡劳动力乡村旅游的就业黏性。同时，收入满意度回归系数为 0.635，P 值为 0.000，也显著正向影响就业黏性。可见，与大多数影响工作稳定性因素的研究认为收入会对农民工就业稳定性产生显著正向影响一致，越高的收入满意度会带来越强的就业黏性。其中，月收入每提高一个等级（文中为 800 元），返乡劳动力选择继续从事乡村旅游业的机会比率提高 1.35 倍，收入满意度每提高一个等级（根据本研究所设量表），返乡劳动力不离职的机会提高 1.89 倍。就文化程度而言，初中、高中 / 中专 / 技校 / 职高、大专的返乡劳动力在从事乡村旅游相关就业时黏性会更强，其中最高学历为初中的返乡劳动力在从事乡村旅游工作中的就业黏性最强，高中 / 中专 / 技校 / 职高、大专稍次之。职业培训情况的回归系数为 1.701，P 值为 0.003，返乡劳动力的职业培训情况显著正向影响他们的就业黏性，与未接受过培训教育的返乡劳动力相比，接受过培训教育的返乡劳动力选择保持原有工作状态的机会会提升 5.48 倍，对员工进行培训成为增强就业黏性的重要手段。就乡村旅游就业获得途径而言，通过亲友介绍实现乡村旅游就业 P 值为 0.512，未通过显著性检验，而通过政府动员获得乡村旅游业相关工作回归

系数为 1.424，P 值为 0.009，说明通过政府动员实现乡村旅游就业的返乡劳动力更倾向于持续从事，就业黏性更强，与自己寻找获得乡村旅游相关工作返乡劳动力相比，通过政府动员实现乡村旅游就业返乡劳动力选择不离职的机会比率提升 4.15 倍，表明弱关系型社会资本解决就业问题的力量逐渐增强。就业政策与就业黏性的回归系数为 1.005，P 值为 0.033，说明乡村旅游从业返乡劳动力享受就业政策更倾向于保持原有工作状态，享受就业政策的返乡劳动力不离职的机会比率相较于不享受相关就业政策的群体高 2.73 倍。年龄与就业黏性的回归系数为 0.051，P 值为 0.072，说明乡村旅游从业返乡劳动力年龄越大越倾向于保持原有工作状态。

分析结果显示，工资预期 P 值为 0.152，说明工资预期对返乡劳动力的乡村旅游就业黏性无显著影响，这个结果与我们认为的积极工资预期会影响就业黏性不同。相关研究认为，劳动力流动由离职前的工资和预期变化同时决定，表明对乡村旅游从业工资的积极预期并不能对返乡劳动力就业黏性单独发挥作用。个人风险偏好未通过显著性检验，说明个人风险偏好对返乡劳动力的乡村旅游就业黏性无显著影响，可见，不同风险偏好的返乡劳动力从事乡村旅游业并未表现出明显的就业黏性差异，这与陈昭玖等人在研究新生代农民工就业稳定性时得出的结论一致（陈昭玖 et al.，2011）。人际关系满意度回归系数为 0.176，P 值为 0.500，说明人际关系满意度对返乡劳动力的乡村旅游就业黏性无显著影响，一般来说，乡土社会中人情扮演着重要角色，人际关系对村民的生活状态和工作状态有较大影响，然而本研究结果却与这一认知不符。由样本数据可知，从事乡村旅游业的劳动力大多数对人际关系满意度感到满意，并无显著差异。从事乡村旅游业返乡劳动力的性别 P 值为 0.332，说明返乡劳动力的性别在乡村旅游业中对就业黏性并无显著影响，这与大多数农民工就业稳定性研究认为性别影响就业稳定性的研究结论相异，表明有过外出务工经历的男性和女性在就业观念上较为相似。思乡情绪 P 值为 0.110，说明思乡情绪对返乡劳动力在乡村旅游中的就业黏性无显著影响，一般来说，恋土情结越强越容易留乡发展，有研究指出，地方依恋对外出务工劳动力返乡参与旅游业意愿具有正向影响，但受到旅游收益感知抑制，表明乡村旅游收益消极感知在很大程度上影响了返乡劳动力的乡村旅游就业黏性，思乡情绪作用较小。工作环境满意度 P 值为 0.177，说明乡村旅游工作环境对返乡劳动力的乡村旅游就业黏性无显著影响，样本数据显示，返乡农民工对乡村旅游工作环境都比较满意，无显著差异，进而工作环境满意度并不显著影响返乡劳动力乡村旅游就业黏性。

第四节　结论和讨论

一、结论

研究主要结论如下：

第一，经济因素对劳动力流动仍然起关键作用。新古典主义经济移民理论认为人们流动是为了获得经济机会，工资差异是迁移背后的驱动力。而现阶段乡村旅游就业工资水平整体不高，难以满足返乡劳动力对更高质量生活的需求，而进城务工相对而言能够获得更多工资收入，导致乡村旅游就业黏性不足，缩小进城务工与乡村旅游就业之间的工资水平差距，有助于返乡劳动力留在乡村，这使得大力促进乡村旅游发展，提高乡村旅游经济效用成为目前一大迫切任务。

第二，乡村旅游在返乡劳动力中呈现“保障型就业”的特征。乡村旅游业是返乡劳动力实现就业的暂时性“尝新”选择，同时成为中老龄外出务工劳动力的返乡“退路”。作为劳动密集型产业，低工资和高离职率表明旅游业在吸引和留住人才上面临较大困难，留不住人才成为乡村旅游业发展的一大痛点，往往受教育程度越高、自身素质越好的农村劳动力更愿意进城务工。此外，乡村旅游从业返乡劳动力年龄整体偏大，存在年轻返乡劳动力乡村旅游就业黏性弱与稳定就业返乡劳动力乡村旅游业创新力不足并存的局面。

第三，强关系型社会资本在乡村社会中的作用力逐渐减弱。乡村人际关系等强社会资本对返乡劳动力在乡村旅游中的就业黏性无显著影响，而政府作为弱关系型社会资本，对返乡劳动力在乡村旅游业中的就业黏性产生积极作用。一方面新一代农村人在急剧变化的新时代中逐渐成长，他们中大多数有着更高的学历、更开阔的眼界和视野，与传统乡村社会脱节，另一方面劳动力长期外出务工既丰富了原本单一的乡村社会关系，也使得他们与自己家乡的社会网络逐渐疏离，对于这部分返乡劳动力，弱关系型社会资本对他们产生更直接的影响。

第四，个人因素在乡村旅游就业黏性当中作用微弱。返乡劳动力在乡村旅游中的就业黏性受个人特征影响很小，对于农村劳动力来说，就业主要是作为一种生存手段，需要达到维持生计的目的，返乡劳动力不能从乡村旅游就业当中获得足够维持生计或追求高质量生活的经济收入时会选择寻找其他就业机会，以求实现就业带来收入增加。除了年龄增长会对外出求职造成阻碍，其他个人因素在这个过程当中并没有发挥太大作用。

二、讨论

在乡村振兴战略背景下，旅游在推动乡村发展上贡献了积极力量，当下乡村空心化日益严重，不利于乡村地区发展，如何吸引农村外出务工劳动力返乡并留在家乡发展亟待解决，尤其是要扩展乡村地区的经济收入渠道、提高经济收入水平，乡村振兴战略的提出、乡村旅游的发展为破解这一局面提供了新的方案。然而，现阶段大多数发展乡村旅游的地区都没有找到真正契合自身区位条件和资源禀赋的发展模式，导致繁荣景象浮于表面，在返乡劳动力尤其是高素质人才就业黏性方面表现欠佳，提高发展质量需要各乡村旅游目的地探索最契合自身条件的模式，提高乡村旅游的经济效益。就当前而言，虽然乡村旅游的发展可以创造更多的就业机会，但是由于乡村地区普遍经济发展落后、农村劳动力文化程度较低，长期在外务工导致其原本在家乡的社会资本不足，就业信息难以及时有效传达，政府作为弱关系型社会资本，就业信息面更广，同时通过弱关系型社会资本实现就业的就业质量也更好，值得多方面关注。除此之外，乡村旅游业虽然进入门槛低，但从业技能掌握情况也需要重点关注，反观现阶段乡村旅游从业人员的培训仍然存在诸多问题，如政府未有效承担培训工作的责任、培训水平较低、不能很好地达到培训的效果和目的等，都值得深入探讨并提出有效解决方案。

本研究利用 Logit 模型分析研究返乡劳动力在乡村旅游业中的就业黏性影响因素，虽然在相关理论和研究的基础上已经尽可能从多角度选取解释变量，但是解释变量的选取仍然不够全面，在往后的研究中可以丰富解释变量的选取，优化数据分析模型，使得结果更加完善。本研究属于探索性研究，主要目的是找出返乡劳动力乡村旅游就业黏性的影响因素，应用理论多，涵盖面广，所以最终得出的影响因素之间并没有形成一个完整的模型体系，这并不影响结论的形成，并可为后续研究和实践提供一定参考价值，在今后深入研究乡村旅游就业黏性时可更加细化。

Part 7

第七章　乡村旅游发展中社区参与对居民幸福感的影响

第一节　概念界定与研究评述

一、幸福感的内涵与构成

幸福，反映了一种生活状态，是人类永恒的追求。物质生活的富足促使越来越多的居民关注生活质量的全面提高，对幸福感的追求也油然而生。幸福感的研究最初起源于哲学和心理学，幸福感的内涵一直是哲学家辩论的热点话题（Smith & Diekmann，2017），而心理学家对幸福感进行研究则主要是为了促进人们心理健康，从而提高居民整体生活满意度（Seligman，Steen，Park，et al，2005）。对幸福感的定义尚无统一的定义，但主要有两大流派：享乐主义幸福论和实现主义幸福论。享乐主义幸福论认为，人们的生活目标是寻求快乐并避免痛苦（Seligman，Steen，Park，et al，2005），幸福完全是享乐主义的时刻（Ryan & Deci，2001）。而实现主义幸福感论则将重点放在人类潜力的实现上，而不是简单地追求享乐。这也是为什么实现主义幸福论与个人成长、自我发展或有意义的特殊成就更加密切相关的原因（Boniwell，2008）。然而单一的享乐论或实现论不能充分解释人们的美好生活，幸福感的概念之争也无法为实证研究提供清晰的理论框架，将两种取向进行整合可能是最好的选择。此外，在测量幸福感时，研究人员往往将主观幸福感与客观幸福感区分开。主观幸福感强调应该赋予个人一定的权利来确定自己的幸福，主要由感知的健康状况、人际关系、归属感等因素来反映。客观幸福感则主要由个体的收入、受教育程度、医疗保健、预期寿命、生活环境等因素来衡量（Naidoo & Sharpley，2016）。可见，主观幸福感和客观幸福感在某种程度上存在一定的交叉重叠。

主观幸福感、生活满意度、生活质量等术语是旅游地居民幸福感研究的主要概念，且研究者们倾向于将这些概念交替使用（Smith，& Diekmann，2017）。大多数关于旅游地居民幸福感的研究主要通过居民对不同生活领域的满意度来反映其主观幸福感（Naidoo & Sharpley，2016；Volo，2017；Suessa，Baloglub & Busserb，2018）、生活满意度（Woo，Kim & Uysal，2015）、或生活质量（Allen，Long，Perdue，et al，1988；Andereck & Vogt，2000；Croes，Ridderstaat & Niekerk；2018），且生活质量一词在旅游地居民幸福感研究中运用最多。如 Paul & Sreejesh（2017）提出居民的生活质量包括物质幸福感，社区幸福感，情感幸福感，健康和安全幸福感；Liang & Hui（2016）指出生活质量包含六个特定的生活领域：城市问题、社区经济实力、家庭和个人幸福感、社区幸福感、生活方式、社区意识和设施。然而，生活质量和幸福感之间具有本质上的差异。生活质量旨在评估个人对特定生活领域的满意度（Kim，Uysal，& Sirgy，2013）；而幸福则是个体对自己整体生活的评价，既包括对不同生活领域的满意度，也包括个体的自我实现（McCabe & Johnson，2013）。

本研究综合考虑享乐主义幸福论和实现主义幸福论，并结合主观幸福感和客观幸福感测量指标，尝试从物质幸福感、情感幸福感和自我发展三个维度来衡量乡村旅游地居民的整体幸福感。其中，物质幸福感指居民对自身经济收入、社区居住环境、休闲与公共服务设施等的满意度；情感幸福感则由居民对家庭和社会关系满意度及社区归属感来反映；自我发展则主要表现为居民对个人成就感的感知。

二、相关研究述评

（一）旅游地居民幸福感的影响因素及其作用机制研究述评

旅游业作为最具有幸福感的产业，对提升旅游者与旅游地居民的幸福感均具有重要的现实意义。随着居民旅游影响感知研究的不断深入及居民美好生活需要的日趋强烈，居民幸福感逐渐成为旅游研究的热点话题。大量的实践表明，一旦社区成为旅游目的地，居民的生活就会受到旅游业的经济，环境，社会和文化影响（Parlett，Fletcher，& Cooper，1995；Haralambopoulos，& Pizam，1996；Dyer，Aberdeen，& Schuler，2003；Andereck，Valentine & Knopf，2005；Seetanah，2011；Pratt，2015）。乡村旅游的快速发展有效地改善了目的地居民的生活状况，目的地社区居民生活幸福感的提升更是成为乡村旅游发展的终极目标。乡村旅游发展必须高度重视居民的生活幸福感，因为“幸福的主人”是旅游业长期可持续健康发展的基础。只有社区居民认为旅游发展能够让他们的生活更幸福，他们才会更愿意支持旅游业的进一步发展（Tosun，2006）。因此，提升目的地社区居民的生活幸福感是实现旅游地可持续发展的决定性因素。

目的地居民自身主观的旅游影响感知被认为是影响其生活幸福感的主要因素（Kim，Uysal，& Sirgy，2013），研究发现居民感知的旅游发展价值（如经济、社会、环境、文化），对居民不同方面的生活幸福感（包括健康、物质、情感、社区归属感等）具有显著的影响，且居民旅游影响感知越积极，生活幸福感水平越高（Woo，Kim，& Uysal，2015；Lin，Chen，& Filieri，2017）。与此同时，目的地文化背景与管理政策（Pratt，Mccabe，& Movono，2015；Naidoo & Sharpley，2016）、社会问题与经济发展条件（Liang，& Hui，2016）、基础服务设施（Kanwal et al.，2020）、社会环境（Chi，Cai & Li，2017）、负责任旅游与可持续性（Paul，& Sreejesh，2017）、社区旅游与可持续性（Lee & Jan，2019）等客观的社区环境因素也逐渐成为影响居民生活幸福感的另一个重要因素。此外，还有研究表明目的地居民个体的人口特征（Nunkoo，& So，2016）、经济地位和社会关系（Chi，Cai & Li，2017）、社区满意度和医疗服务设施（Suessa，Baloglub & Busserb，2018）、旅游机构信任和旅游决策权力等因素对其整体的生活幸福感同样具有显著的影响作用。

在居民幸福感对旅游发展的影响研究中，大多数学者都将旅游支持度作为目的地居民幸福感的重要结果变量（e.g. Chi，Cai，& Li，2017；Lee，Kim，& Kim，2018；Liang & Hui，2016；Vargas-Sánchez，Porras-Bueno，& Plaza-Mejía，2011）。近年来也有一些学者探讨了目的地居民幸福感对其税收支付行为（Suess，Baloglu，& Busser，2018）、环境责任行为（Su，Huang，& Pearce 2018）及主客价值共创行为（Lin，Chen，& Filieri，2017）的影响。个别学者还以目的地经济发展为中介变量研究了居民幸福感对旅游发展的影响作用，并认为旅游发展能够促进当地居民幸福感的提升，而居民幸福感的提升反过来会进一步促进当地的旅游发展（Ridderstaat，Croes，& Nijkamp，2014；2016）。总体来说，尽管现有研究已经对目的地居民幸福感的影响因素及其作用机制进行了较多的关注与探讨，却很少有研究对居民幸福感的内涵与构成进行过深入分析，关于如何有效提升居民幸福感的研究更是鲜有涉及。

（二）社区参与、居民幸福感及旅游支持度之间的关系研究述评

作为民主社会自治精神的基本体现，社区参与最初源自于居民的利益或权力诉求。鉴于对旅游业可持续发展的日益重视，Murphy（1985）首次将社区参与引入旅游业研究。社区对旅游目的地的参与主要与初期的旅游规划有关，强调社区居民是旅游规划和发展过程中的重要利益相关者，当地居民对目的地旅游发展的看法和态度非常重要（Tosun，2006）。在过去的几十年中，社区参与的概念已逐渐渗透到旅游目的地开发的全过程中，且主要体现在两个方面：参与旅游发展的决策制定和参与旅游利益的分配（Tosun，2000）。前者是社区成功参与的关键和保证，而后者则是社区居民参与旅游业发展的主要目的。

社区参与通常被认为是居民从旅游发展中获益的最有效途径（Rasoolimanesh，Ringle & Jaafar，2017），也是影响居民旅游影响感知和旅游支持的看法的决定性因素之一（Briedenhann & Wickens；2004；Lee，

2013；Nicholas，Thapa，& Ko，2009）。社区居民对旅游发展的效益感知在很大程度上取决于其旅游参与程度（Keogh，1990；Nicholas，Thapa，& Ko，2009）。居民参与旅游发展的程度越深，其旅游获益感知越强，进而越愿意支持旅游业发展（Lee & Jan，2019）。社区居民在参与旅游发展决策与利益分配过程中，不仅可以获得更多物质资源与经济收益从而提升自己的物质利益感知，而且可以通过与其他社区成员或旅游利益相关主体的情感互动或知识共享来增强社区归属感并提升自身的旅游从业技能（Sebele，2010）。相关研究指出，居民对旅游业发展的看法既有积极的也有消极的，居民对旅游业的积极影响感知能够有效增强居民的旅游支持度。如 Nunkoo & Ramkissoon（2012）发现，居民参与旅游发展决策和旅游商业经营有助于他们对旅游业影响产生积极的认知；Lee（2013）发现居民积极的旅游效益感知对其旅游支持度具有显著的正向影响。Baniya，Shrestha 和 Karn（2018）的研究也进一步表明，从事旅游业的居民更有可能通过理财并保持积极的生活观来享受生活，这意味着社区参与可以帮助居民实现经济需求和心理满足。

综上，为深入探讨与系统回答"旅游目的地社区居民的生活幸福感究竟从何而来？又该如何有效提升旅游地居民生活幸福感？那么社区参与是否同样可以作为旅游地居民个人幸福感来源的前因变量？目的地居民的生活幸福感又会怎样进一步影响当地旅游业的持续发展？"等问题，本研究的主要目的在于：①探索乡村旅游地居民幸福感主要由哪几个方面构成？社区参与如何影响居民的个人幸福感；②阐释社区居民整体的生活幸福感对目的地旅游发展的重要作用。具体而言，研究尝试建立一个理论模型，将社区参与、居民幸福感（包括物质幸福感、情感幸福感和自我发展）与旅游支持度联系在一起，并以江西省婺源县为案例，运用结构方程模型对该理论模型进行检验。即将社区参与作为居民幸福感的前因变量，探索社区参与对乡村旅游地居民不同方面的生活幸福感的影响作用，从而进一步归纳总结乡村旅游地居民幸福感的形成机制，并进一步探讨居民幸福感对旅游支持度的影响作用。

第二节　研究设计

一、理论模型构建

（一）理论背景

社会交换理论（Social Exchange Theory，SET）发源于古典经济学的功利主义思想和行为主义心理学的思想，兴起于20世纪60年代。这一理论认为人类的一切行为都受到某种能够带来奖励和报酬的交换活动的支配，因此，人类一切社会活动都可以从根本上归结为一种交换关系，因而主张从人的行为、人际互动的最基本形式，即交换中去发现形成社会结构的动因。社会交换理论最初由霍曼斯创立，主要代表人物有布劳、埃默森等。而布劳克服了霍曼斯只注重个人层次上的交换行为的不足，提供了非制度化的人际互动和制度化的结构关系的分析框架。Ap（1992）指出社会交换理论主要用于在互动情境下理解个人和群体之间的资源交换。互动被视为“行动者”之间相互提供宝贵资源的过程；行动者是指一个人，一个角色占用者或作为一个单元的群体；资源则被定义为任何可以成为人与人之间交换的具体或象征性的对象。当人们相信他们可以获得有价值的东西时，包括物质价值、社会价值、心理价值等，他们就会选择进行互动（Andereck，Valentine，Knopf，& Vogt，2005；Andriotis & Vaughan 2003；Wang & Pfister，2008）。Perdue，Long 和 Allen（1990）认为社会交换理论是解释居民对旅游影响看法的有效框架。如今 SET 已被广泛用于社区参与、居民旅游效益感知及旅游支持度之间的关系研究之中（Lee，2013；Suess，Baloglu，& Busser 2018）。例如，Baniya、Shrestha 和 Karn（2018）以社会交换理论为理论框架，探讨了社区参与、居民效益感知及生活满意度之间的关系，发现参与旅游发展的居民往往拥有更高的经济幸福感、社区依恋度、心理需求满足度和生活满意度。Lee（2013）

使用社会交换理论研究了社区参与如何影响居民对旅游发展的态度，结果表明，居民参与旅游发展能够直接影响他们感知的旅游效益，并进一步间接影响他们对旅游发展的支持度。然而，社会交换理论主要侧重于解释不同主体之间的交换结果，缺乏对交换主体情感的关注，无法很好地诠释交换主体之间的情感互动。社会交换的情感理论认为行动者之间的结构性依赖产生了共同行动，由此会进一步导致积极或消极的情感产生。社会交换的情感理论旨在从理论上解释不同交换主体之间的情感联系和行为互动（Lawler，2001）。因此，本研究拟在 SET 的基础上，进一步基于 Lawler 社会交换的情感理论，提出参与旅游发展决策与经营的社区居民，能够获得更强的生活幸福感，从而更愿意进一步支持社区旅游业的发展。

（二）假设模型构建

社区居民参与餐饮、住宿和纪念品销售等旅游业务可以为社区提供就业和增加经济收益，从而改善他们的整体生活条件。Nicholas，Thapa 和 Ko（2009）指出，居民融入旅游管理可以提高他们的环境意识，促进当地生态保护。社区参与需要社区成员之间的合作以实现共同目标（McCloskey，et al.，2011），这对于当地居民建立密切联系并进行良好互动非常重要。有研究表明，参与过社区旅游管理（如历史和文化保护计划）的社区居民，更有可能对他们的传统文化感到自豪（Lee，2013），这有助于加强他们的社区认同感和归属感。社区融入旅游发展可以有效地调解各种利益群体的需求冲突，促进社区关系的健康发展（Su & Wall，2014）。

Tosun（2000）认为社区参与是一种强有力的工具，它不仅可以教育居民识别自己的需求并评估开发商或政府的决策，还可以赋予社区决策权并对发展施加一定程度的控制权。因此，社区成员可以充当真正的主人，从当地的角度解决问题。热衷于旅游开发的居民通常将旅游业视为自我实现的重要引擎（Volo，2017）。社区参与能够为居民提供结识不同的人、接触不同文化和学习新思想的机会（Walter，2009）。换句话说，如果居民有机会参与到旅游发展中来，他们更容易在相关问题上做出自己的决定，提升他们的文化素养，实现他们的个人价值。基于上述文献可知，社区参与与居民生活幸福的不同维度之间存在显著的相关性。因此，研究提出以下假设：

H1 社区参与对居民的物质幸福感具有积极的影响作用。

H2 社区参与对居民的情感幸福感具有积极的影响作用。

H3 社区参与对居民的自我发展具有积极的影响作用。

根据 Pratt、McCabe 和 Movono（2015）的研究，旅游目的地居民的整体幸福感高度依赖于他们对各个生活领域的满意度。经济、教育、公共和医疗服务、娱乐和社会机会以及生活水平是社区满意度的主要维度。具体而言，Baniya、Shrestha 和 Karn（2018）使用财务福祉、社区满意度、社区依恋、生活意义和心理需求等维度来衡量旅游目的地居民的个人福祉。Lee 和 Jan（2019）进行的实证研究表明，居民的生活满意度主要体现在他们的生活水平、休闲机会、社会关系以及文化和精神生活方面。Kim、Uysal 和 Sirgy（2013）对居民幸福感构成的研究进一步表明，居民的整体生活满意度明显受他们在生活物质和情感方面的幸福感影响。Mathew 和 Sreejesh（2017）还提出，居民的生活满意度主要是他们物质、情感、社区以及健康和安全幸福感的产物。Suess、Baloglu 和 Busser（2018）发现居民对医疗保健服务和经济效益的满意度对其社区福祉有很大影响。Chi，Cai 和 Li（2017）实证研究表明，居民的主观幸福感与其经济状况、社会环境和社区归属感密切相关。在 Woo、Kim 和 Uysal（2015）研究中得出了类似的发现，即居民的生活质量与他们对物质生活（财务状况和生活水平）和非物质生活（健康状况、情感和社区）的满意度密切相关。此外，还有部分研究指出，旅游业对居民幸福感的影响不仅来自物质和情感生活领域，还来自于就业和商业机会、教育和个人技能发展（Naidoo & Sharpley，2016）。基于上述文献可知，居民的整体生活幸福感主要取决于他们对物质幸福感、情感幸福感和自我发展的感知。因此，研究提出以下假设：

H4 居民感知的物质幸福感对其整体生活幸福感具有积极的影响作用。

H5 居民感知的情感幸福感对其整体生活幸福感具有积极的影响作用。

H6 居民自我发展感知对其整体生活幸福感具有积极的影响作用。

社区居民对旅游效益的感知对其旅游发展支持度具有积极的影响作用

（Lepp，2007；McGehee & Andereck，2004；Nicholas，Thapa，& Ko，2009；Perdue，Long，& Allen，1990；Sheldon & Var，1984）。随着旅游影响感知研究的不断深入，学者们也开始关注居民感知的生活幸福感与其对旅游发展的态度之间的关系。如 Park、Nunkoo 和 Yoon（2015）发现居民对社区生活和休闲环境以及整体旅游业的满意度直接影响着其旅游支持度。Lin，Chen 和 Filieri（2017）的研究也指出如果居民对自身整体生活感到满意，他们会对游客更加友好和热情，并且更有可能与游客进行互动并尊重游客。Chi、Cai 和 Li（2017）及 Suess、Baloglu 和 Busser（2018）的研究还表明，居民感知的幸福感（渴望、享受和生活质量）越强，其更有可能支持旅游发展。此外，居民的社会或家庭地位、自尊和自我成就感（Wang & Xu，2015）也被认为是影响他们对旅游发展态度的重要因素。总的来说，居民的整体幸福感会对其旅游支持度产生积极影响。因此，研究提出以下假设：

H7 居民的整体幸福感对其旅游支持度具有积极的影响作用。

综上所述，研究认为乡村旅游地居民社区参与会对其物质幸福感、情感幸福感和自我发展产生积极的影响作用，从而进一步提高他们的整体生活幸福感及旅游支持度（图 7–1）。

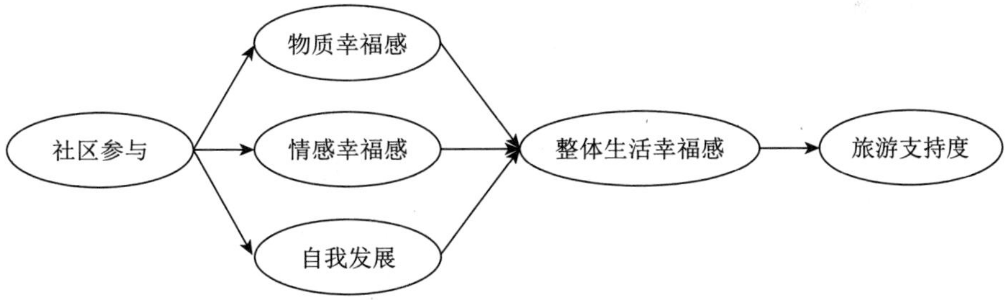

图 7–1 研究假设模型图

二、研究量表设计

调查问卷由四部分组成，第一部分是社区居民参与旅游发展的四个测量题项，具体为“我参与了乡村旅游经营、我参与了乡村旅游收入分配、我参与了乡村旅游发展规划与管理、我对村内旅游开发的意见和建议得到了尊重”

（Nunkoo & Ramkissoon，2012；Rasoolimanesh、Ringle、Jaafar 和 Ramayah，2017）；第二部分是居民关于乡村旅游发展对其个人幸福感影响的主观感知，包括物质幸福感的四个测量题项："我的收入增加了、我的生活环境更好了、我享受的公共服务设施更好了、我享受的休闲娱乐设施更多了"（Liang & Hui，2016），情感幸福感的四个测量题项："我的家庭关系更加亲近了、我与其他社区成员的关系更好了、我与村委会的关系更加密切了、我的社区归属感和自豪感更强烈了"（Kim，Uysal，& Sirgy，2013；Chi，Cai，& Li，2017），和自我发展的三个测量题项："我的工作机会更多了、我掌握了更多的知识和职业技能、我的个人成就感更高了"（Naidoo & Sharpley，2016；Nunkoo & Ramkissoon，2011），及整体生活幸福感的三个测量题项："乡村旅游对我的生活产生的影响是积极的、我的社区是理想的生活场所、我很高兴能在这个社区生活"（Lee & Jan，2019 年；Woo、Kim & Uysal，2015）；第三部分是居民对乡村旅游发展态度的的三个测量题项："我欢迎旅游者的到来、我支持社区乡村旅游的发展、我支持政府的旅游决策"（McGehee & Andereck，2004；Woo、Kim & Uysal，2015）；第四部分主要是居民的人口统计信息，具体包括性别、年龄、受教育程度、月收入水平、居住时间等信息。调查问卷中前三部分中的所有项目均采用李克特 5 级量表评分，选项分值由 5 分到 1 分依次递减，代表从非常同意到非常不同意。

三、案例地选择

乡村旅游已成为满足人们日益增长的美好生活需求、提升中国人民生活幸福感的重要途径。在高度民主化的背景下，西方国家的社区参与只是推动当地社区发展的力量之一。而作为一个民主化程度较低的发展中国家，社区参与是推动中国乡村旅游社区发展的重要力量（保继刚 & 孙九霞，2006）。尽管 20 世纪初中国乡村旅游地的社区参与是被动的或自发无序的，但随着社会民主意识的增强，社区居民参与乡村旅游发展的需求逐渐增加，加强社区参与、保护社区利益的呼声越来越高。因此，本研究尝试结合中国乡村旅游实践，探讨社区参与与居民生活幸福感之间的关系，从而得出适用于其他发展中国家的一般性结论。进一步考虑到居民对旅游影响的感知及对旅游的态度会随旅游发展阶段的不同而变化（Madrigal，1993），研究选取乡村旅游发展成熟的婺源县为案例。婺源位于中国江西省东北部，素有文人茶乡之称。婺源凭借优越的自然环境和丰富的人文资源，自1999年开始发展乡村旅游，独特的油菜花梯田、精美的徽派古建筑和特色的农耕生活方式，使婺源成为中国最美乡村，是唯一以整个县域被评为国家3A级旅游景区的县。经过20多年的乡村旅游发展，全县有国家5A级旅游景区1家，4A级旅游景区13家。婺源县2019年接待游客2463万人次，实现旅游收入244.3亿元，旅游业从业人员超过8万人。县政府一直积极鼓励居民参与乡村旅游开发，分享乡村旅游成果。但由于居民家庭区位及个体能力差异，婺源县居民的旅游参与程度不尽相同，幸福感和旅游态度也存在差异。因此，研究选取婺源县分析居民幸福感，探讨社区参与、生活幸福感与旅游发展支持度之间关系，具有较好的典型性和代表性。

四、数据收集

为确保研究数据的客观性和有效性，课题组在正式调研之前对设计的问卷量表进行了预调研。研究数据的收集过程具体如下：首先，课题组将设计好的调查问卷发放给8名旅游管理专业的博士研究生，让其以专业研究者的身份认真阅读并填写问卷，并根据自身的专业知识储备对问卷设计的内容提出相关的意见与建议，课题组在认真听取并理解其意见与建议的基础上，根据其反馈对调查问卷进行修改与完善；其次，为进一步保证实地调研的顺利展开，课题组于2019年7月前往婺源县典型的乡村旅游地李坑村随机抽取了30位居民进行问卷调查，收集被调查居民对问卷内容的意见和建议，课题根据乡村旅游地居民的反馈再次对测量量表进行修改与完善，从而充分保证调查问卷能够被当地居民理解；最后，课题组于2020年1月前往婺源县李坑、汪口、江湾、晓起、篁岭、思溪延村等典型乡村旅游村落，对当地社区居民进行了正式的随机抽样调查。Anderson和Gerbing（1988）指出，确保能够使用结构方程模型的最小样本量为200个。因此，为达到问卷样本量，满足课题研究需要，课题组在婺源县各旅游村落村干部的带领下，对居民进行一对一的问卷调查，问卷调查过程由课题组成员辅助居民完成，最终共发放问卷400份，回收有效问卷376份，问卷有效率达94%。

第三节　乡村旅游社区参与对居民幸福感的影响

一、样本人口统计信息

受访者的人口统计学特征及不同结构变量的得分均值如表7–1所示。其中，女性受访者（57.2%）多于男性受访者（42.8%）。虽然女性的社区参与程度略低于男性，但女性的整体生活幸福感和对旅游支持度较高。大多数受访者年龄为中年或以上（即大于或等于35岁），35.4%的受访者年龄在36~45岁，31.1%的受访者年龄在46~60岁。不同年龄阶段的居民呈现出不同程度的社区参与、生活幸福感和旅游支持度。具体而言，36~45岁的居民除整体生活幸福感变量得分均值相对较低外，其余维度的平均得分均为最高；而18岁以下的居民在所有变量中的平均得分均为最低。绝大多数受访者只接受过中学及以下的受教育程度，占比高达74.7%，只有6.7%的居民的受教育程度在大学及以上。不同文化程度居民之间的变量得分均值没有显著差异。在收入水平方面，除6.4%的受访者月均收入水平低于1500元外，大多数受访者较为均衡的分布在其他四个收入范围内：1500~3000元/月（21.3%）、3000~5000元/月（23.7 %）、5000–8000元/月（25.8%）及每月8000元以上（22.8%），且收入水平较高的居民往往拥有更高的社区参与水平、生活幸福感和旅游支持度。从居住时长来看，大部分受访者出生在婺源县，并在那里居住了30年以上（60.9%），而在那里居住不到3年的只有2.7%。居住在婺源县超过20年但不到30年的居民除生活幸福感外的其余变量平均得分均为最高，而居住不满3年的居民在所有变量的平均得分较低（表7–1）。

表 7–1　受访者的人口统计特征和变量得分均值

人口统计特征		f	%	社区参与	物质幸福感	情感幸福感	自我发展	整体生活幸福感	旅游支持度
性别	男	161	42.8	3.160	3.876	3.601	3.678	3.874	4.303
	女	215	57.2	3.154	3.920	3.641	3.793	3.996	4.352
年龄（岁）	小于 18	2	0.5	2.750	3.500	3.250	3.330	3.165	4.000
	18~25	8	2.1	3.156	3.875	3.719	3.793	4.000	4.376
	26~35	66	17.6	3.030	3.796	3.439	3.753	3.778	4.187
	36~45	133	35.4	3.241	3.987	3.746	3.842	3.988	4.476
	46~60	117	31.1	3.143	3.923	3.583	3.670	4.040	4.322
	大于 60	50	13.3	3.145	3.780	3.635	3.647	3.840	4.160
受教育程度	小学及以下	126	33.5	3.175	3.859	3.667	3.781	3.926	4.310
	初中	155	41.2	3.129	3.960	3.602	3.738	3.972	4.336
	高中	70	18.6	3.168	3.825	3.554	3.625	3.914	4.357
	大学及以上	25	6.7	3.200	3.960	3.740	3.920	3.934	4.334
月收入水平	少于 1500 元	24	6.4	3.146	3.656	3.573	3.570	3.875	4.098
	1500~3000 元	80	21.3	3.100	3.888	3.653	3.613	3.846	4.204
	3000~5000 元	89	23.7	3.169	3.829	3.520	3.671	3.738	4.195
	5000~8000 元	97	25.8	3.126	3.897	3.585	3.832	4.024	4.413
	高于 8000 元	86	22.8	3.233	4.061	3.762	3.887	4.175	4.562

续表

人口统计特征		f	%	社区参与	物质幸福感	情感幸福感	自我发展	整体生活幸福感	旅游支持度
居住时间（年）	少于 3 年	10	2.7	2.900	3.750	3.600	3.667	3.532	4.233
	3~5	15	4.0	2.917	3.983	3.683	3.777	4.000	4.422
	6~10	43	11.4	3.111	3.936	3.535	4.024	4.086	4.419
	11~20	43	11.4	3.111	3.890	3.570	3.861	3.869	4.132
	21~30	36	9.6	3.194	4.007	3.736	3.759	3.991	4.491
	大于 30	229	60.9	3.194	3.881	3.630	3.667	3.938	4.325

二、社区参与、居民幸福感及旅游支持度维度得分

被调查居民在社区参与、物质幸福感、情感幸福感和自我发展、整体生活幸福感及旅游支持度各维度的得分均值具体如表 7–2 所示。根据 Tosun（2002）所言，得分在 1~2.4 为较低水平，2.5~3.4 为中等，3.5~5 则是较高水平。“社区参与”维度的所有指标平均评分均在 2.883~3.364，表明受访者的旅游发展整体参与度处于中等水平。各测量指标中，“我对旅游发展的意见和建议得到了尊重”项的平均分最低，表明大部分受访者对乡村旅游发展的意见和建议没有被决策者采纳。“物质幸福感”“情感幸福感”和“自我发展”维度的平均分分别位于 3.819~4.035、3.359~3.867 和 3.593~3.944，整体生活幸福感维度各测量项目的平均分在 3.872~4.037，表明大部分被调查者认为乡村旅游发展有效提高了他们的幸福感，尤其是物质幸福感。“旅游支持度”各测量题项的平均分在 4.325~4.338，相对较高，表明大多数受访居民愿意继续支持乡村旅游发展。

表 7–2　各测量题项的得分均值及标准化因子载荷值

测量题项	均值	标准差	标准化因子载荷
社区参与（Community participation，CP）			
我参与了乡村旅游经营	3.364	0.838	0.781***
我参与了乡村旅游收入分配	3.202	0.791	0.717***

续表

测量题项	均值	标准差	标准化因子载荷
我参与了乡村旅游发展规划与管理	3.176	0.735	0.782***
我对村内旅游开发的意见和建议得到了尊重	2.883	0.771	0.694***
物质幸福感（Material well-being，MW）			
我的收入增加了	4.035	0.674	0.769***
我的生活环境更好了	3.851	0.467	0.750***
我享受的公共服务设施更好了	3.899	0.506	0.832***
我享受的休闲娱乐设施更多了	3.819	0.606	0.757***
情感幸福感（Emotional well-being，EW）			
我的家庭关系更加亲近了	3.726	0.798	0.798***
我与其他社区成员的关系更好了	3.543	0.733	0.737***
我与村委会的关系更加密切了	3.359	0.690	0.733***
我的社区归属感和自豪感更强烈了	3.867	0.802	0.700***
自我发展（Self-development，SD）			
我的工作机会更多了	3.944	0.536	0.807***
我掌握了更多的知识和职业技能	3.593	0.595	0.730***
我的个人成就感更高了	3.692	0.585	0.733***
整体生活幸福感（Happiness of life，HOL）			
乡村旅游对我的生活产生的影响是积极的	3.872	0.602	0.822***
我的社区是理想的生活场所	3.920	0.704	0.875***
我很高兴能在这个社区生活	4.037	0.688	0.813***
旅游支持度（Support for tourism development，SFTD）			
我欢迎旅游者的到来	4.325	0.629	0.851***
我支持社区乡村旅游的发展	4.338	0.624	0.812***
我支持政府的旅游决策	4.330	0.647	0.806***

NOTE：*** significant at $P < 0.001$.

三、信度与效度分析

进一步采用验证性因子分析（CFA）来测试量表的信度和效度。信度通常通过检验结构变量的组合信度（CR）来反映，并且认为结构变量的组合信度应高于 0.7。结果（表 7–3）表明，所有结构变量的组合信度均在 0.8 以上，表明量表信度较高，各测量题项的内部一致性较好。效度主要体现在收敛效度和区别效度两个方面，其中收敛效度用标准化因子载荷值和显著性及平均方差萃取值（AVE）来衡量，表示同一结构变量的不同观测指标是否相互关联（Anderson & Gerbing，1988）。表 7–2 显示，所有题项的标准化因子载荷均显著（$P < 0.001$），且载荷值介于 0.694 ~0.875，大于 0.5，且所有结构变量的 AVE 得分均高于 0.5，表明收敛效度良好。区别效度是指结构变量之间的显著差异，通过 AVE 的平方根是否大于测量模型中结构变量之间的相关系数来评估。结果显示，结构变量之间的所有相关系数均低于 *AVE* 的平方根，表明具有足够的区别效度。因此，综合测量模型具有较好的信度和效度。

表 7–3　结构变量的信度与效度

	CP	***MW***	***EW***	***SD***	***HOL***	***SFTD***	***CR***	***AVE***
CP	0.745						0.832	0.555
MW	0.438	0.778					0.859	0.605
EW	0.351	0.437	0.743				0.831	0.552
SD	0.225	0.504	0.462	0.758			0.801	0.574
HOL	0.215	0.476	0.385	0.461	0.837		0.875	0.701
SFTD	0.238	0.434	0.277	0.333	0.623	0.823	0.863	0.678

NOTE：*CP* = 社区参与；*MW* = 物质幸福感；*EW* = 情感幸福感；*SD* = 自我发展；*HOL* = 整体生活幸福感；*SFTD* = 旅游支持度 .

AVE 的平方根在对角线上用粗体表示；非对角线是结构变量的 Pearson 相关系数。

四、假设检验

基于验证性因子分析，将所有结构变量和观察变量引入到设定的结构方程模型中对理论假设进行检验。结果显示，模型拟合指数为：$\chi^2 = 436.036$；$df = 182$；$\chi^2/df = 2.396$（理想值 1~3）；$P < 0.0001$；$CFI = 0.93$（理想值 0.9）；$GFI = 0.90$（理想值 0.9）；$RMSEA = 0.06$（理想值 0.05~0.08）。因此，测量模型的拟合优度较好。

进一步采用极大然估计法分析结构模型中的路径系数。结构变量之间的关系具体如图 7–2 所示，每个箭头上的路径系数均为标准化数据，假设检验结果则具体如表 7–4 所示。结果表明，七个研究假设均得到了支持。根据 Cohen 的经验法则，结构变量之间的相关性可以通过路径系数来反映，即小于 0.3 表示两个变量之间的相关性较弱、介于 0.3~0.5 为中等，大于 0.5 则相关性较强（Deccio & Baloglu，2002）。分析结果显示，从社区参与到物质幸福感（H1）的路径系数 $\beta = 0.478$ 且显著（$P < 0.001$），位于中等水平；从社区参与到情感幸福感的路径系数 $\beta = 0.405$ 且显著（$P < 0.001$），也是中等水平。然而，从社区参与到自我发展的路径系数略低于 0.3（$\beta = 0.294$，$P < 0.001$），这意味着居民社区参与对其自我发展的影响弱于物质幸福感和情感幸福感。从物质幸福感到整体生活幸福感的路径系数为中等水平（$\beta = 0.327$，$P < 0.001$）；从情感幸福感到整体生活幸福感的路径系数则相对较低（$\beta = 0.167$，$P < 0.005$），从自我发展到整体生活幸福感的路径系数同样相对较低（$\beta = 0.270$，$P < 0.001$）。这说明物质幸福感、情感幸福感和自我发展确实影响了居民的整体生活幸福感，且物质幸福感的影响作用更大。从整体生活幸福感到旅游支持度的路径系数则相对较高（$\beta = 0.620$，$P < 0.001$），表明居民的生活幸福感越强，其对旅游发展的态度越积极。总体来说，本研究结果证明了社区参与能够正向影响居民幸福感，并能够进一步影响居民对旅游发展的支持度。

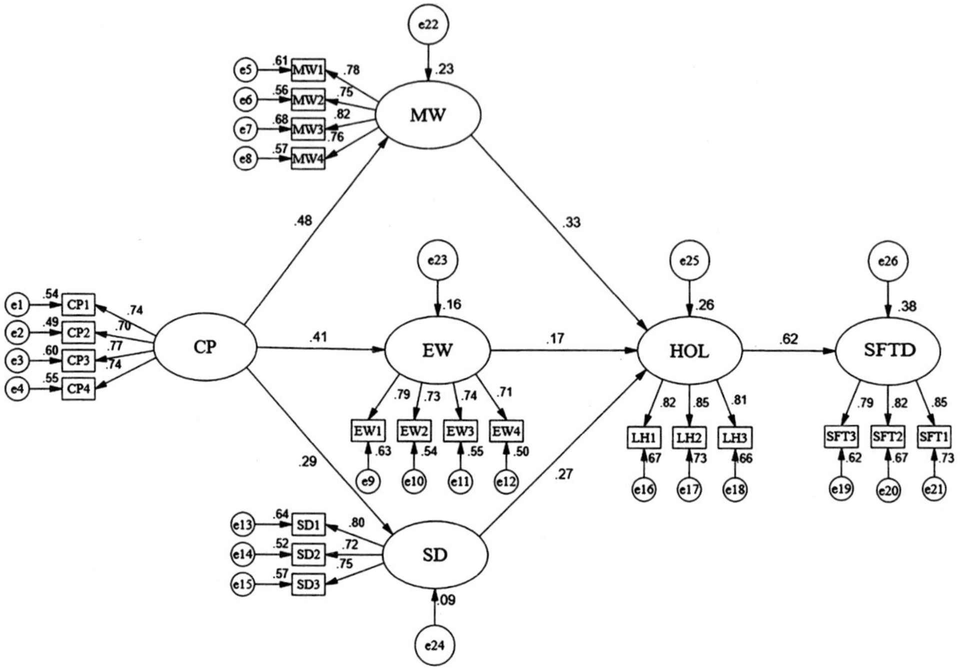

图 7–2 假设模型的标准化参数

表 7–4 假设检验结果

路径	标准化路径系数	*t* 值	*p* 值	假设检验
H1 社区参与 → 物质幸福感	0.478	7.741	***	支持
H2 社区参与 → 情感幸福感	0.405	6.434	***	支持
H3 社区参与 → 自我发展	0.294	4.591	***	支持
H4 物质幸福感 → 整体生活幸福感	0.327	5.695	***	支持
H5 情感幸福感 → 整体生活幸福感	0.167	2.964	**	支持
H6 自我发展 →整体生活幸福感	0.270	4.606	***	支持
H7 整体生活幸福感 → 旅游支持度	0.620	10.618	***	支持

注：** 表示在 0.005 的水平上显著；*** 表示 0.001 的水平上显著 .

第四节 结论与启示

一、研究结论

研究构建了一个理论模型，并以成熟的乡村旅游地婺源县为案例地进行了实证研究，从而回答以下问题：居民参与旅游发展是否会影响他们的物质幸福感、情感幸福感和自我发展？居民对这三个幸福感维度的感知如何影响他们整体的生活幸福感？居民整体的生活幸福感是否又会进一步影响他们对旅游发展的态度？研究结果表明：

第一，乡村旅游地居民的生活幸福感主要由物质幸福感、情感幸福感与自我发展三个维度构成。物质生活水平的改善（如公共与医疗卫生服务、休闲娱乐设施、日常生活环境等），情感联系的增加（如社区归属感提升、社会关系良好和心理满足感增强等）以及个人自我发展的实现（如就业机会增加、职业技能提升、个人成就感增强等）是决定乡村旅游地居民生活幸福感的三个重要方面（Paul & Sreejesh，2017；Lee & Jan，2019；Naidoo & Sharpley，2016；Suess，Baloglu & Busser，2018；Woo，Kim & Uysal，2015）。特别地，研究还发现乡村旅游地居民的物质幸福感和个人发展对其整体生活幸福感的影响作用比其情感幸福感更为重要。虽然这一发现与 Kim，Uysal 和 Sirgy（2013）的研究结果不太一致，他们认为居民的情感满足是决定其生活幸福感的最重要因素。但是，正如 Chi，Cai 和 Li（2017）所指出的那样，尽管社会关系对居民生活幸福感的影响在统计学上并不显著，但社区居民与家人、邻居和朋友之间的良好关系是他们生活幸福感的重要决定因素之一，其原因在于中国乡村社会居民非常重视社会关系（Ahuvia，2002）。因此，研究依然认为情感幸福感是乡村旅游地社区居民生活幸福感的重要组成部分，是影响其整体生活幸福感的重要因素之一。

第二，社区参与确实能提升居民的生活幸福感，其对居民的物质幸福感、情感幸福感和自我发展均具有显著的正向影响作用。研究结果表明乡村旅游参与程度较高的居民（如参与乡村旅游经营、利益分配及决策制定等）不仅对自己的物质生活与情感生活更加满意，而且往往拥有更高的自我成就感，认为自身的个人价值得到了有效实现。这一研究发现与 Sebele（2010）的主张相一致，即如果能够使目的地社区居民更多地参与旅游业发展，将可以帮助居民获得更多的旅游收益，从而让居民过上更加幸福的生活。Lee（2013）和 Rasoolimanesh，Ringle，Jaafar 和 Ramayah（2017）同样表示社区参与是影响居民旅游效益感知的重要因素，认为目的地居民的旅游参与程度越高，其对物质生活提升及个人成就感增强的感知越强烈。总体而言，以社区为导向的旅游发展被认为是能够满足居民的物质幸福感，增强居民的情感幸福感，并增加促进其个人发展机会的最有效途径（Nicholas，Thapa & Ko，2009；Su & Wall，2014）。

第三，居民生活幸福感对旅游发展具有重要影响，即居民的生活幸福感越强，其对乡村旅游发展的态度越积极。Suess，Baloglu 和 Busser（2018）以及 Woo，Kim，和 Uysal（2015）都提出居民对旅游影响的感知越积极，其对生活的满意度越高，对旅游发展的态度也就越积极。另外，本文的研究结果同样表明，乡村旅游地社区居民的整体生活幸福感可以作为中介变量，将社区参与、物质幸福感、情感幸福感、自我发展及旅游支持度等结构变量联系在一起。这不仅有效论证了社区参与能够从物质幸福感、情感幸福感及自我发展三个不同的方面影响居民整体的生活幸福感（Gursoy，Chi，& Dyer，2010；Lee，2013；Rasoolimanesh，Ringle，Jaafar & Ramayah，2017），而且进一步证实了居民生活整体幸福感的提高是影响其旅游支持度的决定性因素（Chi，Cai & Li，2017；Liang & Hui，2016；Kanwal，Rasheed，Pitafi，Pitafi，& Ren，2020）。

二、理论意义

第一，提出了乡村旅游地居民生活幸福感的来源和形成机制。以往的旅游研究大都是通过生活满意度，生活质量或主观幸福感等术语来指代幸福感的概念（Smith，& Diekmann，2017），但很少有研究清楚地说明幸福感与其他术语之间的本质区别（McCabe，& Johnson，2013）。本研究通过辨析幸福感与其他术语的内涵差异，尝试从物质幸福感，情感幸福感和自我发展三个维度来衡量居民的生活幸福感。发现这三个维度对居民的整体生活幸福具有显著的积极影响。本研究还特别关注了自我发展在居民幸福感中的作用，结果表明，自我发展对居民整体生活幸福感的影响比情感幸福更为显著。这意味着自我发展因素将成为居民生活幸福感的关键组成部分，这也是幸福感与生活满意度或生活质量等术语之间的最大区别。总体而言，本研究能够有效深化我们对幸福感的理解，丰富了生活幸福感的测量维度，为旅游目的地居民幸福感的来源与构成研究提供了重要的理论支撑。

第二，指出了居民生活幸福感对乡村旅游发展的影响作用。本研究构建了基于社会交换理论的社区参与、生活幸福感及旅游支持度的理论模型。通过选取乡村旅游发展成熟的江西省婺源县为案例进行实证分析，将社区参与作为前因变量，探讨了居民参与旅游发展如何影响其生活幸福感并进一步影响其对旅游发展的态度。结果表明居民参与旅游发展能够从物质幸福感、情感幸福感及自我发展三个方面有效增强其个人整体的生活幸福感，而居民整体的生活幸福感又能进一步提高其旅游支持度。这不仅有助于我们更好地理解社区参与对乡村旅游地居民生活幸福感的影响机制，更能够进一步解释居民幸福感对乡村旅游地可持续发展的作用机制。乡村旅游发展与目的地社区居民生活幸福感密切相关，居民参与旅游发展是提升生活幸福感的动力源泉，居民生活幸福感的提升反过来同样成为当地旅游业进一步持续发展的关键性驱动力。

三、管理启示

一方面，研究通过对居民幸福感的维度划分与测量，为乡村旅游发展促进目的地居民整体生活幸福感提升提供了参考与借鉴。研究结果表明居民的整体生活幸福不仅受其物质和情感幸福感的影响，而且还取决于其对自我发展的感知。旅游业对当地居民生活的各个方面都产生了巨大的影响，特别是在乡村地区（Kim，Uysal & Sirgy，2013）。乡村旅游发展有助于增加居民的个人收入、改善居住环境、提升公共服务和休闲设施，从而极大地丰富了当地居民的物质生活。同时乡村旅游的发展也能够增加居民与社区成员之间的相互联系，增强了居民之间的情感联结。此外，工作机会的增加和专业技能的提高促进了居民的个人发展，进一步提高了其整体生活幸福感。因此，地方政府和管理者应尝试从不同方面增强旅游地居民的生活幸福感。

另一方面，本研究强调了社区参与在增强居民幸福感与旅游支持度中的重要作用，这对目的地管理者旅游发展决策制定与规划设计具有重要的现实意义。旅游管理者与开发商应高度重视社区居民参与当地旅游业的发展，并努力为居民提供尽可能多的参与机会。具体可以通过让居民参与乡村旅游经营，以增加他们在旅游业发展中的直接经济收益，并确保所有居民能够参与旅游收益分配，从而提高旅游收益分配的广度和公平性。此外，管理者还应着眼于长远的乡村旅游发展，不仅要提高目的地居民的主人翁意识，而且要将社区居民视为目的地旅游业发展的核心利益相关者，赋予当地居民参与旅游发展规划和管理决策的权力，重视旅游地居民的生活幸福感及其对当地旅游发展的意见与看法，从而提高他们的整体生活幸福感，为长期旅游发展提供积极支持。

Part 8

第八章　乡村旅游发展中的居民抗争行为及其解释框架

第一节　概念界定与研究述评

一、抗争的概念及其理论解释

抗争是抗争主体在明确感知到自身利益受损的冲突情境中提出影响抗争客体利益要求的行为，它可以被视为个人或集体克服不平等权力的重要行动（Pritchard，& Morgan，2001；Crouch，2007；Brown，2009）。抗争的双方常常是个人，但其中的一方或另一方也可能是一个群体或一个机构。抗争涉及的是提出影响他人利益的要求。最简单的抗争形式是：一方（主体，要求提出者）针对另一方（客体，要求接受者）提出自己的要求。而所谓要求则包含至少一个主体对至少一个客体施加显著影响。要求的范围变化涵盖了从战战兢兢提出的请求到意欲发动攻击时的尖锐要求。一旦这些要求实现，便会以某种方式对客体的福祉及其利益产生影响。

抗争事件的发生往往与社会矛盾激化、公民意识觉醒、维权运动蓬勃发展等社会经济背景有关。民众抗争策略的选择则会同时受到外部宏观历史条件（政治权威的性质、政治权威的地域范围和技术条件）和内在运动过程

（行动者的组织化水平、集体行动采用的文化框架和参与者的结构性地位）两个方面因素的影响。换句话说，特定的社会制度和权力结构塑造了人们政治抗争的机会结构、资源条件和可行策略，从而在很大程度上形塑了相应的抗争方式。目前为大多数学者所认可的农民抗争解释框架主要有两种：以Scott为代表的“日常反抗”模式和以O’Brien、Li为代表的“依法抗争”模式。Scott通过对东南亚农村的田野调查，分析了20世纪70年代国家农业改革“绿色革命”背景下的农民反抗，强调从“底层的视角”分析农民抵抗策略，并认为受村庄文化、关系和地理等因素影响，农民往往会选择介于完全服从与大规模革命之间的日常反抗行为（如偷懒、装糊涂、开小差等）来维护自身利益（Scott，1987）。O’Brien和Li则指出农民发起抗争的起因在于“利益受损”，或是因为他们既有的权益受到侵犯，或是因为主动争取本该属于他们却没有得到的权益，抗争方式除了采用Scott所讲的“日常反抗”和传统的武力抵抗外，还会通过上访等公开的、准制度化或半制度化的形式来维护自己的合法权益（O’Brien，2005；2006）。

然而，上述关于乡村居民抗争的解释框架更多的是侧重于解释居民抗争的策略选择，而没有阐述乡村居民抗争行动策略形成背后的逻辑规律。区别于传统的乡村地区，乡村旅游地存在地方政府、旅游开发商与当地居民三大核心利益主体，居民的直接抗争对象往往可能不是地方政府，而是外来的旅游开发商。居民与旅游开发商之间的利益博弈，不仅取决于特定的社会制度与权力结构，还会受不同利益主体自身内在的思想观念与行为准则的影响。为了更好地理解当前中国乡村旅游地居民抗争行动策略的内在形成机制，我们既要考虑农民所处的宏观环境，又要考虑不同行动者主体之间关系变化的微观作用过程（Cornet，2015）。乡村旅游发展改变了传统乡村地区的社会关系网络，并形成了特殊的乡村旅游场域空间（郭文 & 黄震方，2013）。在乡村旅游场域中的社区居民往往拥有着不同于传统乡村社区居民的资本结构，其抗争行为策略与特征也与一般的农民抗争具有显著差异（Hwang & Stewart，2017）。因此，本章尝试从微观作用过程切入深入探索乡村旅游地居民抗争策略形成的本质特征，并对乡村旅游地居民抗争行为进行理论解释，从而进一步丰富完善关于居民抗争行为的理论解释框架。

二、旅游发展中的抗争研究述评

居民对乡村旅游发展的态度被认为是目的地旅游业可持续发展的关键（Stylidis et al，2014；Stylidis，2013；2019）。虽然已有大量研究探讨了乡村旅游地居民影响感知及其对旅游发展的态度（Almeida-García et al，2016；Boley et al，2014；Nunkoo & Gursoy，2012；Sinclair-Maragh et al，2015；Sirakaya et al，2002；Rasoolimanesh et al，2017），并认为乡村居民是推动乡村旅游发展的关键力量，其态度直接影响参与乡村旅游发展过程中的行为表现，进而决定乡村旅游开发的成败。

虽然旅游业已经被公认为是促进目的地社会经济发展的重要引擎，但不同的利益主体获得的旅游收益分配具有明显差异（Yang et al，2013）。一个显著的事实是，旅游发展的不断深入会导致各利益主体权益分配不均，尤其是对发展中国家而言，乡村居民通常既是乡村核心旅游吸引物的提供者，同时也可能是旅游权益获取最少的群体（Mitchell & Reid，2001）。当这部分群体感知到权益分配不均或利益受损超过其忍耐极限时，作为个人或集体克服不平等权利的重要行动或行为表达，抗争或者抵抗就会产生，并在很大程度上阻碍乡村旅游地发展（Christophe，2017）。已有研究显示，随着乡村旅游业的不断蓬勃发展，乡村居民的权利意识也不断提高，因旅游收益分配、土地征收、房屋拆迁等原因引发的居民抗争事件已出现在世界多个国家和地区，并对这些国家和地区的乡村旅游和社会经济发展产生了重要影响（Kousis，2000；Wang & Yotsumoto，2019）。如在印度尼西亚的龙目岛社区，当地居民也因维护其土地所有权与旅游公司及政府发生了冲突（Fallon，2001）。Garifuna 认为他们不仅没有从旅游发展中获得明显的经济效益（包括就业和家庭收入），而且旅游业的开发还破坏了其原有的生计方式，因此通过堵路、游行等形式集体反抗加勒比海岸及穿村公路建设（Christopher，2017）。类似的，在中国的乡村旅游发展过程中，同样因旅游收益分配不公和土地征收等问题发生过多起居民抵抗事件，乡村旅游地居民不仅通过私自拆除古民居搭建新房抵抗地方政府对传统建筑的保护（周春发，2012），而且还与旅游公司发生公开冲突，集体反抗旅游公司收取门票。

良好的社会生态环境是旅游地居民赖以生存的重要基础，旅游发展导致的社会生态环境破坏成为居民抗争事件发生的另一个重要原因。对于旅游发展造成的社会环境影响，当地居民与旅游开发商的观点往往会具有显著差异，从而不可避免地导致双方因旅游发展而产生矛盾与冲突（Kuvan et al，2012）。在 Kousis 的研究中，大众旅游的蓬勃发展对目的地社区的生态环境造成了严重的负面影响，社区居民被动员起来集体反对希腊、西班牙和葡萄牙的旅游投资商和地方政府（Kousis，2000）；韩国济州岛的五个社区的居民在旅游发展之初，也因为保护自然风光并防止海洋环境的破坏，通过集体行动的方式进行示威、谈判，反对外来旅游开发商的度假村和酒店建设。此外，东道主社区的传统民俗文化是旅游者眼中独特的吸引物，同时也是当地居民的内在精神信仰。传统文化的过度商业化利用导致文化原真性丢失的问题会给当地居民带来强烈的心理创伤，从而进一步引致居民抵抗行为的产生。这一问题在遗产旅游地和民族旅游地尤为突出。如中国贵州多个少数民族社区的居民因外来旅游开发商对当地传统文化的表述不当及过度商业化利用而发起了强烈的集体抵抗行动，甚至导致了一家外来公司被驱逐（Cornet，2015）；傣族园旅游公司为保持民族旅游地的原始风貌，在严格限制当地居民必须使用木材料建造新房的同时，自己却使用现代化的材料建造旅游商店，从而导致了当地居民的强烈反抗（Kuvan et al，2012）。

基于上述讨论可知，旅游地居民抗争事件发生的原因主要涉及经济利益分配、生态环境保护与传统文化冲击三个方面，且旅游地居民抗争往往是以集体行动、而非个体冲突的方式进行。然而，当前关于旅游地居民抗争的研究多是分析某一截面时间段抗争事件的发生原因及居民抗争的行动策略，缺乏对居民抗争事件发生背后的逻辑和行动策略选择及其内在形成机制的深入探讨。为弥补当前研究不足，本研究尝试选取乡村旅游发展成熟、居民抗争事件发生次数较多的江西省婺源县李坑村为案例地，通过对李坑村乡村旅游开发过程中居民抗争事件的历时性分析，归纳总结乡村旅游地居民抗争的策略选择及其形成机制。

第二节 研究设计

一、理论背景：场域—资本理论

根据布迪厄所言，场域是由附着于某种权力（或资本）形式的各种位置间的一系列客观历史关系所构成。它具有两个关键特征：第一，场域是各种客观力量被调整定型的一个系统，其作用方式很像磁场，将某种特定引力施加到所有进入该场域的客体和行动者身上，从而形成一个关系构型。第二，场域是一个冲突和竞争的空间，参与者彼此竞争，获取能在场域内发挥作用的各种资本。在这样一个社会构建的空间里，行动者根据他们在空间里所占据的位置进行着争夺，以求改变或力图维持其空间的范围或形式。资本是特定场域里的有效资源，它是一种积累起来的劳动。资本可以表现为三种基本的类型：①经济资本，这种资本可以当下直接转换成金钱，这一转换过程是以私人产权的形式制度化的；②文化资本，在某些条件下，这种资本能够转换成经济资本，这一转换过程是以教育资质的形式制度化的；③社会资本，它由社会义务（联系）所构成，在一定条件下也可以转换成经济资本，而这一转换过程是以某种高贵身份的形式被制度化的。资本既是斗争的武器，也是争夺的关键，行动者在场域中所采取的行动策略取决于他拥有的资本的结构和数量。资本的价值则取决于场域，不同种类资本的价值和作用会随着场域的变化而不同。

在特定的乡村旅游场域中，为社区居民所有的自然和文化资源通过资本化运作逐渐成为社区居民与外来开发商获取经济资本的旅游资源。乡村旅游场域中的居民抗争通常是社区居民与外来开发商相互作用的结果。社区居民与旅游开发商基于各自的利益诉求，并依赖自身掌握的“资本”在相互妥协中共同营造了乡村旅游发展的整体环境。也即不同利益主体的作用关系构成了一个特殊的乡村场域空间，并与“资本”共同影响乡村旅游地居民抗争行为策略选择。因此，文章采用布迪厄的“场域—资本”理论对乡村旅游地的居民抗争行为进行分析。

二、案例地选取

随着近年中国乡村旅游发展的不断深入，居民权利意识的日趋觉醒，因旅游收益分配、土地征收、房屋拆迁等原因引发的居民抗争事件在中国乡村旅游地频有发生，其中李坑村便是当前中国乡村旅游发展成熟、居民抗争事件发生次数较多的典型案例（Wang，& Yotsumoto，2019）。李坑村位于中国中部的江西省婺源县，是婺源县旅游发展最早的村落，李坑村居民也成为参与旅游开发最早的“吃螃蟹者”。李坑村于 1999 年在村委会的领导下正式发展乡村旅游，并在 2000 年实现了近 10 万元的旅游门票收益，旅游收益则主要用于缴纳村民的农业税、农特税、屠宰税等各种税费。然而，2001 年，婺源县政府为吸引民营资本，将李坑村 30 年的旅游经营权转让给旅游公司 A，自此李坑村乡村旅游进入了快速发展阶段，居民旅游收益分配方式也在反复改变（表 8–1）。旅游公司 A 与村委会签订了二十年的合作经营协议，居民旅游收益分配方式在定额制与按比例分成两种方式之间反复变化。2007 年，婺源县政府转变了旅游发展思路，从之前鼓励民营资本单点开发，改为组建统一的旅游公司对县内景区实行统一管理。于是成立了旅游公司 B，其中婺源县政府占股 21%，李坑村的旅游经营权也被再次转移给旅游公司 B。村民收益分配方式沿用定额制，即在 2008—2010 年期间，李坑村居民获得的旅游收益分配固定为每人每年 1230 元。2011 年，旅游公司 B 再次与居民签订协议，从 2011 年起定额每人每年 2100 元，往后每年增加 60 元，居民收益分配逐渐增加到 2015 年的 2340 元 / 人。此后，旅游公司 B 与居民再也没有签订收益分配协议，2019 年居民旅游收益仍为 2340/ 人。整体来看，自 1999 年开发旅游业以来，李坑村居民与外来投资商之间共发生过两个阶段的抗争事件。一是 2001—2007 年期间，李坑村居民因旅游门票收益分配问题与旅游公司 A 进行了多次谈判，并通过集体围堵景区路口的方式成功实现了居民旅游门票收益分配在定额制与比例制之间的反复变化。二是 2007—2019 年期间，当地居民在与旅游公司 B 进行过多次谈判并通过集体围堵景区路口的方式进行抗争，却未能完全实现其利益诉求的基础上，开始通过带领游客逃票的方式来增加自身旅游收益。对比李坑村两个阶段的居民抗争事件可以发现，乡村旅游地居民会根据介入主体的差异或外部环境的不同而选择不同的抗争策略来实现其利益诉求。因此，本研究选取婺源县李坑村为案例，进行乡村旅游地居民抗争行动策略及其形成机制研究，具有较好的典型性与代表性。

表 8–1　李坑村居民旅游收益分配方式

经营主体	时间段	合同签订主体	收益分配方式
村民自主经营	1999—2001.09	无	门票收入用于缴纳村民农业税、农特税、屠宰税等各种税费
旅游公司 A	2001.09—2003.03	旅游公司 A 和村委会（征得所有村民同意）	2001 年 9 月，旅游公司 A 和村委会签订了 20 年的经营合作协议：第一个五年由乙方代缴李坑村民税费；第二、三、四个五年，乙方在代村民缴纳税费的同时，分别补偿村民，每人每年 100 元、200 元、300 元
	2003.03—2004.04	旅游公司 A 和村委会（未征得所有村民同意）	2003 年 3 月旅游公司 A 和村委会再次签订了一份补充协议，将门票收益改为定额制，村民每年 30 万元，往后每年增加 5 万元
	2004.04—2007.06	旅游公司 A 和村委会（征得所有村民同意）	2004 年 4 月再次签订合作协议，门票收益按比例分成，即前 10 年村民 19%，后 10 年村民 21%
	2007.06—2007.12	旅游公司 A 和村委会（征得所有村民同意）	2007 年 6 月，旅游公司 A 与村民协商达成一致，门票收益再次改为定额制，即每人每年获得 1230 元的资源补偿费

续表

经营主体	时间段	合同签订主体	收益分配方式
旅游公司B	2007.12—2010.12	旅游公司 B 和镇政府（村委会和村民不知情）	2007 年 12 月，旅游公司 B 和李坑村所在的秋口镇签订三年的合作协议，规定村民门票收益分配方式为定额制，每人每年 1230 元的资源补偿费。
	2011.01—2015.12	旅游公司 B 和村委会（征得所有村民同意）	2011 年 12 月，旅游公司 B 和村委会签订五年的合作协议，规定村民门票收益分配方式继续采用定额制，2011 年每人 2100 元，此后 4 年在此基础上每年增加 60 元，至 2015 年增加为 2340 元。
	2016.01—2019.12	没有再签订合作协议	村民门票收益分配方式为定额制，每人每年 2340 元的资源补偿费。

三、数据收集

课题组自 2018 年 3 月起开始关注案例地乡村旅游发展中的居民抗争问题，并广泛进行相关的数据收集，历时两年多。研究数据主要来源于两个方面：一是实地调研过程中通过访谈法和观察法所获得的一手资料数据；二是在实地调研过程中收集到的村委会提供的关于案例地历史发展沿革和旅游发展情况的文本数据，以及笔者通过政府网站、新闻报道等收集到的关于李坑村居民抗争的网络资料。田野调查时间主要有四个阶段：第一个阶段是在 2018 年 3 月 9—11 日，初步了解案例地乡村旅游发展历程及居民参与乡村旅游的基本情况；第二个阶段是在 2018 年 7 月 1—15 日，通过半结构性访谈、参与式与非参与式观察，深入了解案例地旅游发展过程中多次居民抗争事件的发生过程与结果；第三和第四个阶段分别是 2019 年 7 月 2—4 日和 2020 年 10 月 30—11 月 2 日，通过补充调研进一步完善不同利益主体关于居民抗争事件的认识与看法等资料数据。此外，在论文写作期间，作者还借助前期在案例地建立的社会网络关系，与案例地居民和政府官员等保持联系，持续跟踪完善研究数据。本研究中的受访者主要包括以下三种类型：一是曾经参与过抵抗行动的李坑村村民；二是了解居民抵抗事件的旅游公司的工作人员；三是了解李坑村居民抵抗事件的地方政府官员。研究最终获得访谈样本 28 人，其中当地居民 23 人（LR1–23），旅游公司工作人员 3 名（TCS1–3），政府官员 2 人（GO1–2），受访者信息具体如表 8–2 所示

表 8–2 受访者编号及人口特征信息

编号	性别	年龄	身份
LR1	女	46	当地居民 / 农家乐经营者
L R2	男	48	当地居民 / 农家乐经营者
LR3	女	57	当地居民 / 竹筏经营者
LR4	男	63	当地居民 / 竹筏经营者
LR5	男	36	当的居民 / 民宿老板
LR6	男	62	当地居民 / 流动摊贩
LR7	女	39	当地居民 / 商铺老板娘
LR8	男	65	当地居民 / 原村民代表
LR9	女	35	当地居民 / 商铺老板娘
LR10	男	53	当地居民 / 竹筏经营者
LR11	女	31	当地居民 / 手工编织者
LR12	男	41	当地居民 / 农家乐经营者
LR13	男	62	当地居民
LR14	女	27	当地居民 / 民宿老板娘
LR15	男	44	当地居民 / 农家乐经营者
LR16	男	75	当地居民
LR17	男	51	当地居民 / 农家乐经营者
LR18	男	30	当地居民 / 农家乐经营者
LR19	男	35	当地居民 / 农家乐经营者
LR20	女	43	当地居民 / 农家乐经营者
LR21	男	38	当地居民 / 商铺老板
LR22	女	49	当地居民 / 农家乐经营者

续表

编号	性别	年龄	身份
LR23	男	46	当地居民 / 农家乐经营者
TCS1	男	38	旅游公司的工作人员
TCS2	男	45	旅游公司的工作人员 / 当地居民
TCS3	男	42	旅游公司的工作人员
GO1	男	43	当地村委会工作人员
GO2	男	26	当地村委会工作人员

第三节　乡村旅游发展中的居民抗争行为策略及解释框架

一、居民抗争行为策略选择

（一）居民对旅游公司 A 的抗争策略

李坑村乡村旅游肇始于 1999 年，早期的乡村旅游参与主体形态相对较为简单，代表乡村集体利益的村委会在征得全体村民同意的情况下，与旅游公司 A 签订了二十年的旅游开发合作协议，同意将李坑村作为旅游景区的经营主权转让给公司 A，并在双方均对远期收益缺少科学预判的情景下，协议中明确规定了以年度“固定收益”为特征的旅游收益分配方式。在双方均有旅游发展意愿并从中获利的愿景下，旅游公司 A 不断加大对李坑村的旅游投资力度，乡村居民也通过流动摊贩、竹筏经营等方式参与乡村旅游经营。显然，通过旅游开发的预期收益这一纽带，李坑村居民与企业 A 共同构成了该村旅游发展独立的社会关系网络。

——当时村里欠债欠得多，负了二十多万元钱的债。从老百姓那里去收钱来集资搞旅游是不可能的。后来大家通过做工作就形成一个共识，让老板来开发（GO1，男，43岁）。

——第一个五年由乙方代缴各项税费（约10万元）作为村民旅游门票收益；第二、第三、第四个五年，在第一个五年的基础上，由乙方分别补偿村民，每人每年100元、200元、300元，不足或剩余部分由乙方处理（GO1，男，43岁）。

——尽管经营时间仅有一年，但在旅游公司A的有效运营下，李坑村门票收入从2001年的不足10万元迅速增加到2002年的100多万元。通过将原协议中规定的收益分配方式与旅游公司A现有的旅游门票收入进行对比，李坑村居民开始对原有协议产生严重的不满情绪，双方原本融洽的合作氛围开始出现裂痕。

——那个时候我们哪里知道一年就可以赚这么多钱，2001年10万元，他帮我们缴税是10万元左右，这个我们肯定可以接受，但是他第二年就是100多万元，给我们缴税才10万元，那我们肯定就亏了呀（LR2，男，48岁）。

——于是，李坑村居民开始探讨改变与旅游公司A的合作方式，试图获取更多的旅游门票收益。在经过多轮协商均未能得到旅游公司A有效回复的情景下，李坑村居民经全体村民会议表决，决定以集体的名义封堵景区入口，阻止旅游者进入景区，逼迫旅游公司A做出让步，制定新的旅游收益分配方案，以争取更多的旅游收益。

——一开始，我们是先让村民组长和村民代表通过村委会与旅游公司A进行商量，看看能不能多给我们一些收益。但是谈了几次，他也没有给我们一个满意的答案。后面没办法，我们就只有通过堵路的方式解决了。因为村子是我们的，如果我们把路堵了，游客就进不来，这样他们也赚不到钱（LR6，男，62岁）。

面对李坑村居民的堵路行为，在权衡短期收益和长期利益利弊的基础上，旅游公司A考虑到作为核心旅游吸引物的传统建筑等文化资源为村民所有，李坑村旅游业的长远发展必须得到当地居民支持，为了村内旅游业的持续发展，选择向居民妥协，并在2003年3月与村委会签订了一份补充协议。新协议中规定“旅游公司A除了需要代缴居民税费之外，每年再给居民分配30万元旅游门票收益，且以每年5万元的方式递增。”至此，李坑村居民第一次抗争成功实现从“固定收益”到“递增收益”的转变，满足了获得更大收益的诉求。

这种古村落旅游，它是一定要靠老百姓来支持的，如果老百姓不支持你，它这个事情肯定会闹事。从片面的角度来讲，你企业追求利润最大化，最后可能导致的结果就是老百姓来骂你，那你也是得不偿失的（旅游公司A的老板接受央视记者采访时这样提到）。

但随着2003年开始，中国农村农业税费减免并给农民发放农业种植补贴等政策的实施，一方面，新签定合作协议中的税费再无须旅游公司A代缴，另一方面，李坑村该年份的旅游门票收入已经超过200万元。在巨大的利益诱惑下，李坑村乡村居民开始出现新的不满，并再次通过村委会以集体的方式与旅游公司A进行第二轮谈判，并以威胁再次堵路、破坏旅游发展环境的方式再次在与旅游公司的抗争中获得成功，在2004年4月与旅游公司A签订了新的有利于村民的合作协议，居民门票收入成功实现从“递增收益”到“比例收益”的转变。

——他们已经不用替我们缴纳税费了，那他就应该增加我们的门票收益分配啊，如果不加，那我们实际上就拿得更少了，我们不就亏得更多了。（LR10，男，53岁）

——当时我们大家就是商量，如果他不答应我们的条件，我们就干脆又把景区路口堵了，不让游客进来，反正我们已经吃亏了，但是游客进不来，他也赚不到钱，他亏得更多。（LR6，男，62岁）

——后面根据村民意愿，双方重新签订了合作协，规定：前10年，企业占60%，村里占40%；后10年村里增加到45%，具体构成是前10年镇政府2%，村委会14%，村民19%，景观参观户共占5%；后10年，镇政府2%，村委会16%，村民21%，景点参观户共占6%。（GO1，男，43岁）

可见，在以案例地居民和旅游公司A为行动主体构建的乡村旅游场域中，为案例地居民所有的各类自然资源与文化资源经过资本化运作已成为重要的旅游资源（Garrod et al，2006），尤其是保存完好的传统村落风貌与独特的徽派建筑景观不仅成为吸引外来旅游者的核心吸引物，更成为当地居民特有的文化资本（Ma et al，2021）。居民开始凭借其对村内旅游资源的占有权，不断向旅游公司 A 发起公开抗争。一个显著的事实是，在这个阶段，企业拥有与村民对抗的资本仅为投资旅游发展的经济资本，在先前已经有一定投资的基础上，如果不能满足村民的要求，不但前期投资收不回来，在村民集体公开反抗的基础上，即使现有的短期利益可能都难以获得，如果当地居民集体阻止游客进入景区，旅游开发商的利益将直接受损，甚至有失去经营权的可能。显然，文化资本成为该阶段社区居民与旅游开发商进行公开抗争以争夺经济资本的关键依赖，同时在旅游开发商的有限妥协激励下，社区居民不断选择集体公开抗争的行动策略要求改变旅游收益分配方式以实现自身的利益诉求（图 8–1）。

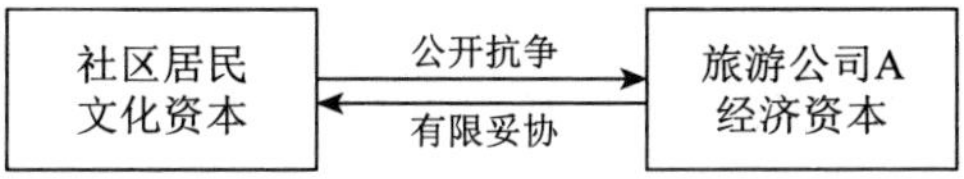

图 8–1　社区居民对旅游公司 A 的抗争策略选择

（二）居民对旅游公司 B 的抗争策略

2007 年 12 月，随着婺源县政府旅游发展思路的变化，李坑村旅游经营权再次被转让给由婺源县政府主导成立的旅游公司 B。旅游公司 B 与案例地所在的镇政府签订了三年的旅游经营合作协议，规定居民旅游收益分配方式实行年度定额制。在李坑村居民和旅游公司 B 均能获取旅游收益分配的基础上，双方利益主体共同构成了案例地旅游发展融洽的社会关系网络结构。

——当时，旅游公司 B 与镇政府签了三年的合作协议，规定村民旅游收益分配是每年 1230 元 / 人。虽然当时老百姓对这种分配方式不是很满意，但是大家也没说什么，都默认接受了。（GO1，男，43 岁）

随着李坑村旅游门票收入的进一步迅速增加，2011 年 7 月，案例地居民再次对协议规定的旅游收益分配方式表示不满，并经村民大会商定，尝试与旅游公司 B 进行谈判，希望将定额制的旅游收益分配方式改为比例制。然而，双方在谈判过程中始终未能达成一致，强烈的不满情绪再次激发了案例地居民集体围堵景区入口，阻碍旅游公司 B 正常运营。

——也不是说我们一开始就堵路，那是我们做得不对。在我的记忆中，跟他们谈判一共谈了 16 次，但每次的结果都不相同。第一次你给我 1800 元就结束了，你为什么第一次 1430 元？第二次再谈的话是 1630 元，第三次再谈的话是 1750 元，后面再谈是 2100 元，这其中就有猫腻。人家村民也有眼睛，游客这么多，我跟你争一次，你加我一点，我跟你争一次，你又加我一点，你不是糊弄老百姓吗？（LR，男，64 岁）

面对居民的集体堵路行为，旅游公司 B 考虑到如果按照以往居民诉求的反复变化过程，选择向村民妥协，居民在满足现有条件的基础上又会产生新的利益诉求，进而给自身带来更大的利益损失。因此，旅游公司在短期利益与长期利益的权衡下，采取了同样封堵景区入口的方式来应对居民抗争。为了避免更大的利益损失，在婺源县政府的协调下，旅游公司 B 在沿用定额制收益分配方式的基础上，与村委会重新签订了为期五年的合作协议，从而在保证公司利益最大化的基础上，导致了居民集体公开抗争的失败。

——我们当时封闭景区主要是考虑到，那个时候村民乱搭乱建的现象实在太严重了，他们为了赚钱，把很多核心景区的老房子改成了商铺，也违章搭建了很多新房子开办农家乐，这不仅违反了《历史文化名城名镇名村保护条例》，而且严重破坏了村落风貌，这对景区旅游业的长远发展是非常不利的。（TA3，男，42 岁）

在接受新的旅游收益分配方案的同时，案例地居民普遍开始通过收取游客门票价格的一半让游客冒充自己家亲戚的方式带领游客进入景区，农家乐经营者甚至选择直接给游客免门票进而让游客在自己家进行餐饮和住宿消费，从而获取更多的经济利益。这在客观上造成了旅游公司的利益损失，本质上是居民对旅游收益分配方案的不满，是另一种抗争方式的体现。

——村里逃票现象这几年是挺多的，大家偷偷带游客进来，假装是亲戚，旅游公司卖的门票是 60 块钱一张，村民自己带就是一个人二十、三十（元），这样也能挣不少。还有就是像村里面开农家乐的，如果自己家里有车的话，就会开车免费把游客带进来，让游客在他们家吃饭住宿，这就挣得更多了。

（LR17，男，51 岁）

——以前我们是不会这样的，这几年游客明明越来越多，他们旅游公司的收入也越来越多，但是我们老百姓一年只分那么一点点，我们自己总要想办法增加一点收入呀。（LR1，女，46 岁）

面对居民带领游客逃票现象，旅游公司 B 并非完全不知情，而是考虑到如果一旦严格监管，则可能又会引发居民与公司之间的公开冲突，进而影响景区正常营业，导致其更大的利益损失。因此，旅游公司在自身利益最大化的考虑下，选择有限妥协。

——逃票现象公司是知道的，但是没办法，因为不是一个两个，现在村里面开农家乐的有一百来家，基本都会这样干。不过他们也不是天天一起带着游客逃票，一般就是今天你带一个、明天他带一个，轮着来，毕竟是签了合同的，老百姓也不至于太过分。所以，为了景区能够正常运营，有的时候公司也就睁一只眼闭一只眼，算了。（TA3，男，42 岁）

可见，在以社区居民和旅游公司 B 为主要行动主体的乡村旅游场域中，居民文化资本优势逐渐弱化，旅游公司 B 则一定程度上得到了地方政府的支持，具有社会资本的相对优势。因此，当案例地居民再次以集体公开抗争的行动策略威胁旅游公司 B 时，旅游公司 B 并未向居民做出让步。在双方对峙影响当地乡村旅游有序发展的情况下，地方政府开始介入进行协调，最后双方利益主体相互妥协，居民未能完全实现其利益诉求。在此情境下，案例地居民逐渐开始调整其行动策略，通过充分发挥中国传统乡村社区因血缘、地缘、亲缘而形成的关系型社会资本，与兼具双重身份的景区管理人员形成了对旅游公司 B 的隐蔽抵抗。虽然地方政府和旅游公司明令禁止游客逃票现象，但部分在景区从事管理工作的人员往往同时承担着公司职员与案例地居民的双重身份。作为旅游公司的工作人员，应该代表公司实行监督和管理职能，阻止居民带领游客逃票；但作为居民，他们不想与自己的亲朋友好友发生冲突，因此在上级领导不在场的情况下，他们通常会选择“放行”。旅游公司 B 则为了尽量减少与居民之间的矛盾冲突、保持案例地乡村旅游业的稳定发展，对居民的隐蔽抵抗行为实行有限的“默许”。由此，社区居民与旅游公司

B 双方在各自社会资本的支持下，共同促成了社区居民的隐蔽抵抗行为（图 8-2）。

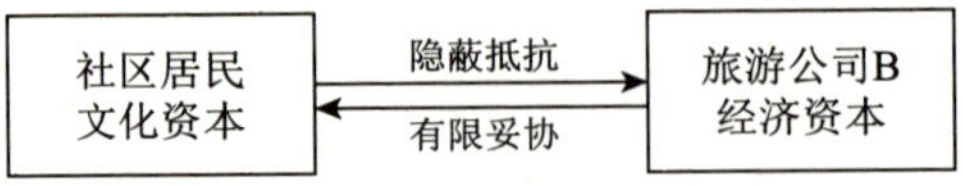

图 8-2 居民对旅游公司 B 的抗争策略选择

二、居民抗争行为解释框架

旅游发展改变了传统乡村以农业为主导的经济发展格局，乡村地方资源（包括自然资源和文化资源）被旅游化利用的同时，村落形态与社会结构也逐渐发生变化从而形成了以旅游产业为主导的场域空间。居民作为乡村旅游场域中的行动者主体，面对旅游经营权的转让与旅游开发商的进入，并非是简单地处于被支配地位，而是表现出积极维护自身权益的主观能动性。根据布迪厄所言，不同种类资本之间的等级顺序会随着场域的变化而有所不同。在以社区居民与旅游公司 A 为主要行动者的旅游场域中，居民凭借自身对文化资本的绝对占有权，使得成本低且见效快的公开抗争成为案例地居民与旅游开发商进行抗争以争夺经济资本的主要方式。而在以社区居民与旅游公司 B 为主要行动者的旅游场域中，随着居民经济资本的不断增加、人力资本的日益提升，居民为获取旅游者更多经济资本而引发的私自拆除或改造作为村内核心旅游吸引物的古建筑行为，在很大程度上弱化了其文化资本优势。因此，当居民再次通过以往的公开抗争方式维护自身利益时，旅游公司 B 并没有选择妥协。在社区居民与旅游公司 B 双方对峙僵持不下，并进一步影响到当地乡村旅游产业发展的情况下，地方政府开始介入，对双方利益进行协调与平衡，从而导致居民第三次公开抗争未能完全实现其利益诉求。按照布迪厄的场域理论，行动者资本的拥有状况会限制其机会选择与策略实现。因此，当居民意识到自身文化资本优势已经减弱，公开抗争的行动策略已无法满足其对经济资本的争夺时，居民开始调整其行动策略，使得扎根于中国传统乡村社会中的关系型社会资本优先于乡村旅游场域中的各种制度与规范，形成了应对自上而下管理政策的隐蔽抵抗，同样成功实现了居民对旅游者经济资本的有效争夺。

工具理性主义认为，追求各自利益最大化是行动者的理性选择（Weber，1978）。虽然不同乡村旅游场域背景下居民会选择不同的抗争策略来维护自身的利益诉求，但不管是公开抗争还是隐蔽抵抗，乡村旅游地居民抗争行为的内在逻辑均体现为其凭借自身的文化资本与社会资本优势与旅游开发商进行博弈，从而实现对作为乡村旅游场域中核心资本的经济资本的争夺。行动者会凭借自身原有的资本优势，选择合适的抗争行为策略来转换自身在乡村旅游场域中的资本位势，为获得相互博弈中的比较优势或最终可接受的均衡创造有利条件。即拥有文化资本和社会资本的行动者会通过竞争、控制等手段，出让文化资本特权或调动社会资本优势，从而获得更多的经济资本以改变自身在乡村旅游场域中的资本结构。在此基础上，行动者会进一步依托形成的资本位势，开始追求相互间的战略妥协，以获得博弈双方各自可接受的利益均衡。具体地，当不同行动者之间的资本位势不相上下，彼此获得的经济资本能够在一定程度上满足各自的利益诉求，博弈双方便会相互妥协，实现双方可接受的利益均衡；反之，如果彼此获得的经济资本无法满足各自诉求，行动主体则会通过调整行动策略进行再次博弈，从而在循环往复中实现最终的利益均衡。总体来说，乡村旅游场域中的文化资本与社会资本赋予了社区居民与旅游开发商进行博弈的权力，最终的博弈结果不是某一方的绝对顺从，而是博弈双方在不断调和的过程中所形成的彼此均可接受的有限妥协。乡村旅游地居民抗争行为的行动逻辑具体如图 8–3 所示。

图 8–3 乡村旅游地居民抗争行为的行动逻辑

第四节　结论与启示

一、研究结论

研究通过深入分析中国江西省婺源县李坑村乡村旅游发展过程中的居民抗争行为，归纳总结了乡村旅游地居民抗争行为的行动逻辑，并提出了一个新的抗争行为解释框架：资本博弈。该框架认为乡村旅游地社区居民会根据不同的乡村旅游场域环境，通过充分调动自身原有的资本优势，选择不同的行动策略来改变自身在乡村旅游场域中的资本位势，从而在与外来开发商进行博弈的过程中实行有限妥协，并最终获得自身可接受的利益均衡。乡村旅游业的发展不仅改变了目的地社区原有的社会结构，而且滋生了多种新型行动者群体（Yang et al，2013）。乡村旅游地是由不同行动者群体组成的特殊的场域空间（Hwang & Stewart，2017）。社区居民与外来投资商凭借各自占据的资本进行博弈以实现对旅游者经济资本的争夺。虽然社区居民会根据不同的旅游场域环境，选择公开抗争或隐蔽抵抗的行动策略来维护自身利益，但乡村旅游地居民抗争行为的本质是其凭借自身的文化资本与社会资本优势与旅游开发商进行博弈，从而改变自身在乡村旅游场域中的资本位势，最终在有限妥协中实现自身可接受的利益均衡。抗争反映的是弱者与强者之间的对抗，抗争主体与抗争对象彼此之间是不平等的（Pritchard & Morgan，2001；Crouch，2007；Brown，2009）。而在乡村旅游场域中，一方面，随着社区居民权利意识的觉醒，其平等性的主体意识也不断增强；另一方面，社区居民对乡村旅游资源的占有权为其与旅游开发商进行平等对话奠定了资本基础，社区居民对旅游开发商的抗争更多的是一种博弈，最终的结果是博弈双方的相互妥协，而非某一方的绝对顺从。因此，本研究尝试提出资本博弈这一新的解释框架来解释乡村旅游地居民的抗争行为。

本研究提出的抗争行为解释框架既不同于 Scott 的“日常抵抗”模式，也不同于 O' Brien 和 Li 的依法抗争模式。具体地，社区居民对旅游开发商的公开抗争并非是 O' Brien 和 Li 所论述的公开依据法规制度进行维权抗争，而是社区居民根据自身的资本优势与开发商进行的公开博弈。从某种程度上看，社区居民不仅没有处于弱势地位，反而凭借自身的资本优势在博弈中占据了强有力的主动权，能够反复通过简单易行的公开博弈实现其利益诉求。同时，社区居民对旅游开发商的隐蔽抵抗也不完全等同于 Scott 在《弱者的武器》中所论述的“日常抵抗”（Scott，1987），社区居民一方面确实是通过低姿态的“假意顺从”来避免公开抗争的风险，另一方面却通过充分调动自身的关系型社会资本，与旅游开发商进行隐形博弈，并最终促使旅游开发商在博弈中进行了有限妥协。总的来说，乡村旅游地居民抗争行为的本质是资本博弈，这是一个全新的抗争行为解释框架，将公开抗争与隐蔽抵抗均包含其中，并通过合理的解释逻辑予以综合提升，从而实现对乡村旅游地居民抗争行为进行有效解释的目的。

二、理论意义

第一，研究识别了乡村旅游地居民采取的两种主要的抵抗策略：公开抗争与隐蔽抵抗。旅游业的发展不仅改变了目的地社区原有的社会结构，而且滋生了多种新型行动者群体。研究基于布迪厄的场域—资本理论，将乡村旅游地视为由不同行动者群体组成的特殊的场域空间（Hwang，& Stewart，2017），居民作为行动者主体与行动者客体——外来投资商凭借各自占据的资本展开对旅游者经济资本的争夺。虽然集体的公开抗争被认为是乡村旅游地居民与当地政府或外来开发商进行谈判的有效途径，但在不同乡村旅游场域空间与不同行动者资本结构共同作用下，公开的集体抗争并非总是能满足居民利益诉求，因此隐蔽抵抗同样成为乡村旅游地居民有效争夺经济资本的重要方式。乡村旅游地居民抗争有其独特的行动目标与逻辑，其抗争行为策略并非一成不变，而是能够随着场域的变化而不断调整。总的来说，居民与外来开发商所处的乡村旅游场域环境及各自占据的资本结构优势共同决定着居民抗争策略的选择。

第二，研究提出了一个全新的乡村旅游地居民抗争行为策略解释框架：资本博弈。这一解释框架是对以往 Scott 及 O' Brien 和 Li 关于乡村居民抗争的理论解释的有益补充，也是本研究最核心的理论贡献所在。资本博弈综合了公开抗争与隐蔽抵抗，从而提升了对乡村旅游地居民复杂的抗争行为的解释力。资本博弈的解释框架同时体现了冲突论和互动论的社会学思想及博弈论的经济学思想，反映了人的行为是多方互动与权衡等多重因素共同作用的结果。乡村旅游地居民抗争行为的作用主体是多元的，不同主体间的博弈是平等的，策略选择是因情境而异的。这体现了旅游地社区居民抗争与传统乡村地区居民抗争的差异，蕴含着乡村旅游发展在一定程度上赋予了社区居民更多的资本与权力，让居民能够与外部资本与权力进行平等对话，从而有效促进传统权威社会向现代公民社会的转化。乡村旅游地居民对开发商的抗争本质上是一种资本博弈，这将不仅有助于深化我们对居民抗争行为的认识与理解，同时更能帮助我们全面认识乡村旅游地不同利益主体的利益诉求，从而为有效理解乡村旅游发展过程中核心利益主体的相互作用关系，促进民—企—政三方建立良好的合作共赢关系提供理论指导。

三、实践启示

第一，社区居民在乡村旅游场域中始终占据着行动者主体地位，地方政府和旅游投资商需要不断调整完善乡村旅游发展中的社区参与机制。社区参与包括参与旅游规划管理与旅游收益分配两个方面（Murphy，1985）。旅游管理者与政策制定者，不仅要就收益分配问题与居民协商达成共识，同时要让居民切实参与旅游发展的规划管理过程。让居民对当地的旅游发展具有充分的了解和认识，并以主人翁而非局外人的身份去审视当地的旅游发展情况。正如 Mitchell & Reid（2001）指出，如果让居民作为旅游业的完全参与者对他们拥有的旅游资源直接负责，他们很可能会尽最大的努力保护目的地免受各种负面影响。因此，如果让居民充分了解社区旅游发展规划与决策，他们将与外来开发商共同决定社区旅游发展，并出于自身旅游收益考虑，尽量避免与外来开发商之间的矛盾与冲突，从而共同促进社区旅游业的持续稳定发展。此外，地方政府、旅游开发商与社区居民等利益相关主体之间的旅游收益分配制度也并非一成不变，而是应该在多方利益主体协商一致的前提下随着旅游业的实际发展状况进行适当调整，从而有效避免各行动者主体因资本竞争而产生冲突。

第二，地方政府需要充分发挥其调解者的角色与作用，有效协调社区居民与旅游开发商之间的利益关系。旅游开发商作为乡村旅游场域中的外来行动者，往往处在社区居民的对立面，占据着目的地社区的旅游经营权与管理权，社区居民通常无法具体了解旅游经营收入与经营成本等相关的旅游收支统计数据，使得社区居民出于本能的自我保护始终对旅游开发商保持怀疑的态度。社区居民通常是根据自身经验来判断其旅游收益是否公平，当旅游公司没有充分尊重社区居民的旅游权益，社区居民明显感知到不平等的收益分配时，其对旅游公司的态度也将从期望变为失望最后引发反抗。因此，地方政府，尤其是拥有绝对管理权的县级政府应该充分发挥其管理职能（Wang & Yotsumoto，2019；Yang et al，2008），协助村委会有效平衡社区居民与旅游开发商之间的利益冲突，在支持旅游公司合理开发建设的基础上尽可能维护居民权益、满足居民的利益诉求。同时，对于居民在旅游发展中的违规行为，也需要协助旅游公司进行有效管控，并完善相应的管理制度，以村规民约或法律规范来约束居民行为，从而尽可能实现居民与旅游企业之间的合作共赢，促进目的地社区旅游业的长期健康稳定发展，保障各利益主体的长远利益。

Part 9

第九章　乡村旅游发展中基层组织的角色选择

第一节　概念界定与研究述评

一、农村基层组织角色概念界定

（一）农村基层组织

“基层”在《现代汉语词典》中被解释为各种组织中最低的一层，它跟群众的联系最直接。“基层组织”被界定为处于社会系统基层的管理组织，主要包括基层党政组织、基层企事业组织、群众性自治组织、宗教组织和非营利性组织等，其中基层党组织处于堡垒地位，是基层全部工作和战斗力的基础。“农村基层组织”在百度百科中主要是指村级组织，包括基层政权、基层党组织和其他组织三个方面。具体包括有村党组织、村民委员会、村团支部、村妇代会、村民兵连及“两新”组织（“新的经济组织”和“新的社会组织”）。有研究者将农村基层组织划分为三类：政治组织、经济组织和社会服务性组织，其中，农村基层政治组织是农村基层组织的核心。由此可知，农村基层组织涵盖了党在农村的全部工作，一直位于国家政策宣传和执行的最前沿阵地，是连接国家和农民的重要纽带。在中国乡村旅游地，主要是由农村基层组织以群众自治的形式参与旅游事务。作为乡村的带头人，农村基层组织拥有更丰富的乡村管理经验和更强大的村民支持基础，代表的村民利益也更加广泛和全面。通过农村基层组织发挥当地的环境特色和村民的自主力量进行乡村旅游开发，有助于实现乡村“内生式发展”。

其中，农村基层党组织是党的神经末梢，是党组织体系中最基本的单元，是党的农村工作的领导核心。自 1999 年，中共中央印发《中国共产党农村基层组织工作条例》，以党内规章的形式对农村基层党组织建设作出规定。村民委员会是由村民选举产生的、村民进行自我管理、自我教育、自我服务的基层群众自治组织。自 1982 年确立了村委会合法地位以来，村委会在农村发展中发挥了重要作用（Oi & Rozelle，2000）。其由村民大会或者村民代表大会通过民主决议的方式组建而成，并以定期汇报工作等方式受村民大会约束，始终承担着组织与落实村民民主决策的工作任务。《宪法》第 111 条规定：“……村民委员会设人民调解、治安保卫、公共卫生等委员会，办理本居住地区的公共事务和公益事业，调解民间纠纷，协助维护社会治安，并且向人民政府反映群众的意见、要求和提出建议。”

（二）角色

角色，起初是指戏剧中的舞台角色，迁移到社会系统即为社会角色。社会角色是为适应客观期望和自身期望，个体借助主观能力在适应社会环境过程中表现出的行为模式，与既定的社会身份、社会地位相对应，是占有一定地位的个体外显的、可观察的行为。角色期望、角色能力和角色行为是其核心要素（王华 & 梁舒婷，2020）。其中，角色期望被认为是角色扮演的首要因素，它在实践中习得，主要表现为规范、信仰、偏好等（Biddle，1986）。角色能力是个体可能的角色创造能力，是基于各类资本条件所表现出的社会行动力，决定着角色扮演的成败；角色行为是占有一定社会地位的个体基于所处情境，遵循角色期望，调动角色能力，通过对角色的学习所表现出来的角色扮演行为（毛丹，2009）。

当前，学界对农村基层组织的角色定位仍在研讨之中。在不同的情境中，农村基层组织扮演着不同的角色。有学者认为，农村基层组织在新农村建设中承担“组织协调者”“带头人”和“服务者”的角色；进一步地细化为国家政策的宣传者、农村经济发展的带头人、农业信息的传递者、文明新风的引导者、环境保护的倡导者。有学者认为，其在美丽乡村建设中，起着重要的自下而上的推动作用，是农村绿色发展的内生动力，为推进美丽乡村建设提供了政治和组织保障。研究回迁社区基层治理的学者发现，农村基层组织扮演了经营者、管理者和服务角色。还有学者发现其扮演着双重角色，既是“保护型经纪人”，又是“赢利型经纪人”，前者是行政任务的“代理人”，后者是乡村“当家人”。在农村村民自治制度实践中，农村基层组织存在双重角色的失衡、角色越位、“缺位”等问题。

二、农村基层组织角色研究述评

农村基层组织的职能及其角色定位一直是学界关注的重点，学者们普遍认为准确定位基层组织的职能和角色是提升乡村治理效能、提升乡村发展能力的前提条件。以往关于农村基层组织角色的研究主要集中于基层自治和乡村治理领域，旅游领域的农村基层组织角色研究较少。

基层自治和乡村治理研究中的农村基层组织角色。伴随市场经济的发展，农村经济建设也不断多元化，在利益博弈中，农村基层组织被赋予了多重角色，这是传统乡村治理的单中心治理模式面临的巨大困境，也是制约我国村民自治向纵、深推进的强大阻力。值得注意的是，尽管有法律规范，但是在实际的乡村治理中农村基层组织角色实践存在着诸多问题和挑战。有学者从纵向、横向和职能三个维度对农村基层组织角色进行了考察和定位：一是纵向上，农村基层组织与乡镇政府发生着联系，前者代表的是村集体及村民的意愿和利益，属于社会权利场域；后者代表的是国家公共权力，属于国家政权范畴，二者实际上反映的是国家与社会的角色互动。但就目前而言，农村基层组织承担了大量的公共事务，甚至是一些政府职能，具有半行政的性质。二是横向上，在微观层面不同村庄的农村基层组织合作与竞争，在宏观层面农村基层组织与市场和社会组织一起对村庄形成共治。仅靠单一主体是难以解决公共问题的，需要地位平等、相互依赖的多元主体之间的合作。这意味着农村基层组织需要与其他农村社会组织和市场组织合作，凭借自身的半行政力量与之形成多元互动融合的长效治理机制。三是职能上，农村基层组织担负着经济、政治、文化、社会和生态方面的责任。其中，在经济方面，承担着发展各种形式的农村经济，促进农村生产建设和经济发展等职能；在政治方面，需要履行向人民政府反映村民的意见、要求和提出建议，宣传宪法、法律法规和国家政策等职责；在文化方面，需要履行发展文化教育，普及科技知识，开展社会主义精神文明建设的职责；在社会方面，要办理本村的公共事业和公益事业、调节民间纠纷、协助维护社会治安等；在生态方面，要管理本村的集体土地，引导村民合理利用自然资源、保护和改善生态环境。在实践中，农村基层组织面临着纵向上的代理困境、横向上的行动困境、职能上的能力困境，为此，有学者强调其需扮演好自治的执行者、共治的参与者、善治的履职者这三大角色，以提升乡村治理能力和治理效能。此外，我国宪法和《村委会组织法》对村委会这一自治组织的权力和角色也进行了严格规定。它不是政府组织，与地方政府的关系不是领导与被领导的关系，而应该是引导者与被引导者的关系。作为一个乡村自治组织，村委会要监督村庄的日常事务，保护乡村居民的合法权利和财产（Wang，1997）。通过村委会，村集体内部的成员以自己的意志，在本村区域范围内对该地公共事务予以管理，以此实现农民群众基层民主权。根据《村委会组织法》的有关法条，有学者将村委会的角色定位划分为三个类别：一是服务村民并管理公共事务；二是协助上级政府展开工作；三是组织协调集体经济。尤其是，基于我国农村土地制度的特殊性，即农村土地属于农民集体所有，因此农村基层组织在乡村经济建设的过程中必须对充分贯彻并落实家庭联产承包责任制、有效维护经济活动开展下各方主体的合法权益。

乡村旅游研究中农村基层组织角色。以往关于农村基层组织角色的研究主要遵循以下几个定位方向："村庄守护者""政府腿脚""双重代理人""利己主义者"。其中，"村庄守护者"的角色定位是将乡村社区参与旅游理解为让当地居民作为旅游开发和参与的主体，使其最大限度地参与旅游规划和旅游发展决策过程、最大限度地参与到实际发展和旅游管理中，忽视农村基层组织的作用，或将基层组织和普通村民视作一个整体群体来研究，很少涉及乡村内部的集群差异。然而，有研究发现，农村基层组织成员虽然也是当地居民，但与普通村民不同，他们的利益往往不一致，甚至农村基层组织被认为是反对农民的重要矛盾方（O’Brien & Li，1995；Wang & Yotsumoto，2019）。因此，有必要将农村基层组织作为一个独立的行动主体进行研究，与普通村民区分开，否则可能导致不完整和有偏见的分析。“政府腿脚”的角色定位认为农村基层组织管理村务，但在决策上会受到上级政府的限制，地方政府会战略性地选择一些村干部作为追随者，以帮助其在乡村成功实施政策，因此有时农村基层组织成为“政府腿脚”（Heberer & Schubert，2012），类似于“村政府单位”（Jacka & Wu，2016；Ma，Dai & Fan，2020）。然而，由于农村基层组织与作为行政机关的政府部门有着本质区别，因此也有必要探讨农村基层组织和地方政府之间的角色差异。而且，有研究发现了农村基层组织对政府的敷衍行为（Wang，2020）。除此之外，还有学者综合了前两种角色定位，提出“双重代理人”角色，即农村基层组织既是国家权力在乡村的代理人，又是乡村全体成员的代理人。这是对前两种角色定位的综合。学者们认为农村基层组织在乡村旅游发展过程中发挥了中介和协调作用，是联系着地方政府和乡村居民的纽带。值得注意的是，作为掌管乡村政权或公共事务的农村基层组织，原本只具有管理职能，但现在其经济角色却普遍受到鼓励。在乡村旅游发展过程中，面对土生土长的乡村，农村基层组织会维护乡村集体利益，也会利用手中的权力关系，为自身谋取私利（Li，David，Luo & Hu，2020）。由此可见，伴随农村基层组织参与乡村旅游发展，其角色和职能不断地演变、延伸，角色扮演也日趋多元化。鉴于单一的、静态的角色无法完全概括农村基层组织的行为模式，因此，评估乡村旅游发展的纵向时间进程中的农村基层组织角色的动态演变是十分有必要的。

农村基层组织作为乡村旅游发展的重要利益相关者和行动者，其角色选择关系着目的地旅游业的可持续发展。尤其是，其在乡村旅游发展实践存在着“角色效应”，在一些村庄，农村基层组织扮演了积极的角色，维护乡村居民利益并协助地方政府工作，旅游发展成效显著；而在另一些村庄则组织管理缺位，导致了很多旅游项目烂尾。农村基层组织以不同的角色参与乡村旅游发展，角色选择和行为结果的差异性导致了全国乡村旅游目的地管理和服务良莠不齐的局面。《中国乡村旅游发展指数报告》（2017）也曾指出 80% 的乡村旅游项目都难以成功，部分已建设的乡村旅游项目也进入到发展瓶颈。因此，在推进国家治理体系和治理能力现代化、推进乡村振兴和旅游扶贫的大背景下，研究农村基层组织的角色选择及提升路径具有重要的现实意义。明晰乡村旅游发展中基层组织的角色选择逻辑，引导其扮演合理的角色，成为推动乡村旅游可持续发展和乡村全面发展的关键。已有研究关于农村基层组织角色选择机理的解释尚不充分，大多倾向于关注基层组织的角色形象和行为结果，很少关注基层组织角色扮演，这却是解释“角色效应”的前置条件。

第二节　乡村旅游发展中基层组织角色研究方法

一、研究方法与分析框架

（一）研究方法选择

案例研究方法是一种解释社会现象的定性研究方法，其被学者定义为“是一组研究方法的笼统术语，这些方法着力于对一个事件进行研究”。它被认为是一种对一个特殊事件进行系统研究的研究方法”（Nisbet et al，1978），用于描述当代资料，并从中得出归纳性的普遍结论，其强调总体场景或所有因数的组合，描述现象发生的事件过程或事件后果，在大环境下对个体行为研究与分析进而形成假说。因此，可以说案例研究是一种运用历史数据、档案材料、访谈、观察等方法收集数据，并运用可靠技术对一个事件进行分析从而得出带有普遍性结论的研究方法。Nisbet（1978）将案例研究程序描述为四个阶段：首先是开放式阶段，在这一阶段研究者不做事先判断，通过阅读历史卷宗、档案材料，运用访谈法、观察法等了解事实真相；其次是重点突破阶段，更为系统地、全面地收集资料，以此发现事件或重要人物的本质特征；然后是写作阶段，将研究结果用文字表达出来；最后是检查阶段，邀请被采访者、被调查者或事件的当事人阅读研究报告、提出修改意见。相较于其他研究方法，案例研究方法主要有以下优势：一是案例研究的结果能给读者以身临其境的现实感、被更多的读者所接受；二是案例研究为其他类似案例提供了易于理解的解释；三是案例研究可能发现传统量化方法所忽视的特殊现象。本研究试图在乡村旅游发展情境下，对农村基层组织的角色选择阶段和机制进行研究，拟回答在乡村旅游发展的过程中农村基层组织如何作出的角色选择，以及为什么这样做？即回答“如何”和“为什么”的问题，属于现实生活背景下的当代现象，使用案例研究是合适的。

（二）分析框架选择

本研究基于社会角色理论审视乡村旅游发展中农村基层组织的角色选择。社会角色是处于一定社会地位的个体或群体凭借主观能力在适应客观期望和自身期望过程中表现出的行为模式。Goffman（1959）使用“拟剧论”对角色扮演进行了阐释，即社会行为就是社会表演，在扮演一种社会角色，其由社会对这个社会地位提出的规范和要求以及其他人的角色扮演所决定，也由角色扮演者的独特能力和个性所决定。在参考已有研究的基础上（王华 & 梁舒婷，2020），本研究遵循 Goffman 对社会角色扮演的逻辑解释，运用“角色期望—角色能力—角色行为”分析框架，解构乡村旅游发展中的农村基层组织的角色选择。本研究旨在探讨乡村旅游发展过程中基层组织的角色演变过程与选择机制，“角色期望—角色能力—角色行为”分析框架具有很强的适用性。一方面，这一框架将宏观的结构性因素和微观的个人因素联结到一起构成一个完整的行为分析系统（毛丹，2009）。另一方面，角色行为是由情境力量塑造的。当情境发生变化，农村基层组织将进行新一轮的角色扮演。也就是说，农村基层组织的角色选择将是一个持续的、动态的角色选择过程。因此，遵循角色理论的逻辑，通过对各个阶段的农村基层组织角色扮演的分析和比较，进而可以识别其背后的选择机制。

二、案例地选择与数据收集

（一）案例地选择

研究地点为H省M村。M村旅游业迎合了乡村休闲、教育研学、亲子游、自驾游的热潮，依托得天独厚的生态资源和文化基底，致力于打造丰富多彩的旅游产品和活动，至今已有十余年的历程：农村基层组织完善村庄基础设施、建设旅游设施，带动村民开启旅游经济活动；后来客流量激增，越来越多的村民参与到旅游业中来，农村基层组织承接、安排各类乡村旅游活动；然而，近年来，农村基层组织新建的旅游项目相继搁浅，乡村旅游发展进入低潮阶段，村民正逐渐退出旅游业。在乡村旅游发展过程中，M村基层组织的角色和绩效表现呈现出了明显的阶段性演变，提供了从纵向发展历程去剖析农村基层组织角色选择的有利条件，能够作为农村基层组织角色研究的良好样本。

（二）研究数据收集

本研究的主要内容是乡村旅游发展过程中的M村基层组织的角色选择及其作用机制，需要通过大量地收集案例地基层组织参与乡村旅游开发过程的相关资料，进而分析梳理和归纳总结，通过定量研究难以获取全面的资料信息，无法解释农村基层组织角色选择背后的复杂机制。因此，定性研究方法对于本研究具有更强的适用性。通过观察法和访谈法收集一手数据，观察和访谈是旅游研究中的有效工具（Andriotis，2010；Chan el ta.，2016；Churchill，1991）。此外，作者还收集了一定数量的二手资料，包括村志资料、与其社会经济发展和旅游开发相关的资料等，这些资料成为辅助一手数据、梳理故事线的重要支撑。

第三节 乡村旅游发展中基层组织角色及其演变

一、乡村旅游发展中基层组织角色演变阶段

（一）扮演“中介”角色阶段

旅游开发之前，M村村民面临着农业收入微薄、农村就业机会匮乏、家庭经济负担重的现实难题。M村基层组织深得村民信任和敬仰，浓厚的乡土情结和强烈的为民服务、助村发展的责任意识，驱动其去寻找乡村产业转型的新路径。时逢地方政府发展乡村旅游试点，M村依托优良的生态基础和深厚的文化底蕴，从众多村落中脱颖而出，确定了乡村旅游的发展思路，找到了“绿水青山转化为金山银山”的突破口。按照地方政府的任务部署和工作指导，M村基层组织积极申请了资金支持，一方面进行村庄基础设施建设和绿化美化工作；一方面组织施工修建旅游景观设施。当接到地方政府作出的“发展农家院”的呼吁后，其陪同政府工作人员逐一登门，利用人情资源，鼓舞、劝说、指导村民创办农家院。尤其是农村基层组织成员以身示范，第一批次的农家院创办起来了。陆续有游客到访M村，农村基层组织引导和分配这些游客到各个农家院，并统一餐饮标准和收费要求。

不论是依据制度文本、不成文的规定还是村内共享的价值观取向，农村基层组织行动既需要满足自下而上的村民的需求，又需要完成自上而下的政府任务。不仅要面对村民摆脱农业发展式微的现实困境、以及政府推动乡村旅游经济的客观期望，处于乡村发展互动中的农村基层组织也存在助力村庄发展、改善村民生活的主观期望，选择了积极响应地方政府、推动乡村旅游开发建设。农村基层组织主要是进行具体的村庄改造、景观建设工作。此外，面对对于旅游开发陌生又迷茫的村民，农村基层组织发挥“人情”和“权威”优势，鼓舞、带动和组织村民参与乡村旅游业，成为了参与旅游经济的先行

者。在这一阶段，政府、村民对农村基层组织提出了推动乡村旅游开发和促进乡村发展的角色期望，这与农村基层组织助力乡村发展的主观期望吻合，也同农村基层组织追求工作成就的行为偏好相符。在乡村旅游探索初期，农村基层组织有效地发挥了示范、信息传递、组织管理等角色职能，积极地扮演了“中介”角色（图 9–1）。

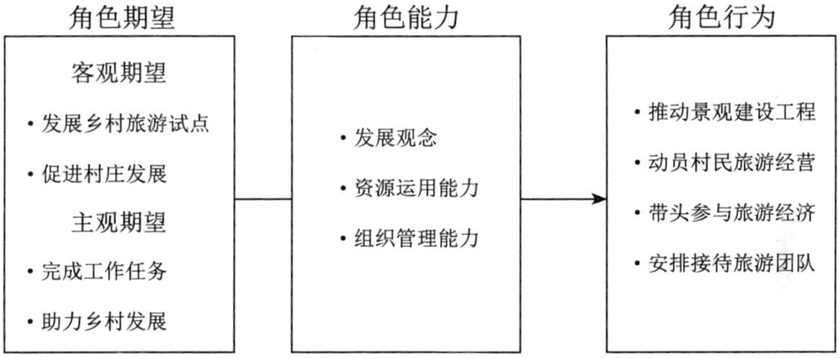

图 9–1　M 村基层组织扮演“中介”角色

（二）扮演“助理”角色阶段

伴随乡村旅游的火热发展，M 村成为了地方政府乡村旅游发展工作中抓的重点、突出的亮点。在政府的支持和指导下，M 村先后申请、参评并获得了各类荣誉称号，成为了乡村旅游开发的学习样板村落。为强化旅游政绩，地方政府积极引荐客流，并在此举办了诸多节庆活动，通过多个官方媒体平台对乡村旅游盛况进行报道、宣传。慕名而来的游客越来越多，M 村完全无需担忧旅游宣传和招徕客源的工作。而且，稳定增长的客流量吸引越来越多的村民自发地参与旅游经济活动，相较于前一阶段，农村基层组织也减少了动员工作，主要负责承接以及游客进入后的统筹、分配、管理与监督工作。此外，农村基层组织编制了旅游发展相关规定，指导村民开展旅游经营活动。

这一阶段，依然处于国家控制和乡村自治的制度化模式和权力结构约束下，基于乡村旅游发展红利，农村基层组织主观角色期望变为推动乡村旅游发展“更上一层楼”，这与地方政府强化乡村旅游政绩的角色期望具有一致性。村民期望农村基层组织能够继续进一步地推动乡村旅游业的发展，从而能够获得更多的旅游收入，这与农村基层组织谋求更高的经济利益和自我价值实现的目标倾向也相符。得益于地方政府对乡村旅游业的高度重视和支持、以及村民参与旅游经济的自主意识的增强和学习能力的提升，农村基层组织的一些工作任务被分担掉、工作压力得以减轻，也有更大的可能性去进行新的角色扮演。在乡村旅游平稳发展期，农村基层组织稳定地发挥了配合政府宣传工作、配合村民服务接待、监督管理村务等角色职能，扮演了“助理”角色（图 9–2）。

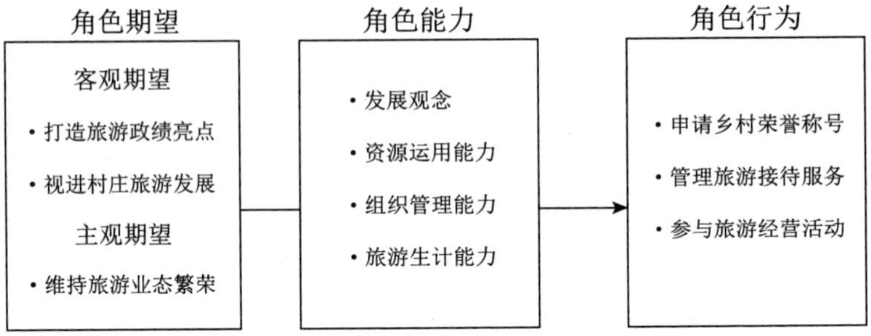

图 9–2　M 村基层组织扮演“助理”角色

（三）扮演“撞钟人”角色阶段

近年来，到访 M 村的游客数量日益减少。区域范围内乡村旅游产业部署的变动，导致政府对 M 村的支持力度显著下降。为了缓解村内旅游从业者的忧虑，农村基层组织只好自行设法增加旅游吸引力：一是修整山路，增强旅游交通可进入性，为后续山上旅游娱乐项目的开发做准备；二是新建大型乡村民宿等旅游项目。然而，经过一段时间的建设，这几个项目均搁浅了。目前，M 村农村基层组织打算将已建成的建筑物租赁给外面的一家企业，村庄将来不参与其中的运营和管理工作。当前，M 村农村基层组织对未来的旅游发展做出了一些设想，但尚未形成明确的、具体的规划方案和公告，乡村旅游开发陷入了“沉默和等待中”。尽管，村民对后续的旅游发展前景展开了广泛的猜想，但他们更多地将希望寄托于政府行动。

这一阶段，农村基层组织角色行为还是包含于对政府和村民的代理关系中，地方政府旅游产业部署的转移虽然对 M 村旅游发展造成了冲击，但是也间接减消了农村基层组织承接政府布置的工作任务的压力和规范约束。地方政府对于M村基层组织的角色期望是维持目前旅游业态。另一方面，村民长期形成的对于政府支持的依赖惯性，使他们没有过多的增加对于农村基层组织行动目标的期望压力，而往往倾向于为了规避利益受损而退出旅游业，这些均不足以对农村基层组织的治理行动和角色扮演形成严厉的约束。相较于之前两个阶段，农村基层组织追求工作成就或村内旅游利润的偏好减弱，其主观角色期望也仅是基本完成工作。因此，农村基层组织只是构想新的旅游项目或发展方向，没有作出持续的、坚定的、有力的行动。在乡村旅游衰退期，农村基层组织仅仅扮演了"撞钟人"角色（图9-3）。

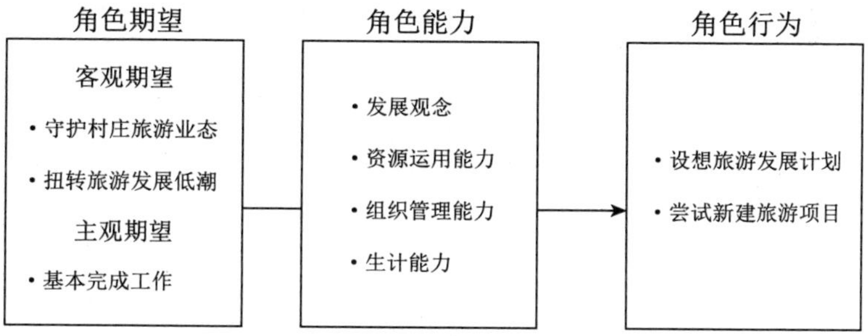

图9-3　M村基层组织扮演"撞钟人"角色

二、乡村旅游发展中基层组织角色演变机制

角色是在社会互动过程中，能动性地适应他人期望和满足自身期望的行为模式。按照社会角色理论的解释逻辑来解构在与上级政府和乡村居民的互动过程中的农村基层组织的角色行为规律，发现其在乡村旅游发展中的角色的演变是基于社会结构关系约束内，追求利己目标的角色振荡。权力压力在地方政府与M村基层组织之间通常是自上而下流动的，农村基层组织是地方政府在乡村旅游事务的代理人，要听从上级政府的安排，但是在不同阶段的角色行为是有差异的。当地方政府与农村基层组织的利益一致时，农村基层组织积极地配合地方政府的工作，承担起"中介"或"助理"的角色；反之，M村基层组织对地方政府采取了自下而上的敷衍行为，仅扮演了"撞钟人"

角色。权力压力在农村基层组织和村民之间通常也是自上而下的，因此村民对于农村基层组织角色行为的影响较弱，当二者利益诉求出现偏差时，农村基层组织更多地关注自身，扮演“撞钟人”角色。可以说，农村基层组织的角色行为虽然是受到“国家控制力—乡村自治力”结构约束，成为了上级政府和村民的代理人，但突出呈现利己的角色特征。

在M村乡村旅游发展过程中，政府控制和乡村自治对于农村基层组织的权力压力逐渐变化，农村基层组织的利益动机也逐渐变化，农村基层组织在乡村旅游发展中扮演的角色行为有效性也不断变化。具体来看，在乡村旅游探索初期，农村基层组织受到来自政府和村民双方的高强力的权力压力，而且农村基层组织希望通过推动乡村旅游发展实现乡村治理成就的利益动机强烈，因此农村基层组织积极地扮演政府和村民之间的“中介”角色。在乡村旅游稳步发展期，农村基层组织继续受到较强的权力压力，且渴望获得旅游经济收益的利益动机同样强烈，因此积极配合政府和村民的要求，扮演“助理”角色。而在乡村旅游衰退期，地方政府的旅游业发展部署转移、村民退出旅游业，对农村基层组织的权力压力显著减小，而且此时农村基层组织对于M村旅游发展的利益动机相对较弱，扮演“撞钟人”角色。也就是说，在既定的社会权力结构约束域，农村基层组织倾向于扮演利己的角色，具体表现为“中介”“助理”“撞钟人”的阶段性演变（图9–4）。

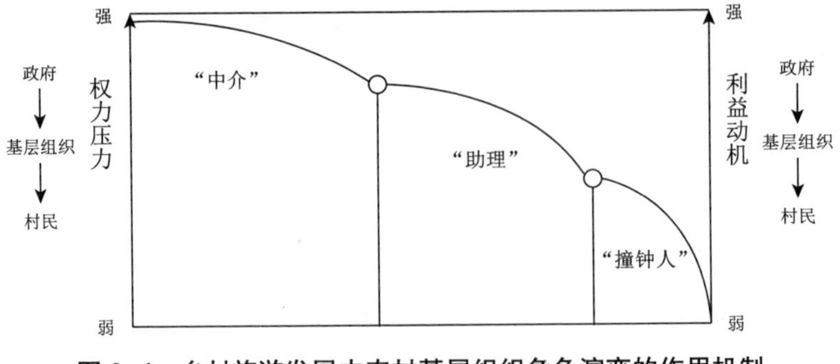

图9–4 乡村旅游发展中农村基层组织角色演变的作用机制

第四节 结论及启示

一、研究结论

第一，在横向截面尺度上，农村基层组织扮演的是多重代理角色，首先代理自身利益，其次代理地方政府和村民利益。其中，对于地方政府，农村基层组织可能出现自下而上敷衍的角色行为；对于村民，农村基层组织可能在维护村民利益方面存在局限性。在乡村旅游发展过程中，每个阶段的农村基层组织的角色扮演实质上是在比较主观和客观的角色期望的基础上，能动地利用环境，通过具体角色行为来获得利益。可以说，M村基层组织角色虽然是受到“国家控制力—村自治力”结构约束，成为了上级政府和村民的代理人，但同时更是自身利益的代理人，突出呈现利己的角色特征。

第二，在纵向时间维度上，乡村旅游发展过程中农村基层组织的角色选择经历了“中介—助理—撞钟人”阶段性的演变。农村基层组织角色演变实质上是利己主义下、既定社会权力结构约束内，对客观期望和主观期望的适应。在乡村旅游发展过程中，农村基层组织的权力压力和利益动机是在不断地变动的。权力压力在地方政府、农村基层组织、村民之间通常是自上而下流动的，而农村基层组织主要为满足其利益动机而行动。因此，农村基层组织角色伴随权力压力和利益动机的变化而变化。乡村旅游发展中的农村基层组织角色行为是多元的、动态的。

第三，本文的研究结果为政府推动可持续的乡村旅游发展提供了有益指导。目前，旅游业尚未成为不可替代的乡村产业，与第一、第二产业在乡村发展中的必要地位仍有差距，仍被理解为一种新兴的后工业或新自由主义秩序”（Smith，2018）。旅游业的这种业态属性重塑了乡村治理的权力结构和利益诉求，扩大了农村基层组织代理自身利益、敷衍政府和村民利益的可能性。例如，在M村乡村旅游场域中，“国家控制力—乡村自治力”对于农村基层组织的权力压力是不断弱化的，农村基层组织的利益动机也是不断变化的，到第三阶段，农村基层组织有更多的自由空间去代理自身利益。因此，尽管农村基层组织同其他利益相关者之间已有法理关系，但在实际的乡村旅游发展过程中其角色行为是多元化的。为了促进乡村社会稳定，政府应该更加关注处于弱势地位的村民的利益诉求及其对农村基层组织的角色期望，并通过有效的政策制定与制度约束，及时引导农村基层组织去扮演积极的角色。

二、理论意义

第一，本研究辨析了农村基层组织同村民和地方政府的角色差异及其互动关系。一是将农村基层组织从乡村社区这一整体概念中区分开，关注到了基层组织成员同普通村民的利益诉求差异，响应了 O’Brien 和 Li（1995）、Wang 和 Yotsumoto（2019）所发现的基层组织在承担乡村利益代理人角色的局限性。二是分析了农村基层组织对于地方政府意志的服从与敷衍，打破了以往研究中对于“村政府”的刻板印象（Jacka & Wu，2016；Ma，Dai & Fan，2020）。更加清晰地、全面地认识了中国乡村旅游发展情境中农村基层组织所受到的权力约束以及所被容忍的消极作为的可能性。

第二，本研究将社会角色理论从社会学领域引入旅游研究，明晰了农村基层组织角色选择的本质。遵循“角色期望—角色能力—角色行为”的理论逻辑，各个阶段的农村基层组织角色扮演被完全解构：乡村旅游发展过程中农村基层组织的角色选择可以被视为，基于社会结构关系约束，其为攫取利益而采取了不同的角色行为。对于农村基层组织“角色效应”现象背后的作用机制的剖析，深化了对于农村基层组织角色扮演动态规律的理解。此外，研究提供了一种内在机制，以帮助解释乡村旅游发展中的农村基层组织的行为规律。

三、管理启示

一是政府应更加关注村民的利益诉求，以避免乡村旅游发展中的村民被边缘化。乡村旅游业的发展重塑了村庄同外部以及村庄内的权力结构和利益诉求，加剧了对既有脆弱群体的现有威胁，可能出现少数精英获利、非精英村民被边缘化的问题（Li，David，Luo & Hu，2020）。因此，关注乡村旅游发展中的普通村民，是十分必要的。管理者应当把村民视作目的地旅游发展的核心。基于中国“强政府、弱民间”的社会现实，若离开政府或其他外部力量的支持，乡村居民为规避风险的退出行为很可能会引发这一乡村旅游地的消亡。因此，政府应该更加关注普通村民对于旅游发展的诉求，以及其对农村基层组织的角色期望。村民对旅游业影响的感知或态度应被视为旅游规划和政策制定的重要考虑因素（Lankford & Howard，1994；Nunkoo & So，2016）。

二是政府应该通过有效的制度制定、适当地约束农村基层组织行为，适度给予农村基层组织权力压力，以避免乡村旅游发展中的基层组织渎职或消极作为。地方政府往往根据行政系统授予的权力占据主导地位，农村基层组织根据乡村事务自治权也获得了较强力量，而村民往往处于弱势地位。面对农村基层组织在旅游发展中扮演“撞钟人”角色，地方政府在“稳定压倒一切”的行政逻辑下通常不会采用强制性权力；而村民通常畏惧于因得罪农村基层组织而遭到各种打压与报复，倾向于风险规避，维持“无政治”状态（翁时秀 & 彭华，2011）。如果对农村基层组织的约束力不足，旅游发展很可能会出现“上不管，下不限”的情况。因此，需要加强对农村基层组织角色行为的约束力度。

参考文献

[1] Adiyia B, Vanneste D, Van Rompaey. A. The poverty alleviation potential of tourism employment as an off-farm activity on the local livelihoods surrounding Kibale National Park, western Uganda[J]. Tourism and Hospitality Research, 2016, 17(1): 4–51.

[2] Ahuvia A C. Individualism/collectivism and cultures of happiness: A theoretical conjecture on the relationship between consumption, culture and subjective well-being at the national level[J]. Journal of Happiness Studies, 2002, 3(1): 23–36.

[3] Alameddine M, Laporte A, Baumann A, et al. 'Stickiness' and 'inflow' as proxy measures of the relative attractiveness of various sub-sectors of nursing employment[J]. Social Science & Medicine, 2006,63(9):2310–2319.

[4] Allan M, Williams C, Gareth S. Tourism & Economic Development–Western European Experiences[M]. London & New York:Belhaven Press, 1991.

[5] Baniya R. Shrestha, U. Karn, M. Local and community well-being through community-based tourism: A study of transformative effect[J]. Journal of Tourism and Hospitality Education, 2018: 8(5), 77–96.

[6] Bao H, Dong, H, Jia, et al. Impacts of land expropriation on the entrepreneurial decision-making behavior of land-lost peasants: An agent-based simulation. Habitat International,2020, 95, 102096.

[7] Bates D G, Plog F. Cultural anthropology (3rd Edition) [M]. New York: Mc Graw–Hill Publishing Company, 1990.

[8] Batjargal B, Liu M. Entrepreneurs' access to private equity in China: The role of social capital. Organization Science, 2004,15(2): 159–172.

[9] Biddle B J . Recent Developments in Role Theory[J]. Annual Review of Sociology, 1986, 12(1):67–92.

[10] Bodlender J. Tourism growth leads to low-cost job creation. [J]. International Journal

of Tourism Management, 1981,2(1):71–72.

［11］Boniwell I. Positive psychology in a nutshell[M]. London: Personal Well–Being Centre, 2008.

［12］Bourdieu P. The forms of capital[M]//Halsey A H, Lauder H, Brown P et al. Education: Culture, Economy and Society. New York: Oxford University Press, 1989: 46–58.

［13］Bourdieu P. The forms of capital[M]//Richardson J. Handbook of Theory and Research for the Sociology of Education. Westport, CT: Greenwood Press, 1986: 241–258.

［14］Bourdieu P, Wacquant L J D. An Invitation to Reflexive Sociology[M]. Chicago: The University of Chicago Press,1992.

［15］Bowles S, Gintis H. Social capital and community governance[J]. Economic Journal,2002, 112(November), 419–436.

［16］Brown L. The transformative power of the international sojourn: An ethnographic study of the international student experience[J]. Annals of Tourism Research, 2009: 36(3), 502–521.

［17］Cao Zhang, X. Are they satisfied with land taking? Aspects on procedural fairness, monetary compensation and behavioral simulation in China's land expropriation story[J]. Land Use Policy,2018, 74, 166–178.

［18］Carney D. Approaches to Sustainable Livelihoods for the Rural Poor[J]. ODI Poverty Briefing. London, UK: Overseas Development Institute, 1999.

［19］Chambers R, Conway G. Sustainable rural livelihoods: practical concepts for the 21st century[M]. Brighton UK: Institute of Development Studies, 1992: 82–85.

［20］Chambers R, Conway G. Sustainable rural livelihoods: practical concepts for the 21st century[J]. IDS Discussion Paper No. 296. Brighton, Institute of Development Studies, 1992, 296.

［21］Chen B , Qiu Z , Usio N , et al. Tourism's Impacts on Rural Livelihood in the Sustainability of an Aging Community in Japan[J]. Sustainability, 2018, 10(8).

［22］Chen Z , Li L , Li T . The organizational evolution, systematic construction and empowerment of Langde Miao's community tourism[J]. Tourism Management, 2017, 58(FEB.):276–285.

［23］Chen X. A phenomenological explication of guanxi in rural tourism management: A case study of a village in China. Tourism Management, 2017,63, 383–394.

［24］Chi C G, Cai R, Li Y. Factors influencing residents' subjective well–being at World Heritage Sites[J]. Tourism Management, 2017: 63(6), 209–222.

[25] Cloninger R. C. Feeling good: The science of well-being[M]. Oxford: Oxford University Press, 2004.

[26] Cornet C. Tourism development and resistance in China[J]. Annals of Tourism Research, 2015: 52(3), 29–43.

[27] Croes R, Ridderstaat J, Niekerk M V. Connecting quality of life, tourism specialization, and economic growth in small island destinations: The case of Malta[J]. Tourism Management, 2018: 65(2), 212–223.

[28] Crona B, Gelcich S, Bodin O. The importance of interplay betweenleadership and social capital in shaping outcomes of rights-based fisheries governance. World Development,2017, 91, 70–83.

[29] Daskon C D. Cultural resilience—The roles of cultural traditions in sustaining rural livelihoods: A case study from rural Kandyan Villages in Central Sri Lanka. Sustainability, 2010: 2(4), 1080–1100.

[30] Daskon C, Binns T. Culture, tradition and sustainable rural livelihoods: Exploring the culture development interface in Kandy, Sri Lanka[J]. Community Development Journal, 2009: 45(4), 494–517.

[31] Daskon C. Cultural resilience—The roles of cultural traditions in sustaining rural livelihoods: A case study from rural Kandyan villages in Central Sri Lanka[J]. Sustainability, 2010: 2(4), 1080–1100.

[32] Daskon C, Mcgregor A. Cultural capital and sustainable livelihoods in Sri Lanka' s rural villages: Towards culturally aware development[J]. Journal of Development Studies, 2012: 48(4), 549–563.

[33] Daskon C, Binns T. Culture, tradition and sustainable rural livelihoods: exploring the culture-development interface in Kandy, Sri Lanka[J]. Community Development Journal, 2009: 45(4), 494–517.

[34] Davidsson P, Honig B. The role of social and human capital among nascent entrepreneurs. Journal of Business Venturing, 2003,18(3), 301–331.

[35] Deccio C, Baloglu S. Nonhost community resident reactions to the 2002 Winter Olympics: The spillover impacts[J]. Journal of Travel Research, 2002: 41(1), 46–56.

[36] Department for International Development (DFID). Sustainable livelihoods guidance sheets[J]. London: Author, 1999.

[37] DFID. Sustainable livelihoods guidance sheets[J]. London: Department for

International Development, 1999: 68–125.

[38] Dires T, Fentie D, Hunie Y, et al. Assessing the impacts of expropriation and compensation on livelihood of farmers: The case of peri–urban Debre Markos, Ethiopia. Land, 2021,10(6), 614.

[39] Ellis F. Rural Livelihoods and Diversity in Developing Countries[M]. New York. Oxford University Press, 2000.

[40] Fallon F. Conflict, Power and Tourism on Lombok[J]. Current Issues in Tourism, 2001: 4(6), 481–502.

[41] Fornell C, Larcker D F. Evaluating structural equation models with unobservable variables and measurement error[J]. Journal of Marketing Research, 1981: 18(3), 39–50.

[42] Frochot I. A benefit segmentation of tourists in rural areas: A Scottish perspective[J]. Tourism Management, 2005: 26(3), 335–346.

[43] Garrod B, Wornell R, Youell R. Re–conceptualising rural resources as countryside capital: The case of rural tourism[J]. Journal of Rural Studies, 2006: 22(1), 117–128.

[44] Goffman E. The Presentation of Self in Everyday Life[M]. New York:Boubleday,1959.

[45] Gotham K F. Tourism Gentrification. The Case of New Orleans' Vieux Carre (French Quarter)[J]. Urban Studies, 2005, 42(7), 1099–1121.

[46] Granovetter M S. The strength of weak ties. American Journal of Sociology, 1973,78(6), 1360–1380.

[47] Gu H, Ryan C, Li B, Gao W.Political connections, guanxi and adoption of CSR policies in the Chinese hotel industry: Is there a link? Tourism Management, 2013,34(2), 231–235.

[48] Gunn C A. Tourism planning: Basics, concepts, cases[M]. Washington, D. C.: Taylor & Francis, 1994.

[49] Haldar P. Rural tourism: challenges and opportunities.[J]. Education, 2007,30(60):39.

[50] Harris J R, Todaro M P. Migration, unemployment and development: a two–sector analysis. [J]. The American economic review, 1970,60(1):126–142.

[51] Heberer T , Schubert G. County and Township Cadres as a Strategic Group. A New Approach to Political Agency in China's Local State[J]. Journal of Chinese Political Science, 2012, 17(3):221–249.

[52] Horn C, Tahi B. Some cultural and historical factors influencing rural m ā ori tourism development in New Zealand[J]. Journal of Rural & Community Development, 2009: 4(1), 84–101.

[53] Hwang D, Stewart W P. Social capital and collective action in rural tourism. Journal of Travel Research, 2017,56(1), 81–93

[54] Hwang D, Stewart W P. Social Capital and Collective Action in Rural Tourism[J]. Journal of Travel Research, 2017: 56(1), 81–93.

[55] Hwang D, Stewart W P, Ko D. Community Behavior and Sustainable Rural Tourism Development[J]. Journal of Travel Research, 2012: 51(3), 328–341.

[56] Hwang D，Stewart W P, Ko D W. Community behavior and sustainable rural tourism development[J]. Journal of Travel Research, 2012: 51(3), 328–341.

[57] Hwang K. Face and favor: The Chinese power game. American Journal of Sociology, 1987,92(4), 944–974.

[58] Iorio M, Corsale A. Rural tourism and livelihood strategies in Romania[J]. Journal of Rural Studies, 2010: 26(2), 152–162.

[59] Jaafar M , Rasoolimanesh S M , Lonik K A T. Tourism growth and entrepreneurship: Empirical analysis of development of rural highlands[J]. Tourism Management Perspectives, 2015, 14:17–24.

[60] Jacobs J B. The concept of guanxi and local politics in a rural Chinese cultural setting. Social Interaction in Chinese Society, 1982,209–236

[61] Jorgenson D W. The Development of a Dual Economy.[J]. The Economic Journal, 1961,71(282):309–334.

[62] Kachniewska M A. Tourism development as a determinant of quality of life in rural areas[J]. Worldwide Hospitality and Tourism Themes, 2015,7(5):1755–4217.

[63] Kahneman, Daniel, Tversky, & Amos. Choices, values, and frames[M]. American Psychologist, 1984.

[64] Keitumetse, S. Cultural resources as sustainability enablers: towards a community-based cultural heritage resources management (Cobachrem) model[J]. Sustainability, 2013: 6(1), 70–85.

[65] Kerkvliet, B J. The Power of Everyday Politics: How Vietnamese Peasants Transformed National Policy[M]. Ithaca, NY: Cornell University Press, 2005: 79–142.

[66] Kim K, Uysal M, Sirgy J M. How does tourism in a community impact the quality of life of community residents? [J]. Tourism Management, 2013: 36(3), 527–540.

[67] Kousis, M Tourism and the environment[J]. Annals of Tourism Research, 2000: 27(2), 468–489.

[68] Kuang F Y, Jin J J, He R. Influence of livelihood capital on adaptation strategies: Evidence from rural households in Wushen Banner, China[J]. Land Use Policy, 2019: 89(6), 1–9.

[69] Kuo N, Cheng, Chang K, Hu S. How social capital affects support intention: The mediating role of place identity. Journal of Hospitality and Tourism Management, 2021,46, 40–49.

[70] Kuvan Y, Akan P. Conflict and agreement in stakeholder attitudes: residents' and hotel managers' views of tourism impacts and forest–related tourism developmen[J]t. Journal of Sustainable Tourism, 2012: 20(4), 571–584.

[71] Lawler E J. An affect theory of social exchange[J]. American Journal of Sociology, 2001: 107(2), 321–352.

[72] Lee J W, Jones P S, Mineyama Y, et al. Cultural differences in responses to a likert scale[J]. Research in Nursing & Health, 2002,25(4):295–306.

[73] Lee H T, Jan F H. Can community–based tourism contribute to sustainable development? Evidence from residents' perceptions of the sustainability[J]. Tourism Management, 2019: 70(1), 368–380.

[74] Lee T H. Influence analysis of community resident support for sustainable tourism development[J]. Tourism Management, 2013: 34(1), 37–46.

[75] Levinson D J. The seasons of a man's life[M]. New York: Random House Digital, Inc., 1978.

[76] Li P, Ryan C, Cave J. Chinese rural tourism development: Transition in the case of Qiyunshan. Anhui.2008–2015. Tourism Management, 2016, 55, 240–260

[77] Li Y, Lai K, Feng X. The problem of 'guanxi' for actualizing community tourism: A case study of relationship networking in China. Tourism Geographies, 2007, 9(2),115–138.

[78] Liang Z X, Hui T K. Residents' quality of life and attitudes toward tourism development in China[J]. Tourism Management, 2016: 57(12), 56–67.

[79] Lin Z, Chen, Filieri, R. Resident–tourist value co–creation: The role of residents' perceived tourism impacts and life satisfaction[J]. Tourism Management, 2017: 61(4), 436–442.

[80] Liu A. Tourism in rural areas: kedah, malaysia[J]. Tourism Management, 2006: 27(5), 878–889.

[81] Loperena C A. Honduras is open for business: extractivist tourism as sustainable development in the wake of disaster? [J]. Journal of Sustainable Tourism, 2016: 25(5), 618–633.

[82] López M F B, Virto N R, Manzano J A, et al. Residents' attitude as determinant of tourism sustainability: The case of Trujillo[J]. Journal of Hospitality and Tourism Management,

2018: 35(2), 36–45.

[83] Lundmark L. Mobility, Migration and Seasonal Tourism Employment: Evidence from Swedish Mountain Municipalities[J]. Scandinavian Journal of Hospitality and Tourism, 2006,6(3):197–213.

[84] Luo X, Bao J. Exploring the impacts of tourism on the livelihoods of local poor: the role of local government and major investors[J]. Journal of Sustainable Tourism, 2019: 27(1–3), 344–359.

[85] Lynch P A. The commercial home enterprise and host: a United Kingdom perspective[J]. International Journal of Hospitality Management, 2005, 24(4):533–553.

[86] Ma X L , Dai M L , Fan D X F. Cooperation or confrontation? Exploring stakeholder relationships in rural tourism land expropriation[J]. Journal of Sustainable Tourism, 2020(4):1–19.

[87] Ma X. L Wang R Dai M L, et al. The influence of culture on the sustainable livelihoods of households in rural tourism destinations[J]. Journal of Sustainable Tourism, 2021: 29(8), 1235–1252.

[88] Ma X, Dai M, Fan D. Land expropriation in tourism development:Residents' attitudinal change and its influencing mechanism. Tourism Management, 76.

[89] Ma X, Dai M, Fan D.Cooperation or confrontation? EXploring stakeholder relationships in rural tourism land expropriation. Journal of Sustainable Tourism, 2020, 1–19.

[90] Macdonald R, Jolliffe L. Cultural rural tourism[J]. Annals of Tourism Research, 2003: 30(2), 307–322.

[91] Macdonald R, Jolliffe L. Cultural rural tourism[J]. Annals of Tourism Research, 2003: 30(2), 307–322.

[92] Mathew P V, Sreejesh S. Impact of responsible tourism on destination sustainability and quality of life of community in tourism destinations[J]. Journal of Hospitality and Tourism Management, 2017: 31(3), 83–89.

[93] Mbaiwa J E. Changes on traditional livelihood activities and lifestyles caused by tourism development in the Okavango Delta, Botswana[J]. Tourism Management, 2011: 32(5), 1050–1060.

[94] Mbaiwa J E, Sakuze L K. Cultural tourism and livelihood diversification: The case of Gcwihaba Caves and XaiXai village in the Okavango Delta, Botswana[J]. Journal of Tourism and Cultural Change, 2009: 7(1), 61–75.

[95] McCabe S, Johnson, S. The happiness factor in tourism: Subjective wellbeing and

social tourism[J]. Annals of Tourism Research, 2013: 41(1), 42–65.

[96] McCabe S, Joldersma T, Li C. Understanding the benefits of social tourism: Linking participation to subjective well-being and quality of life[J]. International Journal of Tourism Research, 2010: 12(6), 761–773.

[97] McGeh ee , N G. Motivation for Agri–Tourism Entrepreneurship[J]. Journal of Travel Research, 2004, 43(2):161–170.

[98] Mette H A, Steen A. Tourism employment: contingent work or professional career?[J]. Employee Relations, 2001,23(2):115–129.

[99] Mitchell C J A, Shannon M. Exploring cultural heritage tourism in rural Newfoundland through the lens of the evolutionary economic geographer[J]. Journal of Rural Studies, 2018: 59(4), 21–34.

[100] Mitchell R E, Reid, D G Community integration: Island tourism in Peru[J]. Annals of Tourism Research, 2001: 28(1):113–39.

[101] Murphy P E. Tourism: A community approach[M]. New York and London: Methuen, 1985.

[102] Naidoo P, Sharpley R. Local perceptions of the relative contributions of enclave tourism and agritourism to community well-being: The case of Mauritius[J]. Journal of Destination Marketing and Management, 2016: 5(1), 16–25.

[103] Nicholas L N, Thapa B, Ko Y J. Residents' perspectives of a world heritage site: The Pitons Management Area, St. Lucia[J]. Annals of Tourism Research, 2009: 36(3), 390–412.

[104] Nisbet, John, Watt , Joyce. Case Study[M]. University of Aberdeen,1978.

[105] Nunkoo R. Governance and sustainable tourism: What is the role of trust, power and social capital? Journal of Destination Marketing & Management, 2017, 6(4), 277–285

[106] Nunkoo R, Gursoy, D. Residents' support for tourism: An Identity Perspective[J]. Annals of Tourism Research, 2012: 39(1), 243–268.

[107] Nunkoo R, Ramkissoon H. Power, trust, social exchange and community support[J]. Annals of Tourism Research, 2012: 39(2), 997–1023.

[108] Nunkoo R, So K K F. Residents' support for tourism: Testing alternative structural models[J]. Journal of Travel Research, 2016: 55(7), 847–861.

[109] O' Brien, K J, Li L J. Popular contention and its impact in rural China[J]. Comparative Political Studies, 2005: 38(3): 235– 259.

[110] O' Brien K J, Li L J. Rightful resistance in rural China[M]. New York and

Cambridge: Cambridge University Press, 2006.

[111] Park D B, Nunkoo R, Yoon Y S. Rural residents' attitudes to tourism and the moderating effects of social capital[J]. Tourism Geographies, 2015: 17(1), 112–133.

[112] Parlett G, Fletcher J, Cooper C. The impact of tourism on the Old Town of Edinburgh[J]. Tourism Management, 1995: 16(5), 355–360.

[113] Parlett G, Fletcher J, Cooper C. The impact of tourism on the Old Town of Edinburgh[J]. Tourism Management, 1995: 16(5), 355–360.

[114] Parsons D J. Rural Gentrification: The Influence of Rural Settlement Planning Policies[Z].Research paper No.3. Brighton: University of Sussex, 1980.

[115] Paul V M, Sreejesh S. Impact of responsible tourism on destination sustainability and quality of life of community in tourism destinations[J]. Journal of Hospitality and Tourism Management, 2017: 31, 83–89.

[116] Perdue R R, Long P T, Allen, L. Resident support for tourism development[J]. Annals of Tourism Research, 1990: 17(4), 586–599.

[117] Prabhakaran S, Nair V, Ramachandran, S. Community participation in rural tourism: towards a conceptual framework[J]. Procedia – Social and Behavioral Sciences, 2014: 144(8), 290–295.

[118] Pratt S, Mccabe S, Movono A. Gross happiness of a 'tourism' village in Fiji[J]. Journal of Destination Marketing and Management, 2015: 5(1), 26–35.

[119] Putnam R D. The prosperous community: Social capital and public life.[J]. The american prospect, 1993,4(13):35–42.

[120] Putnam R D. Bowling Alone: The Collapse and Revival of American Community [M]. New York: Simon & Schuster, 2000.

[121] Qian Z. Land acquisition compensation in post–reform China: Evolution, structure and challenges in Hangzhou. Land Use Policy, 2015, 46, 250–257.

[122] Rasoolimanesh S M, Ringle C M, Jaafar, M., et al. Urban vs. rural destinations: Residents' perceptions, community participation and support for tourism development[J]. Tourism Management, 2017: 60(3), 147–158.

[123] Ridderstaat J, Croes R, Nijkamp P. The tourism development – quality of life nexus in a small island destination[J]. Journal of Travel Research, 2014: 55(1), 79–94.

[124] Ruhm C J. The Economic Consequences of Labor Mobility[J]. ILR Review, 1987,41(1):30–42.

[125] Ryan R M, Deci E L. To be happy or to be self-fulfilled: A review of research on hedonic and eudaimonic well-being[M]//In Fiske, S., Annual Review of Psychology (Vol. 52). Palo Alto, CA: Annual Reviews Inc, 2001.

[126] Samsudin P Y, Maliki, N. Z. Preserving Cultural Landscape in Homestay Programme Towards Sustainable Tourism: Brief Critical Review Concept[J]. Procedia – Social and Behavioral Sciences, 2015: 170(1), 433–441.

[127] Sandefur R L, Laumann E O. A paradigm for social capital[J]. Rationality and Society, 1998,10(4):481–501.

[128] Schueller S. Promoting wellness: integrating community and positive psychology[J]. Journal of Community Psychology, 2009: 37(7), 922–937.

[129] Scoones I. Sustainable rural livelihoods: A framework for analysis[M]. Brighton: IDS, University of Sussex, 1998.

[130] Scott J C. Weapons of the weak: Everyday forms of peasant resistance[M]. Yale University Press, 1987.

[131] Sebele L S. Community-based tourism ventures, benefits and challenges: Khama Rhino Sanctuary Trust, Central District, Botswana[J]. Tourism Management, 2010: 31(1), 136–146.

[132] Šegota T, Mihalič T, Kuščer K. The impact of residents' informedness and involvement on their perceptions of tourism impacts: The case of Bled[J]. Journal of Destination Marketing and Management, 2017: 6(3), 196–206.

[133] Seligman M E P, Steen T A, Park N, et al. Positive psychology progress: Empirical validation of interventions[J]. American Psychologist, 2005: 60(5), 410–421.

[134] Sequera J. , Nofre J. Shaken, not stirred: new debates on touristification and the limits of gentrification[J]. City,2018,22(5–6): 843–855.

[135] Sequera J, Nofre J. Touristification, transnational gentrification and urban change in Lisbon: the neighbourhood of Alfama[J]. Urban Studies,2020,57(15),3169–3189.

[136] Sewell W R D, Coppock J T. A perspective on public participation in planning[M]// In Swell, W. R. D., Coppock, J. T. Public participation in planning. London: John Wiley and Sons, 1977: 2–14.

[137] Shen F, Hughey K F D, Simmons D G. Connecting the sustainable livelihoods approach and tourism: A review of the literature[J]. Journal of Hospitality and Tourism Management, 2008: 15(1), 19–31.

[138] Simon H A. Theories of Bounded Rationality[J]. Decision & Organization, 1972:161–176.

[139] Small L A. The sustainable rural livelihoods approach: A critical review Canadian Journal of Development Studies[J]. 2007, 28(1): 27–38.

[140] Smith M K, Diekmann A. Tourism and wellbeing[J]. Annals of Tourism Research, 2017: 66(5), 1–13.

[141] Solesbury W. Sustainable livelihoods: A case study of the evolution of DFID policy (No. ODI Working Paper 217) [M]. London: ODI, 2003.

[142] Solnet D J, Ford R C, Robinson R N S, et al. Modeling locational factors for tourism employment[J]. Annals of Tourism Research, 2014,45:30–45.

[143] Song Q Yang Z Z. Field: A new perspective of tourism research[J]. Tourism Tribune, 2015: 30(9): 111–118.

[144] Soulard J, Knollenberg W, Boley B B, Perdue R R, McGehee N G. Social capital and destination strategic planning. Tourism Management, 2018, 69, 189–200

[145] Stephen L. Culture as a resource: four cases of self–managed indigenous craft production in Latin America[J]. Economic Development and Cultural Change, 1991, 40(1), 101–130.

[146] Su M M, Wall G, Wang Y, Jin M. Livelihood sustainability in a rural tourism destination – Hetu Town, Anhui Province, China[J]. Tourism Management, 2019: 71(4), 272–281.

[147] Su M M, Wall G, Xu K J. Heritage tourism and livelihood sustainability of a resettled rural community: Mount Sanqingshan World Heritage Site, China[J]. Journal of Sustainable Tourism, 2016: 24(5), 735–757.

[148] Su M, Sun Y, Min Q, et al. A community livelihood approach to agricultural heritage system conservation and tourism development: Xuanhua grape garden urban agricultural heritage site, Hebei Province of China[J]. Sustainability, 2018: 10(2), 361.

[149] Su M, Wall G. Community participation in tourism at a world heritage site: Mutianyu Great Wall, Beijing, China[J]. International Journal of Tourism Research, 2014: 16(2), 146–156.

[150] Suess C, Baloglu S, Busser J A. Perceived impacts of medical tourism development on community wellbeing[J]. Tourism Management, 2018: 69(6), 232–245.

[151] Tang Y, Mason R J, Wang Y. Governments' functions in the process of integrated consolidation and allocation of rural–urban construction land in China. Journal of Rural Studies,

2015, 42, 43–51

[152] Tao T Ch, Wall G. Tourism as a sustainable livelihood strategy[J]. Tourism Management, 2009: 30(1), 90–98.

[153] Tao T C H, Wall, G. Tourism as a sustainable livelihood strategy[J]. Tourism Management, 2009: 30(1), 90–98.

[154] Taylor S R. Issues in measuring success in community-based Indigenous tourism: Elites, kin groups, social capital, gender dynamics and income flows. Journal of Sustainable Tourism, 2017, 25(3), 433–449.

[155] Taylor V, Van Dyke N. "Get up, stand up" : Tactical repertoires of social movements [M]//In D. A. Snow, S. A. Soule, & H. Kriesi. Blackwell Companion to Social Movements. Oxford: Blackwell, 2004: 262–293.

[156] Tilly C, Tarrow S G. Contentious Politics[M]. Paradigm Publishers, 2007.

[157] Todaro M P. A Model of Labor Migration and Urban Unemployment in Less Developed Countries. [J]. The American Economic Review, 1969,59(1):138–148.

[158] Tosun C. Limits to Community Participation in the Tourism Development Process in Developing Countries[J]. Tourism Management, 2000, 21(6):613–633.

[159] Tosun C. Host perceptions of impacts: A comparative tourism study[J]. Annals of tourism research, 2002: 29(1), 231–253.

[160] Tosun C. Limits to community participation in the tourism development processin developing countries. Tourism Management, 2000, 21(6), 613–633.

[161] Tosun C. Limits to community participation in the tourism development process in developing countries[J]. Tourism Management, 2000: 21(6), 613–633.

[162] Tsang E W. Can guanxi be a source of sustained competitive advantage for doing business in China? Academy of Management Perspectives, 1998, 12(2), 64–73

[163] Wall, G. Beyond sustainable development[J]. Tourism Recreation Research, 2018: 43(3), 390–399.

[164] Walter P. Local knowledge and adult learning in environmental adult education: community-based ecotourism in southern Thailand[J]. International Journal of Lifelong Education, 2009: 28(4), 513–532.

[165] Wang L , Yotsumoto Y. Conflict in tourism development in rural China[J]. Tourism Management, 2019, 70(FEB.):188–200.

[166] Wang Y. Institutional interaction and decision making in China's rural

development[J]. Journal of Rural Studies, 2020, 76:111–119.

[167] Wang C M. Governing the Taiwanese countryside: Guanxi, power and agency. Journal of Peasant Studies, 2013, 40(5), 799–815.

[168] Wang H, Yang Z, Chen L, et al. Minority community participation in tourism: A case of Kanas Tuva villages in Xinjiang, China [J]. Tourism Management, 2010: 31(6), 759–764.

[169] Wang L G. Yotsumoto Y. A different interpretation from Cornet's on tourism development in an ethnic minority village in China[J]. Asia Pacific Journal of Tourism Research, 2018: 23(9), 847–861.

[170] Wang L, Yotsumoto Y. Conflict in tourism development in rural China.Tourism Management, 2019, 70, 188–200.

[171] WCED. Food 2000: Global Policies for Sustainable Agriculture, a Report of the Advisory Panel onFood Security, Agriculture, Forestry and Environment to the World Commission on Environmentand Development, Zed Books Ltd, London and New Jersey. 1987.

[172] Wilkinson P F, Pratiwi W. Gender and Tourism in an Indonesian Village[J]. Annals of Tourism Research,1995.

[173] Woo E, Kim H, Uysal M. Life satisfaction and support for tourism development [J]. Annals of Tourism Research, 2015: 50(1), 84–97.

[174] Woolcock M, Narayan D. Social capital: Implications for developmenttheory, research, and policy. The World Bank Research Observer, 2000, 15(2), 225–249

[175] X S S, B C J. Response categories and potential cultural bias: Effects of an explicit middle point in cross - cultural surveys[J]. The International Journal of Organizational Analysis, 1998,6(3):218–230.

[176] Yang J J, Ryan C, Zhang, L. Y. Social conflict in communities impacted by tourism[J]. Tourism Management, 2013: 35(2), 82–93.

[177] Yang J, Ryan C, Zhang, L. External entrepreneurs/investors and guanxi: Hostels in a tourism area, Xinjiang, China. International Journal Of Contemporary Hospitality Management, 2014, 26(6), 833–854.

[178] Yang L, Wall G, Smith S L J. Ethnic tourism development: Annals of Tourism Research[J]. 2008: 35(3), 751–771.

[179] Yang M M. Gifts favors, and banquets: The art of social relationships in China. Ithaca, NY: Cornell University Press. 1994.

[180] Yang M. The resilience of guanxi and its new developments: A critique of some new

guanxi scholarship. The China Quarterly, 2002, 170, 459–476

［181］Yin, Robert K. Case Study Research :Design and Meth- ods[M]. Second Edition, 1994.

［182］Ying T, Zhou Y. Community, governments and external capitals in China's rural cultural tourism: A comparative study of two adjacent villages[J]. Tourism Management, 2007, 28(1):96–107.

［183］Ying T, Zhou Y. Community, governments and external capitals in China’s rural cultural tourism: A comparative study of two adjacent villages. Tourism Management, 2007, 28(1), 96–107.

［184］Zahra A, McGehee N G. Volunteer tourism: A host community capitalperspective. Annals of Tourism Research, 2013, 42, 22–45.

［185］Zhang C Z, Fyall A, Zheng Y F. Heritage and tourism conflict within world heritage sites in China: a longitudinal study[J]. Current Issues in Tourism, 2015: 18(2), 110–136.

［186］Zhang C, Kimbu A, Lin P, Ngoasong, M. Guanxi influences on women intrapreneurship. Tourism Management, 2020, 81.

［187］Zhang S, Qian Z. Villagers’ acculturation in China’s land expropriation–induced resettlement neighborhood: A shanghai case. International Journal of Intercultural Relations, 2020, 74, 174–188.

［188］Zhang Y, Zhang Z. Guanxi and organizational dynamics in China: A link between individual and organizational levels. Journal of Business Ethics, 2006, 67(4),375–392.

［189］Zhao S, Timothy D. Governance of red tourism in China: Perspectives on power and guanxi. Tourism Management, 2015, 46, 489–500

［190］Zhao W, Ritchie J B, Echtner C. M. Social capital and tourism entrepreneurship. Annals of Tourism Research, 2011, 38(4), 1570–1593.

［191］把多勋，徐金海．基于社区参与的乡村旅游研究——以江西婺源县为例［J］．资源开发与市场，2013，29（08）：867–869.

［192］保继刚，孙九霞．社区参与旅游发展的中西差异［J］．地理学报，2006（04）：401–413.

［193］操建华．旅游业对中国农村和农民的影响的研究［D］．北京：中国社会科学院研究生院，2002.

［194］曹萍．“双轮协调”驱动下中国城乡融合发展的时空演变、影响因素及政策体系［D］．济南：山东师范大学，2021.

[195] 曾江辉，陆佳萍，王耀延. 新生代农民工就业稳定性影响因素的实证分析[J]. 统计与决策，2015（14）：97-99.

[196] 车乐，邓小兵. 人地统筹、城乡互动、市场合作——可持续发展的新型城镇化发展模式探索[J]. 华南理工大学学报（社会科学版），2016（02）：75-83.

[197] 陈春霞. 行为经济学和行为决策分析：一个综述[J]. 经济问题探索，2008（01）：124-128.

[198] 陈佳，张丽琼，杨新军，等. 乡村旅游开发对农户生计和社区旅游效应的影响——旅游开发模式视角的案例实证[J]. 地理研究，2017，36（09）：1709-1724.

[199] 陈先达. 文化自信中的传统与当代[M]. 北京：北京师范大学出版社，2017.

[200] 陈云松. 关系社会资本新论[M]. 中国人民大学出版社：社会学文库，2020.

[201] 陈志钢，保继刚. 城市边缘区乡村旅游化效应及其意义——以山东日照王家皂村为例[J]. 地域研究与开发，2007（03）：65-70.

[202] 崔晓明，杨新军. 旅游地农户生计资本与社区可持续生计发展研究——以秦巴山区安康一区三县为例[J]. 人文地理，2018，33（02）：147-153.

[203] 道日娜. 农牧交错区域农户生计资本与生计策略关系研究——以内蒙古东部四个旗为例[J]. 中国人口·资源与环境，2014，24（S2）：274-278.

[204] 董建波，李学昌. "文化"：一个概念的内涵与外延[J]. 探索与争鸣，2004（10）：37-39.

[205] 杜凤姣，宁越敏. 拉美地区的城市化、城市问题及治理经验[J]. 国际城市规划，2015（S1）：1-6.

[206] 杜国明，刘美. 基于要素视角的城乡关系演化理论分析[J]. 地理科学进展，2021（08），1298-1309.

[207] 樊友猛，谢彦君，王志文. 地方旅游发展决策中的权力呈现——对上九山村新闻报道的批评话语分析[J]. 旅游学刊，2016，31（01）：22-36.

[208] 范海燕，李洪山. 城乡互动发展模式的探讨[J]. 中国软科学，2005（03）：155-159.

[209] 高文轩. 政策、二元经济结构与城乡居民收入差距研究[J]. 现代商业，2019（11）：172-174.

[210] 光映炯，毛志睿. 旅游场域中文化权力的生成与表达[J]. 思想战线，2013，39（01）：123-128.

[211] 郭佳. 中国跨越"中等收入陷阱"的判别及政策启示[D] 南昌：南昌大学，2018.

［212］郭凌，王志章．乡村旅游：实现农村包容性增长的路径选择［J］．学术交流，2012（08）：102–105.

［213］郭为，厉新建，许珂．被忽视的真实力量：旅游非正规就业及其拉动效应［J］．旅游学刊，2014，29（08）：70–79.

［214］郭文，黄震方．基于场域理论的文化遗产旅游地多维空间生产研究——以江南水乡周庄古镇为例［J］．人文地理，2013，28（02）：117–124.

［215］何仁伟，方方，刘运伟．贫困山区农户人力资本对生计策略的影响研究——以四川省凉山彝族自治州为例［J］．地理科学进展，2019，38（09）：1282–1293.

［216］何仁伟，刘邵权，刘运伟，李立娜，梁岚，李婷婷．典型山区农户生计资本评价及其空间格局——以四川省凉山彝族自治州为例［J］．山地学报，2014，32（06）：641–651.

［217］何深静，钱俊希，徐雨璇，刘斌．快速城市化背景下乡村绅士化的时空演变特征［J］．地理学报，2012，（08），1044–1056.

［218］贺爱琳，杨新军，陈佳，王子侨．乡村旅游发展对农户生计的影响——以秦岭北麓乡村旅游地为例［J］．经济地理，2014，34（12）：174–181.

［219］胡鞍钢，王蔚．乡村旅游：从农业到服务业的跨越之路［J］．理论探索，2017（04）：21–27.

［220］胡小纯，刘小燕．国内外旅游就业研究综述［J］．华东师范大学学报（哲学社会科学版），2008（03）：81–86.

［221］黄闯．个性与理性：新生代农民工就业行为短工化分析［J］．中国青年研究，2012（11）：80–83.

［222］黄建水．“八二《宪法》”有关土地制度的改革研究［J］．河南大学学报（社会科学版），2015（02）：26–35.

［223］黄少安，孙涛．中国的“逆城市化”现象：“非转农”——基于城乡户籍相对价值变化和推拉理论的分析［J］．江海学刊，2012（03）：90–96+238.

［224］霍露萍．国外逆城市化的研究［J］．中国名城，2021（07）：17–24.

［225］纪红蕾，蔡银莺．生计资本异质对农户农地流转行为的影响——以武汉城市郊区的516户农民为例［J］．长江流域资源与环境，2017，26（02）：220–226.

［226］姜义颖．城市化区域的形成与发展研究［D］．大连：东北财经大学.2019.

［227］蒋斌，张蘅，译．人力资本投资教育和研究的作用［M］．北京：商务印书馆，1990.

［228］焦克源，陈晨．社会资本对农村贫困代际传递影响机制研究［J］．中国人

口·资源与环境，2020，30（04）：166–176.

［229］赖作卿．试论有限理性的农民［J］．金融与经济，1998（03）：35–37.

［230］李和平，杨宁，张玛璐．后消费时代城市文化资本空间生产状况解析［J］．人文地理，2016，31（02）：50–54.

［231］李靖，廖和平，樊昊．重庆市贫困农户生计资本的空间格局及影响因素分析［J］．山地学报，2018，36（06）：942–952.

［232］李沐纯，吴星南．精准扶贫视角下就业扶贫与旅游非正规就业研究综述［J］．长春大学学报，2021，31（03）：1–7.

［233］李天元，王连义．旅游学概论［M］．天津：南开大学出版社，1991.

［234］李学东，郭焕成．西南地区观光农业发展与经营特点初探——以成都市龙泉驿区"农家乐"为例［J］．经济地理，2001（03）：367–370.

［235］李亚丽．英国城市化进程的阶段性借鉴［J］．城市发展研究，2013，（08），24–28.

［236］李云．新农村建设中村委会的角色定位问题初探［J］．陕西行政学院学报，2008（04）：110–113.

［237］梁健．乡村治理现代化语境下的村委会审视：定位、困境及角色［J］．山东行政学院学报，2021（01）：61–67.

［238］梁流涛，许立民．生计资本与农户的土地利用效率［J］．中国人口·资源与环境，2013，23（03）：63–69.

［239］梁簌溟．中国文化要义［M］．上海：上海人民出版社，2011.

［240］林辉煌，贺雪峰．中国城乡二元结构：从"剥削型"到"保护型"［J］．北京工业大学学报（社会科学版），2016（06）：1–10.

［241］刘春芳，刘宥延，王川．黄土丘陵区贫困农户生计资本空间特征及影响因素——以甘肃省榆中县为例［J］．经济地理，2017，37（12）：153–162.

［242］刘蕾，朱喜钢，孙洁．组织型乡村绅士化现象及机制研究——以南京不老村为例［J］．上海城市规划，2019（02）：131–136.

［243］刘相军，孙九霞．民族旅游社区居民生计方式转型与传统文化适应：基于个人建构理论视角［J］．旅游学刊，2019，34（02）：16–28.

［244］卢昌崇，王询，译．劳动经济学前沿问题［M］．北京：中国税务出版社；北京腾图电子出版社，2000.

［245］罗贝尔·朗加尔．旅游经济学［M］．北京：商务印书馆，1998.

［246］罗家为，谈慧娟．乡村振兴的历史逻辑与时代背景［J］．中国井冈山干部学院

学报，2018（05）：115-121.

［247］毛丹．赋权、互动与认同：角色视角中的城郊农民市民化问题［J］．社会学研究，2009，24（04）：28-60+243.

［248］耐杰尔·埃文斯等．旅游战略管理［M］．马桂顺译，辽宁：辽宁科技出版社，2005.

［249］聂冲，贾生华．离散选择模型的基本原理及其发展演进评介［J］．数量经济技术经济研究，2005（11）：151-159.

［250］漆文娟．拉美国家城市化问题对我国城乡融合的警示［J］．城市学刊，2016（02）：63-66.

［251］任国平，刘黎明，付永虎，袁承程．基于GWR模型的都市城郊村域农户生计资本空间差异分析——以上海市青浦区为例［J］．资源科学，2016，38（08）：1594-1608.

［252］邵晖，吕思琦．农村基层组织在大都市郊区美丽乡村建设中的作用——基于北京密云县蔡家洼村和古北口村的调研［J］．农学学报，2017，7（07）：94-100.

［253］师守祥．旅游业乘数研究辨正［J］．旅游学刊，2007（10）：30-34.

［254］石晨．农地流转中村委会的宪法角色研究［D］．辽宁师范大学，2019.

［255］石龙．乡村旅游就业研究［D］．华东师范大学，2008.

［256］石培华．中国旅游业对就业贡献的数量测算与分析［J］．旅游学刊，2003（06）：45-51.

［257］石培华．中国旅游业对就业贡献的数量测算与分析［J］．旅游学刊，2003（06）：45-51.

［258］石忆邵．城乡一体化理论与实践：回眸与评析［J］．城市规划汇刊，2003（01）：49-54+96.

［259］史玉丁，李建军．乡村旅游多功能发展与农村可持续生计协同研究［J］．旅游学刊，2018，33（02）：15-26.

［260］苏芳，蒲欣冬，徐中民，王立安．生计资本与生计策略关系研究——以张掖市甘州区为例［J］．中国人口·资源与环境，2009，19（06）：119-125.

［261］孙九霞，保继刚．从缺失到凸显：社区参与旅游发展研究脉络［J］．旅游学刊，2006（07）：63-68.

［262］孙九霞，刘相军．生计方式变迁对民族旅游村寨自然环境的影响——以雨崩村为例［J］．广西民族大学学报（哲学社会科学版），2015，37（03）：78-85.

［263］汤青，李扬，陈明星，徐勇．半城镇化农民可持续生计与农村可持续发展——理论框架、研究进展及未来展望［J］．地理科学进展，2018，37（08）：1022-1030.

[264] 汤青 . 可持续生计的研究现状及未来重点趋向 [J]. 地球科学进展，2015，30（07）：823–833.

[265] 唐代剑，黎彦 . 乡村旅游对农民增收、就业实证研究 [J]. 改革与战略，2009，25（12）：122–125.

[266] 汪三贵，刘湘琳，史识洁，等 . 人力资本和社会资本对返乡农民工创业的影响 [J]. 农业技术经济，2010（12）：4–10.

[267] 汪洋，韩建军，许岩丽 . 大洋彼岸的涛声：发展混合方法研究对发展中国全科医学研究的重要价值 [J]. 中国全科医学，2019，22（23）：2771–2779.

[268] 汪宇明 . 旅游促进社会就业增长的战略思考 [J]. 经济地理，2003（03）：401–404.

[269] 王晨，朱喜钢，孙洁，刘风豹 . 增长联盟驱动下的乡村中产化特征与效应研究——基于南京两个典型乡村的调查 [J]. 上海城市规划，2019（03）：119–124.

[270] 王纯阳，黄福才 . 从“社区参与”走向“社区增权”——开平碉楼与村落为例 [J]. 人文地理，2013，28（01）：141–149.

[271] 王华，梁舒婷 . 乡村旅游地空间生产与村民角色转型的过程与机制——以丹霞山瑶塘村为例 [J]. 人文地理，2020，35（03）：131–139.

[272] 王佳佳 . 质性研究方法在中医学教学研究中的应用思考 [J]. 中国中医药现代远程教育，2021，19（22）：42–44.

[273] 王健 . 新凯恩斯主义经济学 [M]. 北京：经济科学出版社，1997.

[274] 王利平，王成，李晓庆 . 基于生计资产量化的农户分化研究——以重庆市沙坪坝区白林村 471 户农户为例 [J]. 地理研究，2012，31（05）：945–954.

[275] 王龙，武邦涛 . 乡村旅游业对增加农民收入的效应分析 [J]. 安徽农业科学，2006（19）：5106–5107.

[276] 王伟，王瑛，凌镠金，李姗姗 .1998–2015 年我国城市化理论研究演进的特征与趋势——基于 CiteSpace 的文本计量分析 [J]. 城乡规划，2017（02）：60–71.

[277] 王文峰，郭纹廷 . 农村基层组织发展的经济学分析 [J]. 经济问题探索，2013（08）：37–42.

[278] 王心蕊，孙九霞 . 旅游发展背景下农村劳动力回流迁移研究——影响因素与代际差异 [J]. 旅游学刊，2021，36（04）：58–69.

[279] 王学婷，张俊飚，童庆蒙 . 地方依恋有助于提高农户村庄环境治理参与意愿吗？——基于湖北省调查数据的分析 [J]. 中国人口·资源与环境，2020，30（04）：136–148.

[280] 王娅，周立华，陈勇，路慧玲，魏轩．农户生计资本与沙漠化逆转趋势的关系——以宁夏盐池县为例[J]．生态学报，2017，37（06）：2080-2092.

[281] 王彦星，潘石玉，卢涛，晏兆莉，郭旭生，尚占环，盛丽，吴宁．生计资本对青藏高原东缘牧民生计活动的影响及区域差异[J]．资源科学，2014，36（10）：2157-2165.

[282] 王怡红．西方"传播能力"研究初探[J]．新闻与传播研究，2000（01）：57-66+96.

[283] 翁时秀，彭华．权力关系对社区参与旅游发展的影响——以浙江省楠溪江芙蓉村为例[J]．旅游学刊，2010，25（09）：51-57.

[284] 翁时秀，彭华．政府与村民的行为对古村落保护及景观变迁的影响——基于本土社会学理论视角[J]．地理科学，2011，31（03）：372-377.

[285] 吴毅．"双重角色"、"经纪模式"与"守夜人"和"撞钟者"——来自田野的学术札记[J]．开放时代，2001（12）：114-117.

[286] 吴丽娟，刘玉亭，程慧．城乡统筹发展的动力机制和关键内容研究述评[J]．经济地理 2012（04）：113-118.

[287] 吴秀丽．村民自治背景下村委会多重角色问题研究[D]．吉林大学，2013.

[288] 吴毅．"权力—利益的结构之网"与农民群体性利益的表达困境——对一起石场纠纷案例的分析[J]．社会学研究，2007（05）：21-45+243.

[289] 伍艳．贫困山区农户生计资本对生计策略的影响研究——基于四川省平武县和南江县的调查数据[J]．农业经济问题，2016，37（03）：88-94+112.

[290] 萧冬连．乡镇企业"异军突起"的历史和机制分析[J]．中共党史研究，2021（05）：46-59.

[291] 肖红梅．新型城镇化背景下新生代农民工就业稳定性研究[D]．北京：首都经济贸易大学，2015.

[292] 谢小芹．"场域—行动分析"视角：贵州西村农民的旅游抗争[J]．人文地理，2019，34（04）：135-142.

[293] 邢繁辉．当代中国经济结构视域下大学生就业研究[D]．大连海事大学，2012.

[294] 熊万胜，陈昌军．本土语境中的郊区、郊区化和郊区社会[J]．福建论坛（人文社会科学版），2021（11）：196-206.

[295] 徐建英，孔明，刘新新，王清．生计资本对农户再参与退耕还林意愿的影响——以卧龙自然保护区为例[J]．生态学报，2017，37（18）：6205-6215.

[296] 徐勇．中国农村村民自治［M］．武汉：华中师范大学出版社，1997.

[297] 杨江帆，王海林，罗洁，唐姗姗．和谐视阈下的基层组织建设研究——以社会角色理论为视角［J］．福建论坛（人文社会科学版），2011（07）：148–152.

[298] 杨云霞．村委会在新农村建设中的角色定位［J］．中共石家庄市委党校学报，2007（07）：30+39.

[299] 依绍华．旅游业的就业效应分析［J］．财贸经济，2005（05）：89–91.

[300] 张灿强，闵庆文，张红榛，张永勋，田密，熊英．农业文化遗产保护目标下农户生计状况分析［J］．中国人口·资源与环境，2017，27（01）：169–176.

[301] 张岱年，程宜山．中国文化精神［M］．北京：北京大学出版社，2015.

[302] 张海鹏．中国城乡关系演变 70 年：从分割到融合［J］．中国农村经济，2019（03）：2–18.

[303] 张环宙，黄超超，周永广．内生式发展模式研究综述［J］．浙江大学学报（人文社会科学版），2007（02）：61–68.

[304] 张梦中，马克·霍哲．案例研究方法论［J］．中国行政管理，2002（01）：43–46.

[305] 张岂之．中华文化的底气［M］．北京：中华书局，2017.

[306] 张骁鸣，保继刚．旅游发展与乡村劳动力回流研究——以西递村为例［J］．地理科学，2009，29（03）：360–367.

[307] 张越，韩明清，甄峰．对我国城市郊区化的再认识——从城市化阶段谈中国城市发展［J］．城市规划汇刊，1998，（06），21–23+64.

[308] 张志亮．旅游开发背景下大寨的文化资本及其再生产［J］．旅游学刊，2009，24（12）：36–41.

[309] 赵文娟，杨世龙，王潇．基于 Logistic 回归模型的生计资本与生计策略研究——以云南新平县干热河谷傣族地区为例［J］．资源科学，2016，38（01）：136–143.

[310] 赵文娟，杨世龙，徐蕊．元江干热河谷地区生计资本对农户生计策略选择的影响——以新平县为例［J］．中国人口·资源与环境，2015，25（S2）：162–165.

[311] 赵雪雁，李巍，杨培涛，刘霜．生计资本对甘南高原农牧民生计活动的影响［J］．中国人口·资源与环境，2011，21（04）：111–118.

[312] 赵雪雁．生计资本对农牧民生活满意度的影响——以甘南高原为例［J］．地理研究，2011，30（04）：687–698.

[313] 郑杭生，张本效．可行性与可达性：户籍制度改革破题［J］．探索与争鸣，2014（07）：43–46.

［314］郑群明，钟林生．参与式乡村旅游开发模式探讨［J］．旅游学刊，2004（04）：33–37.

［315］中国农民工问题研究总报告起草组．中国农民工问题研究总报告［J］．改革，2006（5）：5–30.

［316］钟建利，姜海宁，王天阳，赵锃爽，姚丹蕾，王敏，应瑶．牛头山旅游对当地就业的影响分析［J］．安徽农业科学，2014，42（28）：9845–9848.

［317］钟睿．城镇化语境下的中等收入陷阱解析［M］．中国城市规划学会．（Ed.）规划 60 年：成就与挑战——2016 中国城市规划年会论文集（10 城乡治理与政策研究）（pp.351–360）．北京：中国建筑工业出版社．2016.

［318］周春发．乡村旅游地居民的日常抵抗——以徽村拆建房风波为例［J］．旅游学刊，2012，27（02）：32–36.

［319］周立．城乡中国背景下工农关系的历史演进与发展趋势［J］．国家治理，2021（38）：15–20.

［320］周晓虹．认同理论：社会学与心理学的分析路径［J］．社会科学，2008（04）：46–53+187.

［321］周永广，姜佳将．农村基层组织在乡村旅游发展中的作用研究——以杭州龙坞茶村为例［J］．乡镇经济，2008（04）：58–63.

［322］周跃辉．西方城市化的三个阶段［J］．理论导报，2013（02）：42.

［323］朱美兰．赣南特困地区农户旅游创业特征分析［J］．南方农业，2018，12（28）：93–95+98.

［324］朱新华，张欣．乡村旅游发展中村委会的作用研究——以南京市江宁区锁石村为例［J］．江西农业学报，2016，28（03）：134–138.

［325］左冰，万莹．去内卷化：乡村旅游对农业发展的影响研究［J］．中国农业大学学报（社会科学版），2015，32（04）：21–30.

［326］左冰，保继刚．从“社区参与”走向“社区增权”——西方“旅游增权”理论研究述评［J］．旅游学刊，2008（04）：58–63.

［327］左冰．中国旅游产出乘数及就业乘数的初步测算［J］．云南财贸学院学报，2002（06）：30–34.

后记

这本书是我 2020 年出版《乡村振兴战略与乡村旅游发展》专著研究内容的延续，也是我入职南开大学六个年头工作总结的一部分。六年时间不长也不短，但六年时间确实可以发生很多事。值得欣慰的是，六年时间我未敢有丝毫懈怠。尽管能够预计到未来仍会发生很多事，也存诸多不确定，但眼前的每一刻、每一分、每一秒，都需要我继续努力。因为我相信，只要是经历，就必须乐观、积极对待，这是幸福自己也是幸福身边人的最有效方式。来天津六年了，借此专著的出版，我很愿意谈谈我对南开旅游与服务学院的认识。

南开大学旅游与服务学院机构很好。感谢六年前的自己，迈出勇敢的一步。回头看，每一幕都历历在目，每一个脚印都清晰可见，见证着六年来我的教书育人、服务社会、参与政府决策。可能也只有在这样自由、宽容、充满人情味的平台上，才能够真正有机会让我做到实践—理论的相互促动，才能够真正有机会把我在工作一线中所思考的实践问题转化为可供研究的理论问题，并进一步地把这些提升后的理论应用到我的教书育人和参与政府决策中。这种循环往复的互动过程，我乐在其中，并乐此不疲。曾为大梁客，不负信陵恩。这个平台非常值得尊重，更感恩给我提供平台、并在背后默默支持我的各位师长、领导。

南开大学旅游与服务学院同事很好。从一个一无所知的小白，到一个逐渐变老的“熟”人。但真的很抱歉，尽管六年了，我还是不能记下每个人的名字。但这种“对不上号”丝毫不耽误每次撞见时您们发自内心的那种善意微笑，每次我找大家处理工作时候的真诚相待。有老大姐的亲切关心，有老大哥的谆谆教诲，也有兄弟、姐妹般的龙哥私信和小朋友们对马老师“可控范围内”的方便。无论大家采取哪一种方式，我都能感觉到大家对我这个“外来人”的友好与照顾。谢谢你们，让我感受到这个家庭的温暖。我知道，我做的每一份工作、取得的每一份成绩，里面都包含着各位同事、各位老师的关怀、关心和爱护。

南开大学旅游与服务学院学生很好。不忽悠大家，这种认识贯穿我从小学生到教授的40年历程。进入南开以后，我更是从来都用钦佩和荣光的语调向我的亲人和朋友介绍你们。除了考试得高分，更是人生有方向，做事显条理，胸中怀天下。最后我还要补一句，优秀就是优秀。衷心感谢我的研究生团队，感谢你们的选择，让我有机会和这些如此优秀而“超常”大脑在旅游产业实践中、在知识的海洋里不断遨游、探索未知。本书每一个章节、每一个文字都是在和你们反复讨论、修改中完成的。星光不负赶路人。我相信，你们的每一分努力都会在不久的学术生涯中获得应有的回报。祝愿你们每个人的未来更加光明。

感谢国家自然科学基金、南开大学百青人才项目对本书出版的支持。从“青椒”到教授，版面费和出版费也着实花了不少银子，如果没有这些项目的支持，也确实还是一笔不小的开支。感谢中国旅游出版社谯洁女士对本书付梓所做的辛苦付出和努力，衷心祝愿她和她的家人开心、快乐。最后，感谢那些我没有能够提到，但一直或在台前或在幕后帮助我、支持我的亲人和朋友们。

我是爱南开的。包括机构、同事和我的学生，祝愿大家明天更美好！

以爱和感谢为记。

马晓龙

南开大学

2022 年 4 月 12 日

责任编辑： 谯　洁
责任印制： 冯冬青
封面设计： 中文天地

图书在版编目（CIP）数据

乡村旅游发展中的居民生计、就业特征与基层组织角色 / 马晓龙著. -- 北京 : 中国旅游出版社，2022.6
（中国旅游基础理论与应用对策研究文库）
ISBN 978-7-5032-6973-8

Ⅰ. ①乡… Ⅱ. ①马… Ⅲ. ①乡村旅游－旅游业发展－研究－中国 Ⅳ. ①F592.3

中国版本图书馆CIP数据核字(2022)第103329号

书　　名： 乡村旅游发展中的居民生计、就业特征与基层组织角色

作　　者： 马晓龙　著
出版发行： 中国旅游出版社
（北京静安东里6号　邮编：100028）
http://www.cttp.net.cn　E-mail:cttp@mct.gov.cn
营销中心电话：010-57377108，010-57377109
读者服务部电话：010-57377151
排　　版： 北京旅教文化传播有限公司
经　　销： 全国各地新华书店
印　　刷： 北京盛华达印刷科技有限公司
版　　次： 2022 年 6 月第 1 版　2022 年 6 月第 1 次印刷
开　　本： 720 毫米 ×970 毫米　1/16
印　　张： 14.5
字　　数： 218 千
定　　价： 68.00 元
I S B N 978-7-5032-6973-8
